SANGRE Y ARENA

Vicente Blasco Ibañez

Capítulo 1

Como en todos los días de corrida, Juan Gallardo almorzó temprano. Un pedazo de carne asada fue su único plato. Vino, ni probarlo: la botella permaneció intacta ante él. Había que conservarse sereno. Bebió dos tazas de café negro y espeso, y encendió un cigarro enorme, quedando con los codos en la mesa y la mandíbula apoyada en las manos, mirando con ojos soñolientos a los huéspedes que poco a poco ocupaban el comedor.

Hacía algunos años, desde que le dieron «la alternativa» en la Plaza de Toros de Madrid, que venía a alojarse en el mismo hotel de la calle de Alcalá, donde los dueños le trataban como si fuese de la familia, y mozos de comedor, porteros, pinches de cocina y viejas camareras le adoraban como una gloria del establecimiento. Allí también había permanecido muchos días—envuelto en trapos, en un ambiente denso cargado de olor de yodoformo y humo de cigarros—a consecuencia de dos cogidas; pero este mal recuerdo no le impresionaba. En sus supersticiones de meridional sometido a continuos peligros, pensaba que este hotel era «de buena sombra» y nada malo le ocurriría en él. Percances del oficio; rasgones en el traje o en la carne; pero nada de caer para siempre, como habían caído otros camaradas, cuyo recuerdo turbaba sus mejores horas.

Gustaba en los días de corrida, después del temprano almuerzo, de quedarse en el comedor contemplando el movimiento de viajeros: gentes extranjeras o de lejanas provincias, rostros indiferentes que pasaban junto a él sin mirarle y luego volvíanse curiosos al saber por los criados que aquel buen mozo de cara afeitada y ojos negros, vestido como un señorito, era Juan Gallardo, al que todos llamaban familiarmente el *Gallardo*, famoso matador de toros. En este ambiente de curiosidad distraía la penosa espera hasta la hora de ir a la plaza. ¡Qué tiempo tan largo! Estas horas de incertidumbre, en las que vagos temores parecían emerger del fondo de su ánimo, haciéndole dudar de sí mismo, eran las más amargas de la profesión. No quería salir a la calle, pensando en las fatigas de la corrida y en la precisión de mantenerse descansado y ágil; no podía entretenerse en la mesa, por la necesidad de comer pronto y poco para llegar a la plaza sin las pesadeces de la digestión.

Permanecía en la cabecera de la mesa con la cara entre las manos y una nube de perfumado humo ante los ojos, girando éstos de vez en cuando con cierta fatuidad para mirar a algunas señoras que contemplaban con interés al famoso torero.

Su orgullo de ídolo de las muchedumbres creía adivinar elogios y halagos en estas miradas. Le encontraban guapo y elegante. Y olvidando sus preocupaciones, con el instinto de todo hombre acostumbrado a adoptar una postura soberbia ante el público, erguíase, sacudía con las uñas la ceniza del cigarro caída sobre sus mangas y arreglábase la sortija que llenaba toda la falange de uno de sus dedos, con un brillante enorme envuelto en nimbo de colores, cual si ardiesen con mágica combustión sus claras entrañas de gota de agua.

Sus ojos paseábanse satisfechos sobre su persona, admirando el terno de corte elegante, la gorra con la que andaba por el hotel caída en una silla cercana, la fina cadena de oro que cortaba la parte alta del chaleco de bolsillo a bolsillo, la perla de la corbata, que parecía iluminar con lechosa luz el tono moreno de su rostro, y los zapatos de piel de Rusia dejando al descubierto, entre su garganta y la boca del recogido pantalón, unos calcetines de seda calada y bordada como las medias de una cocota.

Un ambiente de perfumes ingleses suaves y vagorosos, esparcidos con profusión, emanaba de sus ropas y de las ondulaciones de su cabello negro y brillante, que Gallardo se atusaba sobre las sienes, adoptando una postura triunfadora ante la femenil curiosidad. Para torero no estaba mal. Sentíase satisfecho de su persona. ¡Otro más distinguido y con mayor «ángel» para las mujeres!...

Pero de pronto reaparecían sus preocupaciones, apagábase el brillo de sus ojos, y volvía a sumir la barba en las manos, chupando tenazmente el cigarro, con la mirada perdida en la nube de tabaco. Pensaba codiciosamente en la hora del anochecer, deseando que viniese cuanto antes; en la vuelta de la plaza, sudoroso y fatigado, pero con la alegría del peligro vencido, los apetitos despiertos, una ansia loca de placer y la certeza de varios días de seguridad y descanso. Si Dios le protegía cual otras veces, iba a comer con el apetito de sus tiempos de hambre, se emborracharía un poco, iría en busca de cierta muchacha que cantaba en un *music-hall*, y a la que había visto en otro viaje, sin poder frecuentar su amistad. Con esta vida de continuo movimiento de un lado a otro de la Península, no quedaba tiempo para nada.

Fueron entrando en el comedor amigos entusiastas que antes de ir a almorzar a sus casas deseaban ver al diestro. Eran viejos aficionados, ansiosos de figurar en una bandería y tener un ídolo, que habían hecho del joven Gallardo «su matador» y le daban sabios consejos, recordando a cada paso su antigua adoración por *Lagartijo* o por *Frascuelo*. Hablaban de tú al espada con protectora familiaridad, y éste les respondía anteponiendo el *don* a sus nombres, con la tradicional separación de clases que existe aún entre el torero, surgido del subsuelo social, y sus admiradores. El entusiasmo de aquellas gentes iba unido a remotas memorias, para hacer sentir al joven diestro la superioridad de los años y de la experiencia. Hablaban de la «plaza vieja» de Madrid, donde sólo se conocieron toros y toreros de «verdad»; y aproximándose a los tiempos presentes, temblaban de emoción recordando al «negro». Este «negro» era *Frascuelo*.

—¡Si hubieses visto aquéllo!... Pero entonces tú y los de tu época estabais mamando o no habíais nacido.

Otros entusiastas iban entrando en el comedor, con mísero pelaje y cara famélica: revisteros obscuros en periódicos que sólo conocían los lidiadores a quienes se dirigían sus elogios y censuras; gentes de problemática profesión, que aparecían apenas circulaba la noticia de la llegada de Gallardo, asediándolo con elogios y peticiones de billetes. El común entusiasmo confundíales con los otros señores, grandes comerciantes o funcionarios públicos, que discutían con ellos acaloradamente las cosas del toreo, sin sentirse intimidados por su aspecto de pedigüeños.

Todos, al ver al espada, le abrazaban o le estrechaban la mano, con acompañamiento de preguntas y exclamaciones.

—Juanillo... ¿cómo sigue Carmen?

—Güena, grasias.

—¿Y la mamita? ¿La señora Angustias?

—Tan famosa, grasias. Está en *La Rinconá*.

—¿Y tu hermana y los sobrinillos?

—Sin noveá, grasias.

—¿Y el mamarracho de tu cuñado?

—Güeno también. Tan hablador como siempre.

—¿Y de familia nueva? ¿No hay esperanza?

—Na... Ni esto.

Hacía crujir una uña entre sus dientes con enérgica expresión negativa, y luego iba devolviendo sus preguntas al recién llegado, cuya vida ignoraba más allá de sus aficiones al toreo.

—¿Y la familia de usté, güena también?... Vaya, me alegro. Siéntese y tome argo.

Luego preguntaba por el aspecto de los toros que iban a lidiarse dentro de unas horas, pues todos estos amigos venían de la plaza de presenciar el apartado y enchiqueramiento de las bestias; y con una curiosidad profesional pedía noticias del Café Inglés, donde se reunían muchos aficionados.

Era la primera corrida de la temporada de primavera, y los entusiastas de Gallardo mostraban grandes esperanzas, haciendo memoria de las reseñas que habían leído en los periódicos narrando sus triunfos recientes en otras plazas de España. Era el torero que tenía más contratas. Desde la corrida de Pascua de Resurrección en Sevilla—la primera importante del año taurino—que andaba Gallardo de plaza en plaza matando toros. Después, al llegar Agosto y Septiembre, tendría que pasar las noches en el tren y las tardes en los redondeles, sin tiempo para descansar. Su apoderado de Sevilla andaba loco, asediado por cartas y telegramas, no sabiendo cómo armonizar tanta petición de contratas con las exigencias del tiempo.

La tarde anterior había toreado en Ciudad Real, y vestido aún con el traje de luces metiose en el tren, para llegar por la mañana a Madrid. Una noche casi en claro, durmiendo a ratos, encogido en el pedazo de asiento que le dejaron los pasajeros apretándose para dar algún descanso a aquel hombre que al día siguiente iba a exponer su vida.

Los entusiastas admiraban su resistencia física y el coraje temerario con que se lanzaba sobre los toros en el momento de matar.

—Vamos a ver qué haces esta tarde—decían con su fervor de creyentes—. La afición espera mucho de ti. Vas a quitar muchos moños... A ver si estás tan bueno como en Sevilla.

Fueron despidiéndose los admiradores, para almorzar en sus casas y llegar temprano a la corrida. Gallardo, viéndose solo, se dispuso a subir a su cuarto, a impulsos de la movilidad nerviosa que le dominaba. Un hombre llevando dos niños de la mano transpuso la mampara de cristales del comedor, sin prestar atención a las preguntas de los criados. Sonreía seráficamente al ver al torero, y avanzaba tirando de los pequeños, fijos los ojos en él, sin percatarse de dónde ponía los pies. Gallardo le reconoció.

—¿Cómo está usté, compare?

Y a continuación todas las preguntas de costumbre para enterarse de si la familia estaba buena. Luego, el hombre se volvió a sus hijos, diciéndoles con gravedad:

—Ahí le tenéis. ¿No estáis preguntando siempre por él?... Lo mismo que en los retratos.

Y los dos pequeños contemplaron religiosamente al héroe tantas veces visto en las estampas que adornaban las habitaciones de su pobre casa: ser sobrenatural, cuyas hazañas y riquezas fueron su primera admiración al darse cuenta de las cosas de la vida.

—Juanillo, bésale la mano al padrino.

El más pequeño de los niños chocó contra la diestra del torero un hocico rojo, recién frotado por la madre con motivo de la visita. Gallardo le acarició la cabeza con distracción. Uno de los muchos ahijados que tenía en España. Los entusiastas le obligaban a ser padrino de pila de sus hijos, creyendo asegurar de este modo su porvenir. Exhibirse de bautizo en bautizo era una de las consecuencias de su gloria. Este ahijado le traía el recuerdo de su mala época, cuando empezaba la carrera, guardando al padre cierta gratitud por la fe que había puesto en él cuando todos le discutían.

—¿Y los negocios, compare?—preguntó Gallardo—. ¿Marchan mejor?

El aficionado torció el gesto. Iba viviendo gracias a sus corretajes en el mercado de la plaza de la Cebada: viviendo nada más. Gallardo miró compasivamente su triste pelaje de pobre endomingado.

—Usté querrá ver la corría, ¿eh, compare?... Suba a mi cuarto y que le dé *Garabato* una entrada... ¡Adiós, güen mozo!... Pa que os compréis una cosilla.

Y al mismo tiempo que el ahijado le besaba de nuevo la diestra, el matador entregó con la otra mano a los dos muchachos un par de duros. El padre tiró de la prole con excusas de agradecimiento, no acertando a expresar en sus confusas razones si el entusiasmo era por el regalo a los niños o por el billete para la corrida que iba a entregarle el criado del diestro.

Gallardo dejó transcurrir algún tiempo, para no encontrarse en su cuarto con el entusiasta y sus hijos. Luego miró el reloj. ¡La una! ¡Cuánto tiempo faltaba para la corrida!...

Al salir del comedor y dirigirse a la escalera, una mujer envuelta en un mantón viejo salió de la portería del hotel, cerrándole el paso con resuelta familiaridad, sin hacer caso de las protestas de los dependientes.

—¡Juaniyo!... ¡Juan! ¿No me conoses?... Soy la *Caracola*, la señá Dolores, la mare del probesito *Lechuguero*.

Gallardo sonrió a la vieja, negruzca, pequeña y arrugada, con unos ojos intensos de brasa, ojos de bruja, habladora y vehemente. Al mismo tiempo, adivinando la finalidad de toda su palabrería, se llevó una mano al chaleco.

—¡Miserias, hijo! ¡Probezas y agonías!... Denque supe que toreabas hoy, me dije: «Vamos a ver a Juaniyo, que no habrá olvidao a la mare de su probesito compañero...» Pero ¡qué guapo estás, gitano! Así se van las mujeres toítas detrás de ti, condenao... Yo, muy mal, hijo. Ni camisa yevo. Entoavía no ha entrao hoy por mi boca mas que un poco de Cazaya. Me tienen por lástima en casa de la *Pepona*, que es de allá... de la tierra. Una casa muy decente: de a cinco duros. Ven por allí, que te apresian de veras. Peino a las chicas y hago recaos a los señores... ¡Ay, si viviera mi probe hijo! ¿Te acuerdas de Pepiyo?... ¿Te acuerdas de la tarde en que murió?...

Gallardo, luego de poner un duro en su seca mano, pugnaba por huir de esta charla, que comenzaba a temblar con estremecimientos de llanto. ¡Maldita bruja! ¡Venir a recordarle en día de corrida al pobre *Lechuguero*, camarada de los primeros años, al que había visto morir casi instantáneamente de una cornada en el corazón en la plaza de Lebrija, cuando los dos toreaban como novilleros! ¡Vieja de peor sombra!... La empujó, y ella, pasando del enternecimiento a la alegría con una inconsciencia de pájaro, prorrumpió en requiebros entusiastas a los mozos valientes, a los buenos toreros que se llevan el dinero de los públicos y el corazón de las hembras.

—¡La reina de las Españas te mereces, hermoso!... Ya pué tener los ojiyos bien abiertos la señá Carmen. El mejor día te roba una gachí y no te degüerve... ¿No me darías un billete pa esta tarde, Juaniyo? ¡Con las ganas que tengo de verte matá, resalao!...

Los gritos de la vieja y sus entusiastas arrumacos, haciendo reír a los empleados del hotel, rompieron la severa consigna que retenía en la puerta de la calle a un grupo de curiosos y pedigüeños, atraídos por la presencia del torero. Atropellando mansamente a los criados, se coló en el vestíbulo una irrupción de mendigos, de vagos y de vendedores de periódicos.

Los pilluelos, con los paquetes de impresos bajo un brazo, se quitaban la gorra, saludando con entusiástica familiaridad.

—¡El *Gallardo*! ¡Olé el *Gallardo*!... ¡Vivan los hombres!

Los más audaces le cogían una mano, se la estrechaban fuertemente y la agitaban en todas direcciones, deseosos de prolongar lo más posible este contacto con el grande hombre nacional, al que habían visto retratado en los papeles públicos. Luego, para hacer partícipes de esta gloria a los compañeros, les invitaban rudamente.

—¡Chócale la mano! No se enfada. ¡Si es de lo más simpático!...

Y les faltaba poco, en su respeto, para arrodillarse ante el matador. Otros curiosos, de barba descuidada, vestidos con ropas viejas que habían sido elegantes en su origen, movían los rotos zapatos en torno del ídolo e inclinaban hacia él sus sombreros grasientos, hablándole en voz baja, llamándole «don Juan», para diferenciarse de la entusiasta e irreverente golfería. Al hablarle de sus miserias solicitaban una limosna, o, más audaces, le pedían, en nombre de su afición, un billete para la corrida, con el propósito de revenderlo inmediatamente.

Gallardo se defendió riendo de esta avalancha que le empujaba y oprimía, sin que bastasen a libertarle los dependientes del hotel, intimidados por el respeto que inspira la popularidad. Rebuscó en todos sus bolsillos hasta dejarlos limpios, distribuyendo a ciegas las piezas de plata entre las manos ávidas y en alto.

—Ya no hay más. ¡Se acabó el carbón!... ¡Dejadme, guasones!

Fingiéndose enfadado por esta popularidad que le halagaba, abriose paso con un impulso de sus músculos de atleta, y se salvó escalera arriba, saltando los peldaños con agilidad de lidiador, mientras los criados, libres ya de respetos, barrían a empujones el grupo hacia la calle.

Pasó Gallardo ante el cuarto que ocupaba *Garabato*, y vio a su criado por la puerta entreabierta, entre maletas y cajas, preparando el traje para la corrida.

Al encontrarse solo en su pieza, sintió que se desvanecía instantáneamente la alegre excitación causada por la avalancha de admiradores. Llegaban los malos momentos de los días de corrida; la incertidumbre de las últimas horas antes de marchar a la plaza. ¡Toros de Miura, y el público de Madrid!... El peligro, que visto de cerca parecía embriagarle, acrecentando su audacia, angustiábale ahora, al quedar solo, como algo sobrenatural, pavoroso por su misma incertidumbre.

Sentíase anonadado, como si de pronto cayesen sobre él las fatigas de la mala noche anterior. Tuvo deseos de tenderse en una de las camas que ocupaban el fondo de la habitación, pero otra vez la inquietud por lo que le aguardaba, incierto y misterioso, desvaneció su somnolencia.

Anduvo inquieto por la habitación y encendió otro habano en los restos del que acababa de consumir.

¿Cómo sería para él la temporada de Madrid que iba a comenzar? ¿Qué dirían sus enemigos? ¿Cómo quedarían los rivales de profesión?... Llevaba muertos muchos miuras: al fin unos toros como los demás; pero pensaba en los camaradas caídos en el redondel, casi todos víctimas de los animales de esta ganadería. ¡Dichosos miuras! Por algo él y los otros espadas ponían en sus contratas mil pesetas más cuando habían de lidiar este ganado.

Siguió vagando por la habitación con paso nervioso. Deteníase para contemplar estúpidamente objetos conocidos que pertenecían a su equipaje, y después se dejaba caer en un sillón, como si le acometiese repentina flojedad. Varias veces miró su reloj. Aún no eran las dos. ¡Con qué lentitud pasaba el tiempo!

Deseaba, como un remedio para sus nervios, que llegase cuanto antes la hora de vestirse y marchar a la plaza. La gente, el ruido, la curiosidad popular, el deseo de mostrarse sereno y alegre ante la admiración pública, y sobre todo la cercanía del peligro real y corpóreo, borraban instantáneamente esta angustia del aislamiento, en la cual, el espada, viéndose sin el auxilio de las excitaciones externas, se encontraba con algo semejante al miedo.

La necesidad de distraerse le hizo rebuscar en el bolsillo interior de su americana, sacando junto con la cartera un sobrecito que despedía suave e intenso perfume. De pie junto a una ventana, por la que entraba la turbia claridad de un patio interior, contempló el sobre que le habían entregado al llegar al hotel, admirando la elegancia de los caracteres en que estaba escrita la dirección, finos y esbeltos.

Luego sacó el pliego, aspirando con deleite su perfume indefinible. ¡Oh! Las personas de alto nacimiento y que han viajado mucho, ¡cómo revelan su señorío inimitable hasta en los menores detalles!...

Gallardo, como si llevase en su cuerpo el acre hedor de miseria de los primeros años, se perfumaba con una abundancia escandalosa. Sus enemigos se burlaban del atlético mocetón, llegando en su apasionamiento a calumniar la integridad de su sexo. Los admiradores sonreían ante esta debilidad, pero muchas veces tenían que volver la cara, como mareados por el excesivo olor del diestro. Toda una perfumería le acompañaba en sus viajes, y las esencias más femeniles ungían su cuerpo al descender a la arena, entre caballos muertos, tripajes sueltos y boñigas revueltas con sangre. Ciertas cocotas entusiastas, a las que conoció en un viaje a las plazas del Sur de Francia, le habían dado el secreto de mezclas y combinaciones de extraños perfumes; pero ¡aquella esencia de la carta, que era la misma de la persona que la había escrito! ¡aquel olor misterioso, fino e indefinible, que no podía imitarse, que parecía emanar del aristocrático cuerpo, y que él llamaba «olor de señora»!...

Leyó y releyó la carta con una sonrisa beatífica, de deleite y de orgullo. No era gran cosa: media docena de renglones; un saludo desde Sevilla, deseándole mucha suerte en Madrid; una felicitación anticipada por sus triunfos. Podía extraviarse la tal carta sin compromiso alguno para la mujer que la firmaba. «Amigo Gallardo» al principio, con una letra elegante que parecía cosquillear los ojos del torero, y al final «su amiga Sol»; todo en un estilo fríamente amistoso, tratándole de usted, con un amable tono de superioridad, como si las palabras no fuesen de igual a igual y descendiesen misericordiosas desde lo alto.

El torero, al contemplar la carta con su adoración de hombre del pueblo poco versado en la lectura, no podía evitar cierto sentimiento de molestia, como si se viese despreciado.

—¡Esta gachí!—murmuró—. ¡Esta mujer!… No hay quien la desmonte. ¡Mia tú que hablarme de usté!… ¡Usté! ¡Y a mí!…

Pero los buenos recuerdos le hicieron sonreír satisfecho. El estilo frío era para las cartas: costumbres de gran señora, preocupaciones de dama que había corrido mucho mundo. Su molestia se trocaba en admiración.

—¡Lo que sabe esta mujer! ¡Vaya un bicho de cuidao!…

Y en su sonrisa asomaba una satisfacción profesional, un orgullo de domador que, al apreciar la fuerza de la fiera vencida, alaba su propia gloria.

Mientras Gallardo admiraba la carta, entraba y salía su criado *Garabato* llevando ropas y cajas, que dejaba sobre una cama.

Era un mozo silencioso en sus movimientos y ágil de manos, que parecía no reparar en la presencia del matador. Hacía algunos años que acompañaba al diestro en todas sus correrías como «mozo de estoques». Había comenzado en Sevilla toreando en las capeas al mismo tiempo que Gallardo; pero los malos golpes estaban reservados para él, así como los adelantos y la gloria para su compañero. Pequeño, negruzco y de pobre musculatura, una cicatriz tortuosa y mal unida cortaba cual blancuzco garabato su cara arrugada y flácida de viejo. Era una cornada que le había dejado casi muerto en la plaza de un pueblo, y a esta herida atroz había que añadir otras que desfiguraban las partes ocultas de su cuerpo.

Por milagro salió con vida de sus aficiones de lidiador; y lo más cruel era que las gentes reían de sus desgracias, encontrando un placer en verle pateado y destrozado por los toros. Al fin, su torpeza testaruda cedió ante la desgracia, conformándose con ser el acompañante, el criado de confianza de su antiguo camarada. Era el más ferviente admirador de Gallardo, aunque abusaba de las confianzas de la intimidad, permitiéndose advertencias y críticas. De encontrarse él en la piel del maestro, lo hubiese hecho mejor en ciertos momentos. Los amigos de Gallardo hallaban motivos de risa en las ambiciones fracasadas del mozo de estoques, pero él no prestaba atención a las burlas. ¿Renunciar a los toros?… Jamás. Para que no se extinguiese del todo la memoria de su pasado, peinábase el recio pelo en brillantes tufos sobre las orejas y conservaba luengo en el occipucio el sagrado mechón, la coleta de los tiempos juveniles, signo profesional que le distinguía de los otros mortales.

Cuando Gallardo se enfadaba con él, su cólera ruidosa de impulsivo amenazaba siempre a este adorno capilar.

—¿Y tú gastas coleta, sinvergüensa?... Te voy a cortá ese rabo de rata, ¡desahogao! ¡maleta!

Garabato acogía con resignación estas amenazas, pero se vengaba de ellas encerrándose en un silencio de hombre superior, contestando con encogimientos de hombros a la alegría del maestro cuando éste, al volver de la plaza en una tarde feliz, preguntaba con satisfacción infantil:

—¿Qué te ha paresío? ¿Verdá que estuve güeno?

De la camaradería juvenil guardaba el privilegio de tutear al amo. No podía hablar de otro modo al maestro; pero el tú iba acompañado de un gesto grave, de una expresión de ingenuo respeto. Su familiaridad era semejante a la de los antiguos escuderos con los buscadores de aventuras.

Torero desde el cuello al cogote, el resto de su persona tenía a la vez de sastre y ayuda de cámara. Vestido con un terno de paño inglés, regalo del señor, llevaba las solapas cubiertas de alfileres e imperdibles y clavadas en una manga varias agujas enhebradas. Sus manos secas y obscuras tenían una suavidad femenil para manejar y arreglar los objetos.

Cuando hubo colocado sobre la cama todo lo necesario para la vestimenta del maestro, pasó revista a los numerosos objetos, convenciéndose de que nada faltaba. Luego se plantó en el centro del cuarto, y sin mirar a Gallardo, como si hablase consigo mismo, dijo con voz bronca y cerrado acento:

—¡Las dó!

Gallardo levantó la cabeza nerviosamente, como si no se hubiese percatado hasta entonces de la presencia de su criado. Guardó la carta en el bolsillo y aproximose con cierta pereza hacia el fondo del cuarto, como si quisiera retardar el momento de vestirse.

—¿Está too?...

Pero de pronto, su cara pálida se coloreó con un gesto violento. Sus ojos se abrieron desmesuradamente, como si acabase de sufrir el choque de una sorpresa pavorosa.

—¿Qué traje has sacao?

Garabato señaló a la cama, pero antes de que pudiese hablar, la cólera del maestro cayó sobre él, ruidosa y terrible.

—¡Mardita sea! Pero ¿es que no sabes na de las cosas del ofisio? ¿Es que vienes de segar?... Corría en Madrid, toros de Miura, y me pones el traje rojo, el mismo que llevaba el pobre Manuel el *Espartero*... ¡Ni que fueras mi enemigo, so sinvergüensa! ¡Paece como que deseas mi muerte, malaje!

Y su cólera agrandábase así como iba considerando la enormidad de este descuido, que equivalía a un reto a la mala suerte. ¡Torear en Madrid con traje rojo después de lo pasado!... Chispeaban sus ojos con fuego hostil, como si acabase de recibir un ataque traicionero; se coloreaban sus córneas, y parecía próximo a caer sobre el pobre *Garabato* con sus rudas manazas de matador.

Un discreto golpe en la puerta del cuarto cortó esta escena.

—Adelante.

Entró un joven vestido de claro, con roja corbata, y llevando el fieltro cordobés en una mano ensortijada de gruesos brillantes. Gallardo le reconoció al momento, con esa facilidad que tienen para recordar los rostros cuantos viven sujetos a las muchedumbres.

Pasó, de golpe, de la cólera a una amabilidad sonriente, como si experimentase dulce sorpresa con la visita. Era un amigo de Bilbao, un aficionado entusiasta, partidario de su gloria. Esto era todo lo que podía recordar. ¿Pero el nombre? ¡Conocía a tantos! ¿Cómo se llamaba?... Lo único que sabía ciertamente era que debía tutearle, pues entre los dos existía una antigua amistad.

—Siéntate. ¡Qué sorpresa! ¿Cuándo has venío? ¿La familia güena?

Y el admirador se sentó, con la satisfacción de un devoto que entra en el santuario del ídolo, dispuesto a no moverse de allí hasta el último instante, recreándose al recibir el tuteo del maestro, y llamándole Juan a cada dos palabras, para que muebles, paredes y cuantos pasasen por el inmediato corredor pudieran enterarse de su intimidad con el grande hombre. Había llegado por la mañana de Bilbao, y regresaba al día siguiente. Un viaje nada más que para ver a Gallardo. Había leído sus grandes éxitos: bien empezaba la temporada. La tarde sería buena. Por la mañana había estado en el apartado, fijándose en un bicho retinto, que indudablemente daría mucho juego en manos de Gallardo...

Pero el maestro cortó con cierta precipitación estas profecías del aficionado.

—Con permiso, dispénsame; ahora mismo güervo.

Y salió del cuarto, dirigiéndose a una puertecilla sin número, en el fondo del pasillo.

—¿Qué traje pongo?—preguntó *Garabato* con voz que aún parecía más bronca por el deseo de mostrarse sumiso.

—El verde, el tabaco, el azul, el que te dé la gana.

Y Gallardo desapareció tras la puertecilla, mientras el servidor, viéndose libre de su presencia, sonreía con malicia vengadora. Conocía este rápido escape al llegar el momento de vestirse. La «meada del miedo», según decían los del oficio. Y su sonrisa expresaba satisfacción al ver una vez más que los grandes hombres del arte, los valientes, sufrían las angustias de una doble necesidad, producto de la emoción, lo mismo que él en los tiempos que descendía a los redondeles de los pueblos.

Mucho rato después, cuando volvió Gallardo a su pieza, resignado a no sufrir necesidades dentro de su traje de lidia, encontró a un nuevo visitante. Era el doctor Ruiz, médico popular, que llevaba treinta años firmando los partes facultativos de todas las cogidas y curando a cuantos toreros caían heridos en la plaza de Madrid.

Gallardo le admiraba, teniéndole por el más alto representante de la ciencia universal, al mismo tiempo que se permitía cariñosas bromas sobre su carácter bondadoso y el descuido de su persona. Su admiración era la misma del populacho, que sólo reconoce la sabiduría de un hombre mal pergeñado y con rarezas de carácter que le diferencien de los demás.

Era de baja estatura y prominente abdomen, la cara ancha, la nariz algo aplastada, y una barba en collar, de un blanco sucio y amarillento, todo lo cual le daba lejana semejanza con la cabeza de Sócrates. Al estar de pie, su vientre abultado y flácido parecía moverse con las palabras dentro del amplio chaleco; al sentarse, subíasele esta parte de su organismo sobre el flaco pecho. Las ropas, manchadas y viejas a poco de usarlas, parecían flotar como prendas ajenas sobre su cuerpo inarmónico, obeso en las partes dedicadas a la digestión y pobre en las destinadas al movimiento.

—Es un bendito—decía Gallardo—. Un sabio... un chiflao, güeno como el pan, y que nunca tendrá una peseta... Da lo que tiene y toma lo que quieren darle.

Dos grandes pasiones animaban su vida: la revolución y los toros; una revolución vaga y tremenda que había de venir, no dejando en Europa nada de lo existente; un republicanismo anarquista que no se tomaba la pena de explicar, y sólo era claro en sus negaciones exterminadoras. Los toreros le hablaban como a un padre; él los tuteaba a todos, y bastaba un telegrama llegado de cualquier punto extremo de la Península, para que al momento el buen doctor tomase el tren y fuese a curar la cornada recibida por uno de sus «chicos», sin más esperanza de recompensa que lo que buenamente quisieran darle.

Al ver a Gallardo después de larga ausencia, lo abrazó, estrujando su flácido abdomen contra aquel cuerpo que parecía de bronce. ¡Olé los buenos mozos! Encontraba al espada mejor que nunca.

—¿Y cómo va eso de la República, doctó? ¿Cuándo viene?—preguntó Gallardo con sorna andaluza—. El *Nacional* dice que ya está al caer; que será un día de estos.

—¿Y a ti qué te importa, guasón? Deja en paz al pobre *Nacional*. Más le valdría banderillear mejor. A ti lo que debe interesarte es seguir matando toros como el mismísimo Dios... ¡Buena tardecita se prepara! Me han dicho que el ganado...

Pero al llegar aquí, el joven que había visto el apartado y deseaba dar noticias interrumpió al doctor para hablar de un toro retinto que «le había dado en el ojo», y del que esperaba las mayores proezas. Los dos hombres, que habían permanecido largo rato solos en el cuarto y silenciosos después de saludarse, quedaron frente a frente, y Gallardo creyó necesaria una presentación. Pero ¿cómo se llamaría aquel amigo al que hablaba de tú?... Se rascó la cabeza, frunciendo las cejas con expresión reflexiva; pero su indecisión fue corta.

—Oye, tú: ¿cómo es tu grasia? Perdona... ya ves, ¡con tanta gente!...

El joven ahogó bajo una sonrisa de aprobación su desencanto al verse olvidado del maestro y dio su nombre. Gallardo, al oírle, sintió que el pasado venía de golpe a su memoria, y reparó el olvido añadiendo tras el nombre: «rico minero de Bilbao». Luego presentó al «famoso doctor Ruiz»; y los dos hombres, como si se conociesen toda la vida, unidos por el entusiasmo de la común afición, comenzaron a charlar sobre el ganado de la tarde.

—Siéntense ustés—dijo Gallardo señalando un sofá en el fondo de la habitación—. Ahí no estorban. Hablen y no se ocupen de mí. Voy a vestirme. ¡Me paece que entre hombres!...

Y se despojó de su traje, quedando en ropas interiores. Sentado en una silla, en medio del arco que separaba el saloncito de la alcoba, se entregó en manos de *Garabato*, el cual había abierto un saco de cuero de Rusia, sacando de él un neceser casi femenil para el aseo del maestro.

A pesar de que éste iba cuidadosamente afeitado, volvió a enjabonarle la cara y a pasar la navaja por sus mejillas con la celeridad del que está habituado a una misma faena diariamente. Luego de lavarse, volvió Gallardo a ocupar su asiento. El criado inundó su pelo de brillantina y esencias, peinándolo en bucles sobre la frente y las sienes; después emprendió el arreglo del signo profesional: la sagrada coleta.

Peinó con cierto respeto el largo mechón que coronaba el occipucio del maestro, lo trenzó, e interrumpiendo la operación, lo fijó con dos horquillas en lo alto de la cabeza, dejando su arreglo definitivo para más adelante. Había que ocuparse ahora de los pies, y despojó al lidiador de sus calcetines, dejándole sin más ropas que una camiseta y unos calzones de punto de seda.

La recia musculatura de Gallardo marcábase bajo estas ropas con vigorosas hinchazones. Una oquedad en un muslo delataba la profunda cicatriz, la carne desaparecida bajo una cornada. Sobre la piel morena de los brazos marcábanse con manchas blancas los vestigios de antiguos golpes. El pecho, obscuro y limpio de vello, estaba cruzado por dos líneas irregulares y violáceas, que eran también recuerdo de sangrientos lances. En un tobillo, la carne tenía un tinte violáceo, con una depresión redonda, como si hubiese servido de molde a una moneda. Aquel organismo de combate exhalaba un olor de carne limpia y brava mezclado con fuertes perfumes de mujer.

Garabato, con un brazo lleno de algodones y blancos vendajes, se arrodilló a los pies del maestro.

—Lo mismo que los antiguos gladiadores—dijo el doctor Ruiz, interrumpiendo su conversación con el bilbaíno—. Estás hecho un romano, Juan.

—La edá, doctó—contestó el espada con cierta melancolía—. Nos hacemos viejos. Cuando yo peleaba con los toros y con el hambre no necesitaba de esto, y tenía pies de hierro en las capeas.

Garabato introdujo entre los dedos del maestro pequeñas vedijas de algodón; luego cubrió las plantas y la parte superior de los pies con una planchuela de esta blanda envoltura, y tirando de las vendas comenzó a envolverlos en apretadas espirales, lo mismo que aparecen envueltas las antiguas momias. Para fijar esta operación, echó mano de las agujas enhebradas que llevaba en una manga y cosió minuciosamente los extremos de los vendajes.

Gallardo golpeó el suelo con los pies apretados, que parecían más firmes dentro de su blanda envoltura. Sentíalos en este encierro fuertes y ágiles. El criado se los introdujo en altas medias que le llegaban a mitad del muslo, gruesas y flexibles como polainas, única defensa de las piernas bajo la seda del traje de lidia.

—Cuida de las arrugas... Mira, *Garabato*, que no me gusta yevar bolsas.

Y él mismo, puesto de pie, intentaba verse por las dos caras en un espejo cercano, agachándose para pasar las manos por las piernas y borrar las arrugas. Sobre las medias blancas *Garabato* introdujo las de seda color rosa, las únicas que quedaban visibles en el traje de torero. Luego, Gallardo metió sus pies en las zapatillas, escogiéndolas entre varios pares que *Garabato* había puesto sobre un cofre, todas con la suela blanca, completamente nuevas.

Ahora comenzaba realmente la tarea de vestirse. El criado le ofreció los calzones de lidia cogidos por sus extremos: dos pernales de seda color tabaco con pesados bordados de oro en sus costuras. Gallardo se introdujo en ellos, quedando pendientes sobre sus pies los gruesos cordones que cerraban las extremidades, rematados por borlajes de oro. Estos cordones, que apretaban el calzón por debajo de la rodilla, congestionando la pierna con un vigor artificial, se llamaban los «machos».

Gallardo recomendó a su criado que apretase sin miedo, hinchando al mismo tiempo los músculos de sus piernas. Esta operación era una de las más importantes. Un matador debe llevar bien apretados los «machos». Y *Garabato*, con ágil presteza, dejó convertidos en pequeños colgantes los cordones enrollados e invisibles bajo los extremos del calzón.

El maestro se metió en la fina camisa de batista que le ofrecía el criado, con rizadas guirindolas en la pechera, suave y transparente como una prenda femenil. *Garabato*, luego de abrocharla, hizo el nudo de la larga corbata, que descendía como una línea roja, partiendo la pechera, hasta perderse en el talle del calzón. Quedaba lo más complicado de la vestimenta, la faja, una banda de seda de más de cuatro metros, que parecía llenar toda la habitación, manejándola *Garabato* con la maestría de la costumbre.

El espada fue a colocarse junto a sus amigos, al otro lado del cuarto, y fijó en su cintura uno de los extremos.

—A ver: mucha atención—dijo a su criado—. Que haiga su poquiyo de habiliá.

Y dando vueltas lentamente sobre sus talones, fue aproximándose al criado, mientras la faja, sostenida por éste, se arrollaba a su cintura en curvas regulares, que iban dando al talle mayor esbeltez. *Garabato*, con rápidos movimientos de mano, cambiaba la posición de la banda de seda. En unas vueltas la faja se arrollaba doblada, en otras completamente abierta, y toda ella ajustábase al talle del matador, lisa y como de una pieza, sin arrugas ni salientes. En el curso del viaje rotatorio, Gallardo, escrupuloso y descontentadizo en el arreglo de su persona, detenía su movimiento de traslación para retroceder dos o tres vueltas, rectificando el trabajo.

—No está bien—decía con mal humor—. ¡Mardita sea!... ¡Pon cuidao, *Garabato*!

Después de muchos altos en el viaje, Gallardo llegó al final, llevando en la cintura toda la pieza de seda. El ágil mozo había cosido y puesto imperdibles y alfileres en todo el cuerpo del maestro, convirtiendo sus vestiduras en una sola pieza. Para salir de ellas debía recurrir el torero a las tijeras y a manos extrañas. No podría despojarse de una sola de sus prendas hasta volver al hotel, a no ser que lo hiciese un toro en plena plaza y acabasen de desnudarlo en la enfermería.

Sentose Gallardo otra vez y *Garabato* la emprendió con la coleta, librándola del sostén de las horquillas y uniéndola a la moña, falso rabo con negra escarapela que recordaba la antigua redecilla de los primeros tiempos del toreo.

El maestro, como si quisiera retardar el momento de encerrarse definitivamente en el traje, desperezábase, pedía a *Garabato* el cigarro que había abandonado sobre la mesita de noche, preguntaba la hora, creyendo que todos los relojes iban adelantados.

—Aún es pronto... Entoavía no han yegao los chicos... No me gusta ir temprano a la plaza. ¡Le dan a uno cada lata cuando está allí esperando!...

Un criado del hotel anunció que esperaba abajo el carruaje con la cuadrilla.

Era la hora. No había pretexto para retardar el momento de la partida. Se puso sobre la faja el chaleco de borlaje de oro, y encima de éste la chaquetilla, una pieza deslumbrante, de enormes realces, pesada cual una armadura y fulguradora de luz como un ascua. La seda color de tabaco sólo quedaba visible en la parte interna de los brazos y en dos triángulos de la espalda. Casi toda la pieza desaparecía bajo la gruesa capa de muletillas y bordados de oro formando flores con piedras de color en sus corolas. Las hombreras eran pesadísimos bloques de áureo bordado, de las que pendían arambeles del mismo metal. El oro se prolongaba hasta en los bordes de la pieza, formando compactas franjas que se estremecían a cada paso. En la boca dorada de los bolsillos asomaban las puntas de dos pañuelos de seda, rojos como la corbata y la faja.

—La montera.

Garabato sacó con gran cuidado de una caja ovalada la montera de lidia, negra y rizosa, con sus dos borlas pendientes a modo de orejas de pasamanería. Gallardo se cubrió con ella, cuidando de que la moña quedase al descubierto, pendiendo simétricamente sobre la espalda.

—El capote.

De encima de una silla cogió *Garabato* el capote llamado de paseo, la capa de gala, un manto principesco de seda del mismo color que el traje y tan cargado como éste de bordados de oro. Gallardo se lo puso sobre un hombro y se miró al espejo, satisfecho de sus preparativos. No estaba mal... ¡A la plaza!

Sus dos amigos se despidieron apresuradamente, para tomar un coche y seguirle. *Garabato* se metió bajo un brazo un gran lío de trapos rojos, por cuyos extremos asomaban las empuñaduras y conteras de varias espadas.

Al descender Gallardo al vestíbulo del hotel, vio la calle ocupada por numeroso y bullente gentío, como si acabase de ocurrir un gran suceso. Además, llegó hasta él el zumbido de la muchedumbre que permanecía oculta más allá del rectángulo de la puerta.

Acudió el dueño del hotel y toda su familia con las manos tendidas, como si le despidieran para un largo viaje.

—¡Mucha suerte! ¡Que le vaya a usted bien!

Los criados, suprimiendo las distancias a impulsos del entusiasmo y la emoción, también le estrechaban la diestra.

—¡Buena suerte, don Juan!

Y él volvíase a todos lados sonriente, sin dar importancia a la cara de espanto de las señoras del hotel.

—Grasias, muchas grasias. Hasta luego.

Era otro. Desde que se había puesto sobre un hombro su capa deslumbrante, una sonrisa desenfadada iluminaba su rostro. Estaba pálido, con una palidez sudorosa semejante a la de los enfermos; pero reía, satisfecho de vivir y de marchar hacia el público, adoptando su nueva actitud con la facilidad instintiva del que necesita un gesto para mostrarse ante la muchedumbre.

Contoneábase con arrogancia, chupando el puro que llevaba en la mano izquierda; movía las caderas al andar bajo su hermosa capa, pisando fuerte, con una petulancia de buen mozo.

—¡Vaya, cabayeros… dejen ustés paso! Muchas grasias, muchas grasias.

Y procuraba librar su traje de sucios contactos al abrirse camino entre una muchedumbre de gentes mal vestidas y entusiastas que se agolpaban a la puerta del hotel. No tenían dinero para ir a la corrida, pero aprovechaban la ocasión de dar la mano al famoso Gallardo o tocar siquiera algo de su traje.

Junto a la acera aguardaba un coche tirado por cuatro mulas vistosamente enjaezadas con borlajes y cascabeles. *Garabato* se había izado ya en el pescante con su lío de muletas y espadas. En el interior estaban tres toreros con la capa sobre las rodillas, vistiendo trajes de colores vistosos, bordados con igual profusión que el del maestro, pero sólo de plata.

Gallardo, entre empellones de la ovación popular, teniendo que defenderse con los codos de las ávidas manos, llegó al estribo del carruaje, siendo ayudado en su ascensión por un entusiasmo que le acariciaba el dorso con violentos contactos.

—Buenas tardes, cabayeros—dijo brevemente a los de su cuadrilla.

Se sentó atrás, junto al estribo, para que todos pudieran contemplarle, y sonrió, contestando con movimientos de cabeza a los gritos de algunas mujeres desarrapadas y al corto aplauso que iniciaron los chicuelos vendedores de periódicos.

El carruaje arrancó con todo el ímpetu de las valientes mulas, llenando la calle de alegre cascabeleo. La muchedumbre se abría para dejar paso a las bestias, pero muchos se abalanzaron al carruaje como si quisieran caer bajo sus ruedas. Agitábanse sombreros y bastones: un estremecimiento de entusiasmo corrió por el gentío; uno de esos contagios que agitan y enloquecen a las masas en ciertas horas, haciendo gritar a todos sin saber por qué:

—¡Olé los hombres valientes!... ¡Viva España!

Gallardo, siempre pálido y risueño, saludaba, repitiendo «muchas grasias», conmovido por el contagio del entusiasmo popular y orgulloso de su valer, que unía su nombre al de la patria.

Una manga de «golfos» y greñudas chicuelas siguió al coche a todo correr de sus piernas, como si al final de la loca carrera les esperase algo extraordinario.

Desde una hora antes, la calle de Alcalá era a modo de un río de carruajes entre dos orillas de apretados peatones que marchaban hacia el exterior de la ciudad. Todos los vehículos, antiguos y modernos, figuraban en esa emigración pasajera, revuelta y ruidosa: desde la antigua diligencia, salida a luz como un anacronismo, hasta el automóvil. Los tranvías pasaban atestados, con racimos de gente desbordando de sus estribos. Los ómnibus cargaban pasajeros en la esquina de la calle de Sevilla, mientras en lo alto voceaba el conductor: «¡A la plaza! ¡a la plaza!» Trotaban con alegre cascabeleo las mulas emborladas tirando de carruajes descubiertos con mujeres puestas de mantilla blanca y encendidas flores; a cada instante sonaba una exclamación de espanto viendo salir incólume, con agilidad simiesca, de entre las ruedas de un carruaje, algún chicuelo que pasaba a saltos de una acera a otra, desafiando la veloz corriente de vehículos. Gruñían las trompas de los automóviles; gritaban los cocheros; pregonaban los vendedores de papeles la hoja con la estampa e historia de los toros que iban a lidiarse, o los retratos y biografías de los toreros famosos, y de vez en cuando una explosión de curiosidad hinchaba el sordo zumbido de la muchedumbre. Entre los obscuros jinetes de la Guardia municipal pasaban vistosos caballeros sobre flacos y míseros rocines, con las piernas enfundadas de amarillo, doradas chaquetas y anchos sombreros de castor con gruesa borla a guisa de escarapela. Eran los picadores, rudos jinetes de aspecto montaraz, llevando encogido a la grupa, tras la alta silla moruna, una especie de diablo vestido de rojo, el «mono sabio», el servidor que había conducido la cabalgadura hasta su casa.

Las cuadrillas pasaban en coches abiertos, y los bordados de los toreros, reflejando la luz de la tarde, parecían deslumbrar a la muchedumbre, excitando su entusiasmo. «Ese es Fuentes.» «Ese es el *Bomba*.» Y las gentes, satisfechas de la identificación, seguían con mirada ávida el alejamiento de los carruajes, como si fuese a ocurrir algo y temiesen llegar tarde.

Desde lo alto de la calle de Alcalá veíase la ancha vía en toda rectitud, blanca de sol, con filas de árboles que verdeaban al soplo de la primavera, los balcones negros de gentío y la calzada sólo visible a trechos bajo el hormigueo de la muchedumbre y el rodar de los coches descendiendo a la Cibeles. En este punto elevábase otra vez la cuesta, entre arboledas y grandes edificios, y cerraba la perspectiva, como un arco triunfal, la puerta de Alcalá, destacando su perforada mole blanca sobre el espacio azul, en el que flotaban, cual cisnes solitarios, algunas vedijas de nubes.

Gallardo iba silencioso en su asiento, contestando al gentío con una sonrisa inmóvil. Después del saludo a los banderilleros no había hablado palabra. Ellos también estaban silenciosos y pálidos, con la ansiedad de lo desconocido. Al verse entre toreros, dejaban a un lado, por inútiles, las gallardías necesarias ante el público.

Una misteriosa influencia parecía avisar a la muchedumbre el paso de la última cuadrilla que iba hacia la plaza. Los pilluelos que corrían tras el coche aclamando a Gallardo habían quedado rezagados, deshaciéndose el grupo entre los carruajes; pero a pesar de esto, las gentes volvían la cabeza, como si adivinasen a sus espaldas la proximidad del célebre torero, y detenían el paso, alineándose en el borde de la acera para verle mejor.

En los coches que rodaban delante volvían sus cabezas las mujeres, como avisadas por el cascabeleo de las mulas trotadoras. Un rugido informe salía de ciertos grupos que detenían el paso en las aceras. Debían ser exclamaciones entusiastas. Algunos agitaban los sombreros; otros enarbolaban garrotes, moviéndolos como si saludasen.

Gallardo contestaba a todos con su sonrisa de mueca, pero parecía no darse cuenta, en su preocupación, de estos saludos. A su lado iba el *Nacional*, el peón de confianza, un banderillero, mayor que él en diez años, hombretón rudo, de unidas cejas y gesto grave. Era famoso entre la gente del oficio por su bondad, su hombría de bien y sus entusiasmos políticos.

—Juan, no te quejarás de Madrí—dijo el *Nacional*—.Te has hecho con el público.

Pero Gallardo, como si no le oyese y deseara exteriorizar los pensamientos que le preocupaban, contestó:

—Me da er corasón que esta tarde va a haber argo.

Al llegar a la Cibeles se detuvo el coche. Venía un gran entierro por el Prado, camino de la Castellana, cortando la avalancha de carruajes de la calle de Alcalá.

Gallardo púsose aún más pálido, contemplando con ojos azorados el paso de la cruz y el desfile de los sacerdotes, que rompieron a cantar gravemente, al mismo tiempo que miraban, unos con aversión, otros con envidia, a toda esa gente olvidada de Dios que corría a divertirse.

El espada se apresuró a quitarse la montera, imitándole sus banderilleros, menos el *Nacional*.

—Pero ¡mardita sea!—gritó Gallardo—. ¡Descúbrete, condenao!

Le miraba furioso, como si fuese a pegarle, convencido por una confusa intuición de que esta rebeldía iba a atraer sobre él las mayores desgracias.

—Güeno, me la quito—dijo el *Nacional* con una fosquedad de niño contrariado, luego que vio alejarse la cruz—. Me la quito… pero es al muerto.

Permanecieron detenidos mucho tiempo para dejar pasar al largo cortejo.

—¡Mala pata!—murmuró Gallardo con voz temblona de cólera—. ¿A quién se le ocurre traer un entierro por el camino de la plaza?… ¡Mardita sea! ¡Cuando digo que hoy pasa argo!

El *Nacional* sonrió, encogiéndose de hombros.

—Superstisiones y fanatismos… Dios u la Naturaleza no se ocupan de esas cosas.

Estas palabras, que irritaron aún más a Gallardo, desvanecieron la grave preocupación de los otros toreros, los cuales comenzaron a burlarse del compañero, como en todas las ocasiones en que sacaba a colación su frase favorita «Dios u la
Naturaleza».

Al quedar libre el paso, el carruaje emprendió una marcha veloz a todo correr de sus mulas, pasando entre los otros vehículos que afluían a la plaza. Al llegar a ésta, torció a la izquierda, dirigiéndose a la puerta llamada de Caballerizas, que daba a los corrales y a las cuadras, teniendo que marchar a paso lento entre el compacto gentío. Otra ovación a Gallardo cuando descendió del coche, seguido de sus banderilleros. Manotazos y empellones para salvar su traje de sucios contactos; sonrisas de saludo; ocultaciones de la diestra, que todos querían estrechar.

—¡Paso, cabayeros! ¡Muchas grasias!

El amplio corral entre el cuerpo de la plaza y el muro de las dependencias estaba lleno de público que antes de ocupar sus asientos quería ver de cerca a los toreros. Sobre las cabezas del gentío emergían a caballo los picadores y los alguaciles con sus trajes del siglo XVII. A un lado del corral alzábanse edificios de ladrillo de un solo piso, con parras sobre las puertas y tiestos de flores en las ventanas: un pequeño pueblo de oficinas, talleres, caballerizas y casas en las que vivían los mozos de cuadra, los carpinteros y demás servidores del circo.

El diestro avanzó trabajosamente entre los grupos. Su nombre pasaba de boca en boca con exclamaciones de entusiasmo.

—¡Gallardo!… ¡Ya está ahí el *Gallardo*! ¡Olé! ¡Viva España!

Y él, entregado por completo al culto del público, avanzaba contoneándose, sereno cual un dios, alegre y satisfecho, como si asistiese a una fiesta en su honor.

Dos brazos se arrollaron a su cuello, al mismo tiempo que asaltaba su olfato un fuerte hedor de vino.

—¡Cachondo!... ¡Gracioso! ¡Vivan los mozos valientes!

Era un señor de buen aspecto, un burgués que había almorzado con sus amigos y huía de la risueña vigilancia de éstos, que le observaban a pocos pasos de distancia. Reclinó su cabeza en el hombro del espada, y así permaneció, como si en tal posición fuese a dormirse de entusiasmo. Los empujones de Gallardo y los tirones de los amigos libraron al espada de este abrazo interminable. El borracho, al verse separado de su ídolo, rompió en gritos de entusiasmo. ¡Olé los hombres! Que vinieran allí todas las naciones del mundo a admirar a toreros como aquél y a morirse de envidia.

—Tendrán barcos... tendrán dinero... pero ¡todo mentira! Ni tienen toros ni mozos como éste, que le arrastran de valiente que es... ¡Olé mi niño! ¡Viva mi tierra!

Gallardo atravesó una gran sala pintada de cal, sin mueble alguno, donde estaban sus compañeros de profesión rodeados de grupos entusiastas. Luego se abrió paso entre el gentío que obstruía una puerta, y entró en una pieza estrecha y obscura, en cuyo fondo brillaban luces. Era la capilla. Un viejo cuadro representando la llamada Virgen de la Paloma ocupaba el frente del altar. Sobre la mesa ardían cuatro velas. Unos ramos de flores de trapo apolillábanse polvorientos en búcaros de loza ordinaria.

La capilla estaba llena de gente. Los aficionados de clase humilde amontonábanse dentro de ella para ver de cerca los grandes hombres. Manteníanse en la obscuridad con la cabeza descubierta, unos acurrucados en las primeras filas, otros subidos en sillas y bancos, vueltos en su mayoría de espaldas a la Virgen y mirando ávidamente a la puerta para lanzar un nombre apenas columbraban el brillo de un traje de luces.

Los banderilleros y picadores, pobres diablos que iban a exponer su vida lo mismo que los maestros, apenas levantaban con su presencia un leve murmullo. Sólo los aficionados fervorosos conocían sus apodos.

De pronto, un prolongado zumbido, un nombre repitiéndose de boca en boca:

—¡Fuentes!... ¡Ese es el *Fuentes*!

Y el elegante torero, con su esbelta gentileza, suelta la capa sobre el hombro, avanzó hasta el altar, doblando una rodilla con elegancia teatral, reflejándose las luces en el blanco de sus ojos gitanescos, echando atrás la figura recogida, graciosa y ágil. Luego de hecha su oración y de persignarse se levantó, marchando de espaldas hasta la puerta, sin perder de vista la imagen, como un tenor que se retira saludando al público.

Gallardo era más simple en sus emociones. Entró montera en mano, la capa recogida, contoneándose con no menos arrogancia; pero al verse ante la imagen puso las dos rodillas en tierra, entregándose a su oración, sin acordarse de los centenares de ojos fijos en él. Su alma de cristiano simple estremecíase con el miedo y los remordimientos. Pidió protección con el fervor de los hombres sencillos que viven en continuo peligro y creen en toda clase de influencias adversas y protecciones sobrenaturales. Por primera vez en todo el día, pensó en su mujer y en su madre. ¡La pobre Carmen, allá en Sevilla, esperando el telegrama! ¡La señora Angustias, tranquila con sus gallinas, en el cortijo de *La Rinconada*, sin saber ciertamente dónde toreaba su hijo!... ¡Y él con el terrible presentimiento de que aquella tarde iba a ocurrirle algo!... ¡Virgen de la Paloma! Un poco de protección. El sería bueno, olvidaría «lo otro», viviría como Dios manda.

Y fortalecido su espíritu supersticioso con este arrepentimiento inútil, salió de la capilla, emocionado aún, con los ojos turbios, sin ver a la gente que le obstruía el paso.

Fuera, en la pieza donde esperaban los toreros, le saludó un señor afeitado, vestido con un traje negro que parecía llevar con cierta torpeza.

—¡Mala pata!—murmuró el torero, siguiendo adelante—. ¡Cuando digo que hoy pasa argo!...

Era el capellán de la plaza, un entusiasta de la tauromaquia, que llegaba con los Santos Oleos bajo la chaqueta. Venía del barrio de la Prosperidad, escoltado por un vecino que le servía de sacristán a cambio de un asiento para ver la corrida. Años enteros llevaba discutiendo con una parroquia del interior de Madrid que alegaba mejor derecho para monopolizar el servicio religioso de la plaza. Los días de corrida tomaba un coche de punto, que pagaba la empresa, metíase bajo la americana el vaso sagrado, escogía por turno entre sus amigos y protegidos uno a quien agraciar con el asiento destinado al sacristán, y emprendía la marcha a la plaza, donde le guardaban dos sitios de delantera junto a las puertas del toril.

El sacerdote entró en la capilla con aire de propietario, escandalizándose de la actitud del público: todos con la cabeza descubierta, pero hablando en voz alta, y algunos hasta fumando.

—Caballeros, que esto no es un café. Hagan el favor de salir. La corrida va a empezar.

Este aviso fue lo que generalizó la dispersión, mientras el sacerdote sacaba los Oleos ocultos, guardándolos en una caja de madera pintada. El también, apenas hubo ocultado el sacro depósito, salió corriendo, para ocupar su sitio en la plaza antes de la salida de la cuadrilla.

La muchedumbre había desaparecido. En el corral sólo se veían hombres vestidos de seda y bordados, jinetes amarillos con grandes castoreños, alguaciles a caballo, y los mozos de servicio con sus trajes de oro y azul.

En la puerta llamada de Caballos, bajo un arco que daba salida a la plaza, formábanse los toreros con la prontitud de la costumbre: los maestros al frente; luego los banderilleros, guardando anchos espacios; y tras ellos, en pleno corral, pateaba la retaguardia, el escuadrón férreo y montaraz de los picadores, oliendo a cuero recalentado y a boñiga, sobre caballos esqueléticos que llevaban vendado un ojo. Como impedimenta de este ejército, agitábanse en último término las trincas de mulillas destinadas al arrastre, inquietos y vigorosos animales de limpio pelaje, cubiertos con armaduras de borlas y cascabeles, y llevando en sus colleras la ondeante bandera nacional.

En el fondo del arco, sobre las vallas de madera que lo obstruían a medias, abríase un medio punto azul y luminoso, dejando visible un pedazo de cielo, el tejado de la plaza y una sección de graderío con la multitud compacta y hormigueante, en la que parecían palpitar, cual mosquitos de colores, los abanicos y los papeles.

Un soplo formidable, la respiración de un pulmón inmenso, entraba por esta galería. Un zumbido armónico llegaba hasta allí con las ondulaciones del aire, haciendo presentir cierta música lejana, más bien adivinada que oída.

En los bordes del arco asomaban cabezas, muchas cabezas: las de los espectadores de los bancos inmediatos, avanzando curiosas para ver cuanto antes a los héroes.

Gallardo se colocó en fila con los otros dos espadas, cambiándose entre ellos una grave inclinación de cabeza. No hablaban; no sonreían. Cada cual pensaba en sí mismo, dejando volar la imaginación lejos de allí, o no pensaba en nada, con ese vacío intelectual producto de la emoción. Exteriorizaban sus preocupaciones en el arreglo del capote, que no daban nunca por terminado, dejándolo suelto sobre un hombro, arrollando los extremos en torno de la cintura y procurando que por debajo de este embudo de vivos colores surgiesen, ágiles y gallardas, las piernas enfundadas en seda y oro. Todas las caras estaban pálidas, pero no con palidez mate, sino brillante y lívida, con el sudoroso barniz de la emoción. Pensaban en la arena, invisible en aquellos momentos, sintiendo el irresistible pavor de las cosas que ocurren al otro lado de un muro, el temor de lo que no se ve, el peligro confuso que se anuncia sin presentarse. ¿Cómo acabaría la tarde?

A espaldas de las cuadrillas sonó el trotar de dos caballos que venían por debajo de las arcadas exteriores de la plaza. Eran los alguaciles, con sus ferreruelos negros y sombreros de teja rematados por plumajes rojos y amarillos. Acababan de hacer el despejo del redondel, dejándolo limpio de curiosos, y venían a ponerse al frente de las cuadrillas, sirviéndolas de batidores.

Las puertas del arco se abrieron completamente, así como las de la barrera situada frente a ellas. Apareció el extenso redondel, la verdadera plaza, el espacio circular de arena donde iba a realizarse la tragedia de la tarde para emoción y regocijo de catorce mil personas. El zumbido armónico y confuso se agrandó ahora, convirtiéndose en música alegre y bizarra, marcha triunfal de ruidosos cobres, que hacía mover los brazos marcialmente y contonearse las caderas... ¡Adelante los buenos mozos!

Y los lidiadores, parpadeando bajo la violenta transición, pasaron de la sombra a la luz, del silencio de la tranquila galería al bramar del circo, en cuyo graderío agitábase la muchedumbre con oleajes de curiosidad, poniéndose todos en pie para ver mejor.

Avanzaban los toreros súbitamente empequeñecidos al pisar la arena por la grandeza de la perspectiva. Eran como muñequillos brillantes, de cuyos bordados sacaba el sol reflejos de iris. Sus graciosos movimientos enardecían a la gente con un entusiasmo igual al del niño ante un juguete maravilloso. La loca ráfaga que agita a las muchedumbres, estremeciendo sus nervios dorsales y erizando su piel sin saber ciertamente por qué, conmovió la plaza entera. Aplaudía la gente, gritaban los más entusiastas y nerviosos, rugía la música, y en medio de este estruendo, que iba esparciéndose por ambos lados, desde la puerta de salida hasta la presidencia, avanzaban las cuadrillas con una lentitud solemne, compensando lo corto del paso con el gentil braceo y el movimiento de los cuerpos. En el redondel de éter azul suspendido sobre la plaza aleteaban palomas blancas, como asustadas por el bramido que se escapaba de este cráter de ladrillo.

Los lidiadores sentíanse otros al avanzar sobre la arena. Exponían la vida por algo más que el dinero. Sus incertidumbres y terrores ante lo desconocido los habían dejado más allá de las vallas. Ya pisaban el redondel; ya estaban frente al público: llegaba la realidad. Y las ansias de gloria de sus almas bárbaras y sencillas, el deseo de sobreponerse a los camaradas, el orgullo de su fuerza y su destreza, les cegaba, haciéndoles olvidar temores e infundiéndoles una audacia brutal.

Gallardo se había transfigurado. Erguíase al andar, queriendo ser más alto; movíase con una arrogancia de conquistador; miraba a todos lados con aire triunfal, como si sus dos compañeros no existiesen. Todo era suyo: la plaza y el público. Sentíase capaz de matar cuantos toros existiesen a aquellas horas en las dehesas de Andalucía y de Castilla. Todos los aplausos eran para él, estaba seguro de ello. Los miles de ojos femeniles sombreados por mantillas blancas en palcos y barreras sólo se fijaban en su persona, no le cabía duda. El público le adoraba; y al avanzar, sonriendo con petulancia, como si toda la ovación fuese dirigida a su persona, pasaba revista a los tendidos del graderío, sabiendo dónde se agolpaban los mayores núcleos de sus partidarios y queriendo ignorar dónde se congregaban los amigos de los otros.

Saludaron al presidente montera en mano, y el brillante desfile se deshizo, esparciéndose peones y jinetes. Después, mientras un alguacil recogía en su sombrero la llave arrojada por el presidente, Gallardo se dirigió hacia el tendido donde estaban sus mayores entusiastas, dándoles el capote de lujo para que lo guardasen. La hermosa capa, agarrada por varias manos, fue extendida en el borde de la valla como si fuese un pendón, símbolo sagrado de bandería.

Los partidarios más entusiastas, puestos de pie y agitando manos y bastones, saludaban al matador, manifestando sus esperanzas. ¡A ver cómo se portaba el niño de Sevilla!...

Y él, apoyado en la barrera, sonreía satisfecho de su fuerza, repitiendo a todos:

—Muchas grasias. Se hará lo que se puea.

No sólo los entusiastas mostrábanse esperanzados al verle. Toda la gente fijábase en él, aguardando hondas emociones. Era un torero que prometía «hule», según expresión de los aficionados; y el tal hule era el de las camas de la enfermería.

Todos creían que estaba destinado a morir en la plaza de una cornada, y esto mismo hacía que le aplaudiesen con entusiasmo homicida, con un interés bárbaro, semejante al del misántropo que seguía a un domador a todas partes esperando el momento de verle devorado por sus fieras.

Gallardo reíase de los antiguos aficionados, graves doctores de la tauromaquia que juzgan imposible un percance mientras el torero se ajuste a las reglas del arte. ¡Las reglas!... El las ignoraba, y no tenía empeño en conocerlas. Valor y audacia eran lo necesario para vencer. Y casi a ciegas, sin más guía que la temeridad ni otro apoyo que el de sus facultades corporales, había hecho una carrera rápida, asombrando al público hasta el paroxismo, aturdiéndolo con su valentía de loco.

No había ido, como otros matadores, por sus pasos contados, sirviendo largos años de peón y banderillero al lado de los maestros. Los cuernos de los toros no le daban miedo. «Peores cornás da el hambre.» Lo importante era subir de prisa, y el público le había visto comenzar como espada, logrando en pocos años una inmensa popularidad.

Le admiraban por lo mismo que tenían su desgracia como cierta. Enardecíase el público con infame entusiasmo ante la ceguera con que desafiaba a la muerte. Tenía para él las mismas atenciones y cuidados que obtiene un reo en capilla. Este torero no era de los que se reservan: lo daba todo, incluso la vida. Valía el dinero que costaba. Y la muchedumbre, con la bestialidad de los que presencian el peligro en lugar seguro, admiraba y azuzaba al héroe. Los prudentes torcían el gesto ante sus proezas; le creían un suicida con suerte, y murmuraban: «¡Mientras dure!... »

Sonaron timbales y clarines, y salió el primer toro. Gallardo, sosteniendo en un brazo su capote de faena sin adorno alguno, permanecía cerca de la barrera, junto al tendido de sus partidarios, en una inmovilidad desdeñosa, creyendo que toda la plaza tenía los ojos puestos en su persona. Aquel toro era para otro. Ya daría señales de existencia cuando llegasen los suyos. Pero los aplausos a los lances de capa de los compañeros le sacaron de esta inmovilidad, y a pesar de sus propósitos, se fue al toro, realizando varias suertes en las que era más la audacia que la maestría. La plaza entera le aplaudió, a impulsos de la predilección que sentía por su atrevimiento.

Cuando Fuentes mató el primer toro y fue hacia la presidencia saludando a la multitud, Gallardo palideció aún más, como si toda muestra de agrado que no fuese para él equivaliera a un olvido injurioso. Ahora llegaba su turno: iban a verse grandes cosas. No sabía ciertamente qué podrían ser, pero estaba dispuesto a asustar al público.

Apenas salió el segundo toro, Gallardo, con su movilidad y su deseo de lucirse, pareció llenar toda la plaza. Su capote estaba siempre cerca de los hocicos de la bestia. Un picador de su cuadrilla, el llamado *Potaje*, fue derribado del caballo, quedando al descubierto junto a los cuernos, y el maestro, agarrado a la cola de la fiera, tiró con hercúlea fuerza, obligándola a girar hasta que el jinete quedó a salvo. El público aplaudió entusiasmado.

Al llegar la suerte de banderillas, Gallardo quedó entre barreras esperando el toque para matar. El *Nacional*, con los palos en la mano, citaba al toro en el centro de la plaza. Nada de graciosos movimientos ni de arrogantes audacias. «Cuestión de ganarse el pan.» Allá en Sevilla había cuatro pequeños que si moría él no encontrarían otro padre. Cumplir con el deber y nada más: clavar sus banderillas como un jornalero de la tauromaquia, sin desear ovaciones y evitando silbidos.

Cuando dejó puesto el par, unos aplaudieron en el vasto graderío y otros increparon al banderillero con tono zumbón, aludiendo a sus ideas.

—¡Menos política y «arrimarse» más!

Y el *Nacional*, engañado por la distancia, al oír estos gritos contestaba sonriendo, como su maestro:

—Muchas grasias, muchas grasias.

Cuando Gallardo saltó de nuevo a la arena al sonar las trompetas y timbales que anunciaban la última suerte, la muchedumbre se agitó con zumbido de emoción. Este matador era el suyo. Iba a verse lo bueno.

Tomó la muleta de manos de *Garabato*, que se la ofrecía plegada desde dentro de la barrera, tiró del estoque que igualmente le presentaba su criado, y con menudos pasos fue a plantarse frente a la presidencia, llevando la montera en una mano. Todos tendían el pescuezo, devorando con los ojos al ídolo, pero nadie oyó el brindis. La arrogante figura de esbelto talle, con el tronco echado atrás para dar mayor fuerza a sus palabras, produjo en la muchedumbre el mismo efecto que la arenga más elocuente. Al terminar su peroración con una media vuelta, arrojando la montera al suelo, el entusiasmo estalló ruidoso. ¡Olé el niño de Sevilla! ¡Ahora iba a verse la verdad!… Y los espectadores se miraban unos a otros, prometiéndose mudamente sucesos estupendos. Un estremecimiento corrió por las filas del graderío, como en presencia de algo sublime.

El silencio profundo de las grandes emociones cayó de pronto sobre la muchedumbre, cual si la plaza hubiese quedado vacía. La vida de tantos miles de personas estaba condensada en los ojos. Nadie parecía respirar.

Gallardo avanzó hacia el toro lentamente, llevando la muleta apoyada en el vientre como una bandera y agitando en la otra mano la espada con un movimiento de péndulo que acompañaba su paso.

Al volver un instante la cabeza, vio que le seguían el *Nacional* y otro de su cuadrilla con el capote al brazo para ayudarle.

—¡Fuera too er mundo!

Sonó su voz en el silencio de la plaza, llegando hasta los últimos bancos, y un estallido de admiración lo contestó… «¡Fuera too er mundo!… » ¡Había dicho fuera todo el mundo!… ¡Qué hombre!

Llegó completamente solo junto a la fiera, e instantáneamente se hizo otra vez el silencio. Calmosamente deshizo su muleta, la extendió, avanzando así algunos pasos, hasta pegarse casi al hocico del toro, aturdido y asombrado por la audacia del hombre.

El público no se atrevía a hablar ni a respirar siquiera, pero en sus ojos brillaba la admiración. ¡Qué mozo! ¡Se iba a los mismísimos cuernos!... Golpeó impacientemente la arena con un pie, incitando a la fiera para que acometiese, y la masa enorme de carne, con sus agudas defensas, cayó mugiente sobre él. La muleta pasó sobre los cuernos, y éstos rozaron las borlas y caireles del traje del matador, que siguió firme en su sitio, sin otro movimiento que echar atrás el busto. Un rugido de la muchedumbre contestó a este pase de muleta. ¡Olé!...

Se revolvió la fiera, acometiendo otra vez al hombre y a su trapo, y volvió a repetirse el pase, con igual rugido del público. El toro, cada vez más furioso por el engaño, acometía al lidiador, y éste repetía los pases de muleta, moviéndose en un limitado espacio de terreno, enardecido por la proximidad del peligro y las exclamaciones admirativas de la muchedumbre, que parecían embriagarle.

Gallardo sentía junto a él los bufidos de la fiera; llegaban a su diestra y a su rostro los hálitos húmedos de su baba. Familiarizado por el contacto, miraba al bruto como a un buen amigo que iba a dejarse matar para contribuir a su gloria.

Quedose inmóvil el toro algunos instantes, como cansado de este juego, mirando con ojos de sombría reflexión al hombre y al trapo rojo, sospechando en su obscuro pensamiento la existencia de un engaño que, de acometida en acometida, le empujaba hacia la muerte.

Gallardo sintió la corazonada de sus mejores éxitos. ¡Ahora!... Lió la muleta con un movimiento circular de su mano izquierda, dejándola arrollada en torno del palo, y elevó la diestra a la altura de sus ojos, quedando con la espada inclinada hacia la cerviz de la fiera. La muchedumbre se agitó con movimiento de protesta y escándalo.

—¡No te tires!... —gritaron miles de voces—. ¡No... no!

Era demasiado pronto. El toro no estaba bien colocado: iba a arrancarse y a cogerlo. Movíase fuera de todas las reglas del arte. Pero ¿qué le importaban las reglas ni la vida a aquel desesperado?...

De pronto se echó con la espada por delante, al mismo tiempo que la fiera caía sobre él. Fue un encontronazo brutal, salvaje. Por un instante, hombre y bestia formaron una sola masa, y así marcharon juntos algunos pasos, sin poder distinguirse quién era el vencedor: el hombre con un brazo y parte del cuerpo metido entre los dos cuernos; la bestia bajando la cabeza y pugnando por atrapar con sus defensas el monigote de oro y colores, que parecía escurrirse.

Por fin se deshizo el grupo, la muleta quedó en el suelo como un harapo, y el lidiador, libres las manos, salió tambaleándose por el impulso del choque, hasta que algunos pasos más allá recobró el equilibrio. Su traje estaba en desorden; la corbata flotaba fuera del chaleco, enganchada y rota por uno de los cuernos.

El toro siguió su carrera con la velocidad del primer impulso. Sobre su ancho cuello apenas se destacaba la roja empuñadura del estoque, hundido hasta la cruz. De pronto, el animal se detuvo en su carrera, agitándose con doloroso movimiento de cortesía; dobló las patas delanteras, inclinó la cabeza hasta tocar la arena con su hocico mugiente, y acabó por acostarse con estremecimientos agónicos...

Pareció que se derrumbaba la plaza, que los ladrillos chocaban unos con otros, que la multitud iba a huir presa de pánico, según se ponía en pie, pálida, trémula, gesticulando y braceando. ¡Muerto!... ¡Qué estocada! Todos habían creído, durante un segundo, enganchado en los cuernos al matador; todos daban por seguro verle caer ensangrentado sobre la arena; y al contemplarle de pie, aturdido aún por el choque, pero sonriente, la sorpresa y el asombro aumentaban el entusiasmo.

—¡Qué bruto!—gritaban en los tendidos, no encontrando nada más justo para expresar su admiración—.¡Qué bárbaro!

Y los sombreros volaban a la arena, y un redoble gigantesco de aplausos, semejante a una lluvia de granizo, corría de tendido en tendido conforme avanzaba el matador por el redondel, siguiendo el contorno de la barrera, hasta llegar frente a la presidencia.

La ovación estalló estruendosa cuando Gallardo, abriendo los brazos, saludó al presidente. Todos gritaban, reclamando para el diestro los honores de la maestría. Debían darle la oreja. Nunca tan justa esta distinción. Estocadas como aquella se veían pocas. Y el entusiasmo aún fue mayor cuando un mozo de la plaza le entregó un triángulo obscuro, peludo y sangriento: la punta de una de las orejas de la fiera.

Estaba ya en el redondel el tercer toro y duraba aún la ovación a Gallardo, como si el público no hubiese salido de su asombro, como si todo lo que pudiera ocurrir en el resto de la corrida careciese de valor.

Los otros toreros, pálidos de envidia profesional, se esforzaban por atraerse la atención del público. Sonaban los aplausos, pero eran flojos y desmayados después de las anteriores ovaciones. El público estaba quebrantado por el delirio de su entusiasmo, y atendía distraídamente a los lances que se desarrollaban en el redondel. Se entablaban vehementes discusiones de grada a grada. Los devotos de otros matadores, serenos ya y libres del arrebato que los había arrastrado a todos, rectificaban su espontáneo movimiento, discutiendo a Gallardo. Muy valiente, muy atrevido, un suicida; pero aquello no era arte. Y los entusiastas del ídolo, los más vehementes y brutales, que admiraban su audacia a impulsos del propio carácter, indignábanse, con la cólera del creyente que ve puestos en duda los milagros de su santo.

Cortábase la atención del público con incidentes obscuros que agitaban las gradas. De pronto movíase la gente en una sección del tendido: poníanse los espectadores en pie, volviendo la espalda al redondel; arremolinábanse sobre las cabezas brazos y bastones. El resto de la muchedumbre dejaba de mirar a la arena, fijándose en el sitio de la agitación y en los grandes números pintados en la valla de la contrabarrera que marcaban las diferentes secciones del graderío.

—¡Bronca en el 3!—gritaban alegremente—.¡Ahora riñen en el 5!

Siguiendo el impulso contagioso de las muchedumbres, todos se agitaban y se ponían en pie, queriendo ver por encima de las cabezas de los vecinos, sin poder distinguir otra cosa que la lenta ascensión de los policías, los cuales, abriéndose paso de grada en grada, llegaban al grupo en cuyo seno se desarrollaba la reyerta.

—¡Sentarse!—gritaban los más prudentes, privados de la vista del redondel, donde seguían trabajando los toreros.

Poco a poco se calmaban las oleadas de la muchedumbre; las filas de cabezas tomaban su anterior regularidad, siguiendo las líneas circulares de los bancos, y continuaba la corrida. Pero el público parecía con los nervios excitados, y su estado de ánimo manifestábase con una injusta animosidad contra ciertos lidiadores o un silencio desdeñoso.

El público, estragado por la gran emoción de poco antes, encontraba insípidos todos los lances. Entretenía su fastidio comiendo y bebiendo. Los vendedores de la plaza iban entre barreras, arrojando con pasmosa habilidad los artículos que les pedían. Las naranjas volaban como rojas pelotas hasta lo más alto del tendido, yendo de la mano del vendedor a las del público en línea recta, como si un hilo tirase de ellas. Destapábanse botellas de bebidas gaseosas. El oro líquido de los vinos andaluces brillaba en los vasos.

Circuló por el graderío un movimiento de curiosidad. Fuentes iba a banderillear su toro, y todos esperaban algo extraordinario de habilidad y de gracia. Avanzó solo a los medios de la plaza con las banderillas en una mano, sereno, tranquilo, marchando lentamente, como si fuese a comenzar un juego. El toro seguía sus movimientos con ojos curiosos, asombrado de ver ante él un hombre solo, después de la anterior baraúnda de capotes extendidos, picas crueles clavadas en su morrillo y jacos que venían a colocarse cerca de los cuernos, como ofreciéndose a su empuje.

El hombre hipnotizaba a la bestia. Se aproximaba hasta tocar su testuz con la punta de las banderillas; corría después con menudo paso, y el toro iba tras él, como si lo hubiera convencido, llevándoselo al extremo opuesto de la plaza. El animal parecía amaestrado por el lidiador, le obedecía en todos sus movimientos, hasta que éste, dando por terminado el juego, abría sus brazos con una banderilla en cada mano, erguía sobre las puntas de los pies su cuerpo esbelto y menudo, y marchaba hacia el toro con majestuosa tranquilidad, clavando los palos de colores en el cuello de la sorprendida fiera.

Por tres veces realizó la suerte, entre las aclamaciones del público. Los que se tenían por inteligentes desquitábanse ahora de la explosión de entusiasmo provocada por Gallardo. ¡Esto era ser torero! ¡Esto era arte puro!...

Gallardo, de pie junto a la barrera, limpiábase el sudor del rostro con una toalla que le ofrecía *Garabato*. Después bebió agua, volviendo la espalda al redondel para no ver las proezas de su compañero. Fuera de la plaza estimaba a sus rivales, con la fraternidad que establece el peligro; pero así que pisaba la arena todos eran enemigos, y sus triunfos le dolían como ofensas. Ahora, el entusiasmo del público parecíale un robo que disminuía su gran triunfo.

Cuando salió el quinto toro, que era para él, se lanzó a la arena ansioso de asombrar al público con sus proezas.

Así que caía un picador, tendía él la capa y se llevaba el toro al otro extremo del redondel, aturdiéndolo con una serie de capotazos, hasta que, turbada la fiera, quedábase inmóvil. Entonces Gallardo la tocaba el hocico con un pie, o quitándose la montera la depositaba entre sus cuernos. Otras veces abusaba de la estupefacción del animal, presentándole el vientre con audaz reto, o se arrodillaba a corta distancia, faltándole poco para acostarse bajo sus hocicos.

Los viejos aficionados protestaban sordamente. ¡Monerías! ¡payasadas que no se hubieran tolerado en otros tiempos!... Pero tenían que callarse, abrumados por el griterío del público.

Cuando sonó el toque de banderillas, la gente quedó en suspenso al ver que Gallardo quitaba sus palos al *Nacional* y con ellos se dirigía hacia la fiera. Hubo una exclamación de protesta. ¡Banderillear él!... Todos conocían su flojedad en tal suerte. Esta quedaba para los que habían hecho su carrera paso a paso, para los que habían sido banderilleros muchos años al lado de sus maestros antes de llegar a matadores; y Gallardo había comenzado por el final, matando toros desde que salió a la plaza.

—¡No! ¡no!—clamaba la muchedumbre.

El doctor Ruiz gritó y manoteó desde la contrabarrera:

—¡Deja eso, niño! Tú sólo sabes la verdad... ¡Matar!

Pero Gallardo despreciaba al público y era sordo a sus protestas cuando sentía el impulso de la audacia. En medio del griterío se fue rectamente al toro, y sin que éste se moviese, ¡zas! le clavó las banderillas. El par quedó fuera de sitio, torpemente prendido, y uno de los palos se cayó con el movimiento de sorpresa de la bestia. Pero esto no importaba. Con la debilidad que las muchedumbres sienten siempre por sus ídolos, excusando y justificando sus defectos, todo el público celebraba risueño esta audacia. Él, cada vez más atrevido, tomó otras banderillas y las clavó, desoyendo las protestas de la gente, que temía por su vida. Luego repitió la suerte por tercera vez, siempre con torpeza, pero con tal arrojo, que lo que en otro hubiese provocado silbidos fue acogido con grandes explosiones admirativas. ¡Qué hombre! ¡Cómo ayudaba la suerte a aquel atrevido!...

Quedó el toro con sólo cuatro banderillas de las seis, y éstas tan flojas, que la bestia parecía no sentir el castigo.

—Está muy entero—gritaban los aficionados en los tendidos aludiendo al toro, mientras Gallardo, empuñando estoque y muleta, con la montera puesta, marchaba hacia él, arrogante y tranquilo, confiando en su buena estrella.

—¡Fuera toos!—gritó otra vez.

Al adivinar que alguien se mantenía cerca de él, no atendiendo sus órdenes, volvió la cabeza. El *Fuentes* estaba a pocos pasos. Le había seguido con el capote al brazo, fingiendo distracción, pero pronto a acudir en su auxilio, como si presintiese una desgracia.

—Déjeme usté, Antonio—dijo Gallardo con una expresión colérica y respetuosa a la vez, como si hablase a un hermano mayor.

Y era tal su gesto, que Fuentes levantó los hombros cual si repeliese toda responsabilidad, y le volvió la espalda, aloyándose poco a poco, con la certeza de ser necesario de un momento a otro.

Gallardo extendió su trapo en la misma cabeza de la fiera, y ésta le acometió. Un pase. «¡Olé!», rugieron los entusiastas. Pero el animal se revolvió prontamente, cayendo de nuevo sobre el matador con un violento golpe de cabeza que arrancó la muleta de sus manos. Al verse desarmado y acosado, tuvo que correr hacia la barrera; pero en el mismo instante el capote de Fuentes distrajo al animal. Gallardo, que adivinó en su fuga la súbita inmovilidad del toro, no saltó la barrera: se sentó en el estribo y así permaneció algunos instantes, contemplando a su enemigo a pocos pasos. La derrota acabó en aplausos por este alarde de serenidad.

Recogió Gallardo muleta y estoque, arregló cuidadosamente el trapo rojo, y otra vez fue a colocarse ante la cabeza de la fiera, pero con menos serenidad, dominado por una cólera homicida, por el deseo de matar cuanto antes a aquel animal que le había hecho huir a la vista de miles de admiradores.

Apenas dio un pase creyó llegado el momento decisivo, y se cuadró, con la muleta baja, llevándose la empuñadura del estoque junto a los ojos.

El público protestaba otra vez, temiendo por su vida.

—¡No te tires! ¡No!... ¡Aaay!

Fue una exclamación de horror que conmovió a toda la plaza; un espasmo que hizo poner de pie a la muchedumbre, con los ojos agrandados, mientras las mujeres se tapaban la cara o se agarraban convulsas al brazo más cercano.

Al tirarse el matador, su espada dio en hueso, y retardado en el movimiento de salida por este obstáculo, había sido alcanzado por uno de los cuernos. Gallardo quedó enganchado por la mitad del cuerpo; y aquel buen mozo, fuerte y membrudo, con toda su pesadumbre, viose zarandeado al extremo de un asta cual mísero maniquí, hasta que la poderosa bestia, con un cabezazo, lo expulsó a algunos metros de distancia, cayendo el torero pesadamente en la arena, abiertos los remos, como una rana vestida de seda y oro.

—¡Lo ha matado! ¡Una cornada en el vientre!—gritaban en los tendidos.

Pero Gallardo se levantó entre las capas y los hombres que acudieron a cubrirle y salvarle. Sonreía; se tentaba el cuerpo; levantaba después los hombros para indicar al público que no tenía nada. El porrazo nada más y la faja hecha trizas. El cuerno sólo había penetrado en esta envoltura de seda fuerte.

Volvió a coger los «trastos de matar», pero ya nadie quiso sentarse, adivinando que el lance iba a ser breve y terrible. Gallardo marchó hacia la fiera con su ceguedad de impulsivo, como si no creyese en el poder de sus cuernos luego de salir ileso: dispuesto a matar o a morir, pero inmediatamente, sin retrasos ni precauciones. ¡O el toro o él! Veía rojo, cual si sus ojos estuviesen inyectados de sangre. Escuchaba, como algo lejano que venía de otro mundo, el vocerío de la muchedumbre aconsejándole serenidad.

Dio sólo dos pases, ayudado por un capote que se mantenía a su lado, y de pronto, con celeridad de ensueño, como un muelle que se suelta del afianzador, lanzose sobre el toro, dándole una estocada que sus admiradores llamaban de relámpago. Metió tanto el brazo, que al salirse de entre los cuernos todavía le alcanzó el roce de uno de éstos, enviándolo tambaleante a algunos pasos; pero quedó en pie, y la bestia, tras loca carrera, fue a caer en el extremo opuesto de la plaza, quedando con las piernas dobladas y el testuz junto a la arena, hasta que llegó el puntillero para rematarla.

El público pareció delirar de entusiasmo. ¡Hermosa corrida! Estaba ahíto de emociones. Aquel Gallardo no robaba el dinero: correspondía con exceso al precio de la entrada. Los aficionados iban a tener materia para hablar tres días en sus tertulias de café. ¡Qué valiente! ¡Qué bárbaro!... Y los más entusiastas, con una fiebre belicosa, miraban a todos lados como si buscasen enemigos.

—¡El primer matador del mundo!... Y aquí estoy yo, para el que diga lo contrario.

El resto de la corrida apenas llamó la atención. Todo parecía desabrido y gris tras las audacias de Gallardo.

Cuando cayó en la arena el último toro, una oleada de muchachos, de aficionados populares, de aprendices de torero, invadió el redondel. Rodearon a Gallardo, siguiéndole en su marcha desde la presidencia a la puerta de salida. Le empujaban, queriendo todos estrechar su mano, tocar su traje, y al fin, los más vehementes, sin hacer caso de las manotadas del *Nacional* y los otros banderilleros, agarraron al maestro por las piernas y lo subieron en hombros, llevándolo así por el redondel y las galerías hasta las afueras de la plaza.

Gallardo, quitándose la montera, saludaba a los grupos que aplaudían su paso. Envuelto en su capote de lujo, se dejaba llevar como una divinidad, inmóvil y erguido sobre la corriente de sombreros cordobeses y gorras madrileñas, de la que salían aclamaciones de entusiasmo.

Cuando se vio en el carruaje, calle de Alcalá abajo, saludado por la muchedumbre que no había presenciado la corrida, pero estaba ya enterada de sus triunfos, una sonrisa de orgullo, de satisfacción en las propias fuerzas, iluminó su rostro sudoroso, en el que perduraba la palidez de la emoción.

El *Nacional*, conmovido aún por la cogida del maestro y su tremendo batacazo, quería saber si sentía dolores y si era asunto de llamar al doctor Ruiz.

—Na: una caricia na más... A mí no hay toro que me mate.

Pero como si en medio de su orgullo surgiese el recuerdo de las pasadas debilidades y creyera ver en los ojos del *Nacional* una expresión irónica, añadió:

—Son cosas que me dan antes de ir a la plaza... Argo así como los vapores de las mujeres. Pero tú llevas razón, Sebastián. ¿Cómo dices?... Dios u la Naturaleza, eso es: Dios u la Naturaleza no tieen por qué meterse en estas cosas del toreo. Ca uno sale como puede, con su habilidad o su coraje, sin que le valgan recomendaciones de la tierra ni del cielo... Tú tiees talento, Sebastián: tú debías de haber estudiao una carrera.

Y en el optimismo de su alegría, miraba al banderillero como un sabio, sin acordarse de las burlas con que había acogido siempre sus enrevesadas razones.

Al llegar al alojamiento encontró en el vestíbulo a muchos admiradores deseosos de abrazarle. Hablaban de sus hazañas con tales hipérboles, que parecían distintas, exageradas y desfiguradas por los comentarios en el corto trayecto de la plaza al hotel.

Arriba encontró su habitación llena de amigos, señores que le tuteaban, e imitando el habla rústica de la gente del campo, pastores y ganaderos, le decían golpeándole los hombros:

—Has estao mu güeno... ¡Pero mu güeno!

Gallardo se libró de esta acogida entusiasta saliéndose al corredor con *Garabato*.

—Ve a poner el telegrama a casa. Ya lo sabes: «Sin noveá.»

Garabato se excusó. Tenía que ayudar al maestro a desnudarse. Los del hotel se encargarían de enviar el despacho.

—No; quiero que seas tú. Yo esperaré... Debes poné otro telegrama. Ya sabes pa quién es: pa aquella señora, pa doña Zol.

También «Sin noveá».

Capítulo 2

Cuando a la señora Angustias se le murió su esposo, el señor Juan Gallardo, acreditado remendón establecido en un portal del barrio de la Feria, lloró con el desconsuelo propio del caso; pero al mismo tiempo, en el fondo de su ánimo latía la satisfacción del que reposa tras larga marcha, librándose de un peso abrumador.

—¡Probesito de mi arma! Dios lo tenga en su gloria. ¡Tan güeno!... ¡Tan trabajaor!

En veinte años de vida común no la había dado otros disgustos que los que sufrían las demás mujeres del barrio. De las tres pesetas que unos días con otros venía a sacar de su trabajo, entregaba una a la señora Angustias para el sostén de la casa y la familia, destinando las otras dos al entretenimiento de su persona y gastos de representación. Había que corresponder a las «finezas» de los amigos cuando convidan a unas cañas; y el vino andaluz, por lo mismo que es la gloria de Dios, cuesta caro. También debía ir a los toros inevitablemente, porque un hombre que no bebe ni asiste a las corridas... ¿para qué está en el mundo?

La señora Angustias, con sus dos hijos, Encarnación y Juanillo, tenía que aguzar el ingenio y desplegar múltiples habilidades para llevar la familia adelante. Trabajaba como asistenta en las casas más acomodadas del barrio, cosía para las vecinas, correteaba ropas y alhajas en representación de cierta prendera amiga suya y hacía pitillos para los señores, recordando sus habilidades de la juventud, cuando el señor Juan, novio entusiasta y zalamero, venía a esperarla a la salida de la Fábrica de Tabacos.

Nunca pudo quejarse de infidelidades o malos tratos de su difunto. Los sábados, cuando el remendón volvía borracho a casa a altas horas de la noche, sostenido por los amigos, la alegría y la ternura llegaban con él. La señora Angustias tenía que entrarlo a empellones, pues se obstinaba en permanecer a la puerta batiendo palmas y entonando con voz babosa lentas canciones de amor dedicadas a su voluminosa compañera. Y cuando al fin se cerraba la puerta tras él, privando a los vecinos de un motivo de regocijo, el señó Juan, en plena borrachera sentimental, se empeñaba en ver a los pequeños, que ya estaban acostados, los besaba, mojándolos con gruesos lagrimones, y repetía sus trovas en honor de la señora Angustias —¡olé! ¡la primera hembra del mundo!—, acabando la buena mujer por desarrugar el ceño y reírse, mientras lo desnudaba y manejaba como si fuese un niño enfermo.

Este era su único vicio. ¡Pobrecillo!… De mujeres y de juego, ni señal. Su egoísmo, que le hacía ir bien vestido, mientras la familia andaba haraplenta, y su desigualdad en el reparto de los productos del trabajo, compensábalos con iniciativas generosas. La señora Angustias recordaba con orgullo los días de gran fiesta, cuando Juan la hacía ponerse el pañolón de Manila, la mantilla de casamiento, y llevando los niños por delante marchaba a su lado, con blanco sombrero cordobés y bastón de puño de plata, dando un paseo por las Delicias, con el mismo aire de una familia de comerciantes de la calle de las Sierpes. Los días de toros baratos la obsequiaba rumbosamente antes de ir a la plaza, ofreciéndola unas cañas de manzanilla en La Campana o un café en la plaza Nueva. Este tiempo feliz no era ya mas que un pálido y grato recuerdo en la memoria de la pobre mujer.

El señor Juan enfermó de tisis, y durante dos años la esposa tuvo que atender a su cuidado, extremando aún más sus industrias para compensar la falta de la peseta que le entregaba antes el marido. Finalmente murió en el hospital, resignado con su suerte, convencido de que la existencia nada vale sin manzanilla y sin toros, y su última mirada de amor y de agradecimiento fue para su mujer, como si le gritase con los ojos: «¡Olé! ¡la primera hembra del mundo!… »

Al quedar sola la señora Angustias no empeoraba su situación; antes bien, considerábase con mayor desembarazo en los movimientos, libre de aquel hombre que en los dos últimos años pesaba más sobre ella que el resto de la familia. Mujer enérgica y de prontas resoluciones, marcó inmediatamente un camino a sus hijos. Encarnación, que tenía ya diez y siete años, fue a la Fábrica de Tabacos, donde pudo introducirla su madre gracias a sus relaciones con ciertas amigas de la juventud llegadas a maestras. Juanillo, que de pequeño había pasado los días en el portal del barrio de la Feria viendo trabajar a su padre, iba a ser zapatero por voluntad de la señora Angustias. Le sacó de la escuela, donde había aprendido a mal leer, y a los doce años entró como aprendiz de uno de los mejores zapateros de Sevilla.

Aquí comenzó el martirio de la pobre mujer.

¡Ay, aquel muchacho! ¡Hijo de unos padres tan honrados!... Casi todos los días, en vez de entrar en la tienda del maestro, se iba al Matadero con ciertos pillos que tenían su punto de reunión en un banco de la Alameda de Hércules, y para regocijo de pastores y matarifes, osaban echar un capote a los bueyes, siendo volteados y pateados las más de las veces. La señora Angustias, que velaba aguja en mano muchas noches para que el niño fuese decentito al taller, con las ropas limpias, le encontraba en la puerta de su casa, temeroso de entrar y sin valor al mismo tiempo para huir, por la servidumbre del hambre, con los pantalones rotos, la chaqueta sucia y chichones y rasguños en la cara.

A los magullamientos del buey traidor uníanse las bofetadas y escobazos de la madre; pero el héroe del Matadero pasaba por todo con tal que no le faltase la pitanza. «Pega, pero dame que comer.» Y con el apetito excitado por el ejercicio violento, engullía el pan duro, las judías averiadas, el bacalao putrefacto, todos los víveres de desecho que la hacendosa mujer buscaba en las tiendas para mantener a la familia con poco dinero.

Atareada todo el día en fregar pisos de casas ajenas, sólo de tarde en tarde podía ocuparse de su hijo, yendo a la tienda del maestro para enterarse de los progresos del aprendiz. Cuando volvía de la zapatería bufaba de coraje, proponiéndose los más estupendos castigos que corrigiesen al pillete.

La mayor parte de los días no se presentaba en la tienda. Pasaba la mañana en el Matadero, y por las tardes formaba grupo a la entrada de la calle de las Sierpes con otros vagabundos, admirando de cerca a los toreros sin contrata que se juntaban en La Campana, vestidos de nuevo, con flamantes sombreros, pero sin más de una peseta en el bolsillo y hablando cada cual de sus propias hazañas.

Juanillo los contemplaba como seres de asombrosa superioridad, envidiando su buen porte y la frescura con que piropeaban a las mujeres. La idea de que todos ellos tenían en su casa un traje de seda bordado de oro, y metidos en él marchaban ante la muchedumbre al son de la música, producíale un escalofrío de respeto.

El hijo de la señora Angustias era conocido por el *Zapaterín* entre sus desarrapados amigos, y mostrábase satisfecho de tener un apodo, como casi todos los grandes hombres que salen al redondel. Por algo se empieza. Llevaba al cuello un pañuelo rojo que había sustraído a su hermana, y por debajo de la gorra salíale el pelo amontonado sobre las orejas en gruesos mechones, que se alisaba con saliva. Las blusas de dril queríalas hasta la cintura, con numerosos pliegues. Los pantalones, viejos restos del vestuario de su padre acomodados por la señora Angustias, exigíalos altos de talle, con las piernas anchas y las caderas bien recogidas, llorando de humillación cuando la madre no quería ceñirse a estas exigencias.

¡Una capa! ¡Poseer una capa de brega, no teniendo que implorar a otros más felices el préstamo del ansiado trapo por unos minutos!... En un cuartucho de la casa yacía olvidado un viejo colchón con las tripas flácidas. La lana habíala vendido la señora Angustias en días de apuro. El *Zapaterín* pasó una mañana encerrado en el cuarto, aprovechando la ausencia de su madre, que trabajaba aquel día como asistenta en casa de un canónigo. Con la ingeniosidad del náufrago que, entregado a sus iniciativas, tiene que fabricárselo todo en una isla desierta, cortó un capote de lidia en la tela húmeda y deshilachada. Después hirvió en un puchero un puñado de anilina roja comprada en una droguería, y sumió en este tinte el viejo lienzo. Juanillo admiró su obra. ¡Un capote del más vivo escarlata, que iba a despertar muchas envidias en las capeas de los pueblos!... Sólo faltaba que se secase, y lo puso al sol entre las ropas blancas de las vecinas. El viento, al mecer el trapo chorreante, fue manchando las piezas inmediatas, y un concierto de maldiciones y amenazas, de puños crispados y bocas que proferían las más feas palabras contra él y su madre, obligó al *Zapaterin* a recoger su manto de gloria y salir por pies, cubiertas de rojo cara y manos, como si acabase de cometer un homicidio.

La señora Angustias, hembra fuerte, obesa y bigotuda, que no temía a los hombres e inspiraba respeto a las mujeres por sus resoluciones enérgicas, mostrábase descorazonada y floja ante su hijo. ¡Qué hacer!... Sus manos habíanse ensayado en todas las partes del cuerpo del muchacho; las escobas se rompían sin resultado positivo. Aquel maldito tenía, según ella, carne de perro. Habituado fuera de casa a los tremendos cabezazos de los becerros, al cruel pateo de las vacas, a los palos de pastores y matarifes, que trataban sin compasión a la pillería tauromáquica, los golpes de la madre parecíanle un hecho natural, una continuación de la vida exterior, que se prolongaba dentro de su casa, y los aceptaba sin propósito de enmienda, como un escote que había de pagar a cambio del sustento, rumiando el pan duro con famélico regodeo, mientras las maldiciones maternales y los puñetazos llovían en sus espaldas.

Apenas saciaba su hambre huía de la casa, valiéndose de la libertad en que le dejaba la señora Angustias ausentándose para sus faenas.

En La Campana, ágora venerable del toreo, donde circulan las grandes noticias de la afición, recibía avisos de sus compañeros que le producían escalofríos de entusiasmo.

—*Zapaterín*, mañana corrida.

Los pueblos de la provincia celebraban las fiestas del santo patrón con capeas de toros corridos, y allá marchaban los pequeños toreros, con la esperanza de poder decir a la vuelta que habían tendido el capote en las plazas gloriosas de Aznalcollar, Bullullos o Mairena. Emprendían la marcha de noche, con la capa al hombro si era verano y envueltos en ella en el invierno, el estómago vacío y hablando continuamente de toros.

Si la marcha era de varias jornadas, acampaban al raso o eran admitidos por caridad en el pajar de una venta. ¡Ay de las uvas, de los melones y los higos que encontraban al paso en la buena época!... Su única inquietud era que otro grupo, otra «cuadrilla», hubiese tenido igual pensamiento y se presentase en el pueblo, entablando ruda competencia.

Cuando llegaban al término de su viaje, con las cejas y la boca llenas de polvo, flojos y despeados por la marcha, se presentaban al alcalde, y el más desvergonzado, que llenaba las funciones de director, hablaba de los méritos de su gente, dándose todos por felices si la generosidad municipal los aposentaba en la cuadra del mesón, regalándolos encima con una olla, que quedaba limpia a los pocos instantes. En la plaza del lugar, cerrada con carros y tablados, soltábanse toros viejos, verdaderos castillos de carne, llenos de costras y cicatrices, con cuernos astillosos y enormes; reses que llevaban muchos años de ser toreadas en todas las fiestas de la provincia; animales venerables que «sabían latín», tanta era su malicia, y habituados a un continuo toreo, estaban en el secreto de las habilidades de la lidia.

Los mozos del pueblo pinchaban a las fieras desde lugar seguro, y la gente buscaba motivo de diversión, más aún que en el toro, en los «toreros» venidos de Sevilla. Tendían éstos sus capas con las piernas temblorosas y el ánimo reconfortado por el peso del estómago. Revolcón, y grande algazara en el público. Cuando alguno, con repentino terror, refugiábase en las empalizadas, la barbarie campesina le acogía con insultos, golpeándole las manos agarradas a la madera, dándole varazos en las piernas para que saltase a la plaza. «¡Arre, sinvergüenza! ¡A darle la cara al toro, embustero!... »

Alguna vez sacaban de la plaza a uno de los «diestros» entre cuatro compañeros, pálido con una blancura de papel, los ojos vidriosos, la cabeza caída, el pecho como un fuelle roto. Acudía el albéitar, tranquilizando a todos al no ver sangre. Era una conmoción sufrida por el muchacho al ser despedido a algunos metros de distancia, cayendo al suelo como un talego de ropa. Otras veces era la angustia de haber sido pisado por una bestia de enorme pesadumbre. Le echaban un cubo de agua por la cabeza, y luego, al recobrar los sentidos, obsequiábanle con un gran trago de aguardiente de Cazalla de la Sierra. Ni un príncipe podría verse mejor cuidado.

A la plaza otra vez. Y cuando no le quedaban al pastor toros que soltar y se aproximaba la noche, dos de la cuadrilla cogían el mejor capote de la sociedad, y sosteniéndole por las puntas, iban de tablado en tablado solicitando una gratificación. Llovían sobre la tela roja las monedas de cobre según el gusto que habían dado a los vecinos las proezas de los forasteros, y terminada la corrida emprendían la vuelta a la ciudad, sabiendo que en la posada se había agotado su crédito. Muchas veces reñían en el camino por la distribución de la calderilla guardada en un pañuelo anudado.

Luego, en el resto de la semana, recordaban sus hazañas ante los ojos absortos de los compinches que no habían sido de la expedición. Hablaban de sus verónicas en El Garrobo, de sus navarras de Lora, o de una terrible cogida en El Pedroso, imitando los aires y actitudes de los verdaderos profesionales que a pocos pasos de ellos consolaban su falta de contratas con toda clase de petulancias y mentiras.

Cierta vez, la señora Angustias estuvo más de una semana sin saber de su hijo. Al fin tuvo vagas noticias de que había sido herido en una capea en el pueblo de Tocina. ¡Dios mío! ¿Dónde estaría aquel pueblo? ¿Cómo ir a él?... Dio por muerto a su hijo, le lloró, quiso, sin embargo, ir allá, y cuando disponía el viaje vio llegar a Juanillo, pálido, débil, pero hablando con alegría varonil de su accidente.

No era nada: un puntazo en una nalga; una herida de varios centímetros de profundidad. Y con el impudor del triunfo, quería mostrarla a los vecinos, afirmando que metía en ella un dedo sin llegar al fin. Sentíase orgulloso del hedor de yodoformo que iba esparciendo a su paso, y hablaba de las atenciones con que le habían tratado en aquel pueblo, que era para él lo mejor de España. Los vecinos más ricos, como quien dice la aristocracia, se interesaban por su suerte; el alcalde había ido a verle, pagándole después el viaje de vuelta. Aún guardaba en su bolsillo tres duros, que entregó a su madre con una generosidad de grande hombre. ¡Y tanta gloria a los catorce años! Su satisfacción fue todavía mayor cuando en La Campana, algunos toreros—pero toreros de verdad—fijaron su atención en el muchacho, preguntándole cómo marchaba de su herida.

Después de este accidente ya no volvió a la tienda de su maestro. Sabía lo que eran los toros; su herida había servido para acrecentar su audacia. ¡Torero, nada más que torero! La señora Angustias abandonó todo propósito de corrección, juzgándolo inútil. Se hizo la cuenta de que no existía su hijo. Cuando se presentaba en casa por la noche, a la hora en que la madre y la hermana comían juntas, hacíanle plato silenciosas, intentando abrumarle con su desprecio. Pero esto en nada alteraba su masticación. Si llegaba tarde, no le guardaban ni un mendrugo, y tenía que volverse a la calle lo mismo que había venido.

Era paseante nocturno en la Alameda de Hércules con otros muchachos de ojos viciosos, mezcla confusa de aprendices de criminal y de torero. Las vecinas le encontraban algunas veces en las calles hablando con señoritos cuya presencia hacía reír a las mujeres, o con graves caballeros a los que la maledicencia daba motes femeniles. Unas temporadas vendía periódicos, y en las grandes fiestas de Semana Santa ofrecía a las señoras sentadas en la plaza de San Francisco bandejas de caramelos. En época de feria vagaba por las inmediaciones de los hoteles esperando a un «inglés», pues para él todos los viajeros eran ingleses, con la esperanza de servirle de guía.

—¡Milord!... ¡Yo torero!—decía al ver una figura exótica, como si su calidad profesional fuese una recomendación indiscutible para los extranjeros.

Y para certificar su identidad se quitaba la gorra, echando atrás la coleta: un mechón de a cuarta que llevaba tendido en lo alto de la cabeza.

Su compañero de miseria era *Chiripa*, muchacho de su misma edad, pequeño de cuerpo y de ojos maliciosos, sin padre ni madre, que vagaba por Sevilla desde que tenía uso de razón y ejercía sobre Juanillo el dominio de la experiencia. Tenía un carrillo cortado por la cicatriz de una cornada, y esta señal considerábala el *Zapaterín* como algo muy superior a su herida invisible.

Cuando, a la puerta de un hotel, alguna viajera ávida de «color local» hablaba con los pequeños toreros, admirando sus coletas y el relato de sus heridas, para acabar dándoles dinero, *Chiripa* decía con tono sentimental:

—No le dé usté a ese, que tié mare, y yo estoy solito en er mundo. ¡El que tié mare no sabe lo que tiene!

Y el *Zapaterín*, con una tristeza de remordimiento, permitía que el otro se apoderase de todo el dinero, murmurando:

—Es verdá... es verdá.

Este enternecimiento no impedía a Juanillo continuar su existencia anormal, apareciendo en casa de la señora Angustias muy de tarde en tarde y emprendiendo viajes lejos de Sevilla.

Chiripa era un maestro de la vida errante. Los días de corrida afirmábase en su voluntad el propósito de entrar en la Plaza de Toros con su camarada, apelando para esto a las estratagemas de escalar los muros, deslizarse entre el gentío o enternecer a los empleados con humildes súplicas. ¡Una fiesta taurina sin que la viesen ellos, que eran de la profesión!... Cuando no había capea en los pueblos de la provincia, iban a echar su trapo a los novillos de la dehesa de Tablada; pero todos estos alicientes de la vida de Sevilla no bastaban a satisfacer su ambición.

Chiripa había corrido mundo, y hablaba a su compañero de las grandes cosas vistas por él en lejanas provincias. Era hábil en el arte de viajar gratuitamente, colándose con disimulo en los trenes. El *Zapaterín* escuchaba con embeleso sus descripciones de Madrid, una ciudad de ensueño con su Plaza de Toros que era a modo de una catedral del toreo.

Un señorito, por reírse de ellos, les dijo a la puerta de un café de la calle de las Sierpes que en Bilbao ganarían mucho dinero, pues allí no abundaban los toreros como en Sevilla, y los dos muchachos emprendieron el viaje, limpio el bolsillo y sin otro equipo que sus capas, unas capas «de verdad», que habían sido de toreros de cartel, míseros desechos adquiridos por unos cuantos reales en una ropavejería.

Introducíanse cautelosamente en los trenes y se ocultaban bajo los asientos; pero el hambre y otras necesidades les obligaban a denunciar su presencia a los viajeros, que acababan por compadecerse de estas andanzas, riendo de sus raras figuras, de sus coletas y capotes, socorriéndolos con los restos de sus meriendas. Cuando algún empleado les daba caza en las estaciones, corrían de vagón en vagón o intentaban escalar los techos para esperar agazapados a que el tren se pusiera en marcha. Muchas veces les sorprendieron, y agarrándolos de las orejas, con acompañamiento de bofetadas y puntapiés, quedaban en el andén de una estación solitaria, mientras el tren se alejaba como una esperanza perdida.

Aguardaban el paso de otro, vivaqueando al aire libre, y si se veían vigilados de cerca, emprendían la marcha hacia la inmediata estación por los desiertos campos, con la certeza de ser más afortunados. Así llegaron a Madrid, después de varios días de accidentado viaje y largas paradas con acompañamiento de golpes. En la calle de Sevilla y en la Puerta del Sol admiraron los grupos de toreros sin contrata, entes superiores, a los que osaron pedir, sin éxito, una limosna para continuar el viaje. Un mozo de la Plaza de Toros, que era de Sevilla, se apiadó de ellos y les dejó dormir en las cuadras, proporcionándoles además el deleite de presenciar una corrida de novillos en el famoso circo, que les pareció menos importante que el de su tierra.

Asustados de su audacia y viendo cada vez más lejano el término de la excursión, emprendieron el regreso a Sevilla lo mismo que habían venido; pero desde entonces tomaron gusto a los viajes a escondidas en el ferrocarril. Dirigíanse a pueblos de poca importancia en las diversas provincias andaluzas cuando oían vagas noticias de fiestas con sus correspondientes capeas. Así llegaban hasta la Mancha o Extremadura; y si los azares de la mala suerte les imponían el marchar a pie, buscaban refugio en las viviendas de los campesinos, gente crédula y risueña, que se extrañaba de sus pocos años, de su atrevimiento y su charla embustera, tomándolos por verdaderos lidiadores.

Esta existencia errante les hacía emplear astucias de hombre primitivo para satisfacer sus necesidades. En las inmediaciones de las casas de campo arrastrábanse sobre el vientre, robando las hortalizas sin ser vistos. Aguardaban horas enteras a que una gallina solitaria se aproximase a ellos, y retorciéndola el cuello continuaban la marcha, para encender una hoguera de leña seca en mitad de la jornada y engullirse el pobre animal chamuscado y medio crudo con una voracidad de pequeños salvajes. Temían a los mastines del campo más que a los toros. Eran bestias difíciles para la lidia, que corrían hacia ellos enseñando los colmillos, como si los enfureciese su aspecto exótico y husmeasen en sus personas a enemigos de la propiedad.

Muchas veces, cuando dormían al aire libre cerca de una estación, esperando el paso de un tren, llegábase a ellos una pareja de guardias civiles. Al ver los rojos envoltorios que servían de almohadas a estos vagabundos, tranquilizábanse los soldados del orden. Suavemente les quitaban las gorras, y al encontrarse con el peludo apéndice de la coleta, se alejaban riendo sin más averiguaciones. No eran ladronzuelos: eran aficionados que iban a las capeas. Y en esta tolerancia había una mezcla de simpatía por la fiesta nacional y de respeto ante la obscuridad de lo futuro. ¡Quién podía saber si alguno de estos mozos desarrapados, con costras de miseria, sería en el porvenir una «estrella del arte», un gran hombre que brindase toros a los reyes, viviera como un príncipe, y cuyas hazañas y dichos reprodujeran los periódicos!...

Una tarde, el *Zapaterín* quedó solo en un pueblo de Extremadura. Para mayor asombro del público rústico que aplaudía a los famosos toreros «venidos adrede de Sevilla», los dos muchachos quisieron clavar banderillas a un toro bravucón y viejo. Juanillo puso sus palos a la fiera y quedó junto a un tablado, gozándose en recibir la ovación popular en forma de tremendos manotazos y ofrecimientos de tragos de vino. Una exclamación de horror le sacó de esta embriaguez de gloria. *Chiripa* no estaba ya en el suelo de la plaza. Sólo quedaban en él las banderillas rodando por el polvo, una zapatilla y la gorra. Movíase el toro como irritado ante un obstáculo, llevando enganchado de uno de sus cuernos un envoltorio de ropas semejante a un monigote. Con los violentos cabezazos el informe paquete se soltó del cuerno, expeliendo un chorro rojo, pero antes de llegar al suelo fue alcanzado por el asta opuesta, que a su vez lo zarandeó largo rato. Por fin el triste bulto cayó en el polvo, y allí quedó, flácido e inerte, soltando líquido, como un pellejo agujereado que expele el vino a chorros.

El pastor, con sus cabestros, se llevó el toro al corral, pues nadie osaba aproximarse a él, y el pobre *Chiripa* fue conducido sobre un jergón a cierto cuartucho del Ayuntamiento que servía de cárcel. Su compañero le vio con la cara blanca como si fuese de yeso, los ojos mates y el cuerpo rojo de sangre, sin que pudieran contener ésta los paños de agua con vinagre que le aplicaban, a falta de algo mejor.

—¡Adió, *Zapaterín*!—suspiró—. ¡Adió, Juaniyo!

Y no dijo más. El compañero del muerto emprendió aterrado la vuelta a Sevilla, viendo sus ojos vidriosos, oyendo sus gimientes adioses. Tenía miedo. Una vaca mansa saliéndole al paso le hubiese hecho correr. Pensaba en su madre y en la prudencia de sus consejos. ¿No era mejor dedicarse a zapatero y vivir tranquilamente?... Pero estos propósitos sólo duraron mientras se vio solo.

Al llegar a Sevilla sintió la influencia del ambiente. Los amigos corrieron hacia él para saber con todos sus detalles la muerte del pobre *Chiripa*. Los toreros profesionales le preguntaban en La Campana, recordando con lástima a aquel pilluelo de cara cortada que muchas veces les hacía recados. Juan, enardecido por tales muestras de consideración, daba suelta a su potencia imaginativa, describiendo cómo se había él arrojado sobre el toro al ver cogido a su pobre compañero; cómo había agarrado al bicho de la cola, y demás hazañas portentosas, a pesar de las cuales el otro había salido del mundo.

La medrosa impresión se desvaneció. ¡Torero, nada más que torero! Ya que otros lo eran, ¿por qué no serlo él? Pensaba en las judías averiadas y el pan duro de su madre; en las vilezas que le costaba cada pantalón nuevo; en el hambre, inseparable compañera de muchas de sus expediciones. Además, sentía un ansia vehemente por todos los goces y ostentaciones de la existencia: miraba con envidia los coches y los caballos; deteníase absorto en las puertas de las grandes casas, al través de cuyas cancelas veía patios de oriental suntuosidad, con arcadas de azulejos, enlosados de mármol y fuentes parleras que desgranaban día y noche sobre el tazón rodeado de verdes hojas un surtidor de perlas. Su suerte estaba echada. Matar toros o morir. Ser rico, y que los periódicos hablasen de él y le saludase la gente, aunque fuera a costa de la vida. Despreciaba los grados inferiores del toreo. Veía a los banderilleros exponer la vida lo mismo que los maestros a cambio de treinta duros por corrida, y luego de una existencia de fatigas y cornadas llegar a viejos, sin más porvenir que una mísera industria montada con los ahorros o un empleo en el Matadero. Algunos morían en el hospital; los más pedían limosna a los compañeros jóvenes. Nada de banderillas ni de pasar años en una cuadrilla sometido al despotismo de un maestro. Matar toros desde el principio; pisar la arena de las plazas como espada.

La desgracia del pobre *Chiripa* dábale cierto ascendiente sobre sus compañeros y formó cuadrilla, una cuadrilla de desarrapados que marcharon tras él a las capeas de los pueblos. Le respetaban porque era el más valiente y el mejor vestido. Algunas mozas de vida airada, atraídas por la varonil belleza del *Zapaterín*, que ya iba en los diez y ocho años, y por el prestigio de su coleta, disputábanse en ruidosa competencia el honor de cuidar de su garbosa persona. Además contaba con un «padrino», un viejo protector, antiguo magistrado, que sentía debilidad por la guapeza de los toreros jóvenes, y cuyo trato indignaba a la señora Angustias, haciéndole soltar las más obscenas expresiones aprendidas en sus tiempos de la Fábrica de Tabacos.

El *Zapaterín* lucía ternos de lana inglesa bien ajustados a la esbeltez de su cuerpo, y su sombrero era siempre flamante. Las «socias» cuidaban escrupulosamente de la blancura de sus cuellos y pecheras, y en ciertos días ostentaba sobre el chaleco una cadena de oro, doble, igual a la de las señoras, préstamo de su respetable amigo, que había ya figurado en el cuello de «otros muchachos que empezaban».

Alternaba con los verdaderos toreros; podía pagar copas a los viejos peones que hacían memoria de las hazañas de los maestros famosos. Dábase por seguro que ciertos protectores trabajaban en favor de este «niño», esperando ocasión propicia para hacerle debutar en una novillada en la plaza de Sevilla.

El *Zapaterín* era ya matador. Un día, en Lebrija, al salir a la plaza un torito vivaracho, sus compañeros le habían empujado a la suerte suprema. «¿Te atreves a meterle la mano?... » Y él le metió la mano. Después, enardecido por la facilidad con que había salido del trance, acudió a todas las capeas en las que se anunciaba novillo de muerte y a todos los cortijos donde se lidiaban y mataban reses.

El propietario de *La Rinconada*, rico cortijo con pequeña plaza de toros, era un entusiasta que tenía la mesa dispuesta y abierto el pajar para todos los aficionados famélicos que quisieran divertirle lidiando sus reses. Juanillo fue allá en días de miseria con otros compañeros, para comer a la salud del hidalgo campestre aunque fuese a costa de algunos revolcones. Llegaron a pie tras dos jornadas de marcha, y el propietario, al ver a la tropa polvorienta, con sus líos de capotes, dijo solemnemente:

—Al que quee mejó le pago er billete pa que güerva a Seviya en ferrocarrí.

Dos días pasó el señor del cortijo fumando en el balconcillo de su plaza mientras los chicos de Sevilla lidiaban toretes, siendo muchas veces alcanzados y pateados.

—Eso no vale na, ¡embustero!—decía reprobando un capeo mal dado.

—¡Arza der suelo, cobardón!... A ve, que le den vino pa que se le pase er susto—gritaba cuando un muchacho persistía en seguir tendido luego de pasarle el toro sobre el cuerpo.

El *Zapaterín* mató un novillo tan a gusto del dueño, que éste lo sentó a su mesa, mientras los camaradas quedaban en la cocina con los pastores y mozos de labranza, metiendo la cuchara de cuerno en la humeante *caldereta*.

—Te ganaste la güerta en ferrocarrí, gachó. Tú irás lejos si no te farta er corazón. Tiés facurtaes.

El *Zapaterín*, al emprender su regreso a Sevilla en segunda clase, mientras la cuadrilla marchaba a pie, pensó que comenzaba para él una nueva vida, y tuvo una mirada de avidez para el enorme cortijo, con sus extensos olivares, sus campos de granos, sus molinos, sus prados que se perdían de vista, en los que pastaban miles de cabras y rumiaban, inmóviles, con las piernas encogidas, toros y vacas. ¡Qué riqueza! ¡Si él llegase un día a poseer algo semejante!...

La fama de sus proezas en las novilladas de los pueblos llegó a Sevilla, haciendo fijarse en su persona a los aficionados inquietos e insaciables, que siempre esperan un nuevo astro que eclipse a los existentes.

—Paece que es un niño que promete—decían al verle pasar por la calle de las Sierpes con paso menudo, moviendo arrogante los brazos—. Habrá que verlo en el terreno de la verdá.

Este terreno era para ellos y para el *Zapaterín* el redondel de la plaza de Sevilla. Pronto estaba el muchacho a verse cara a cara con la verdad. Su protector había adquirido para él un traje de «luces» algo usado, desecho de un matador sin nombre. Se organizó una corrida de novillos con un fin benéfico, y aficionados influyentes, ganosos de novedades, consiguieron incluirlo en el cartel, gratuitamente, como matador.

El hijo de la señora Angustias se opuso a que figurase en los anuncios su apodo de *Zapaterín*, que deseaba hacer olvidar. Nada de motes, y menos de oficios bajos. Deseaba ser conocido con los nombres de su padre; quería ser Juan Gallardo y que ningún apodo recordase su origen a las grandes personas que indudablemente serían sus amigos en el porvenir.

Todo el barrio de la Feria acudió en masa a la corrida con un fervor bullicioso y patriótico. Los de la Macarena también llevaban su parte de interés, y los demás barrios populares se dejaron arrastrar por el mismo entusiasmo. ¡Un nuevo matador de Sevilla!... No hubo entradas para todos, y fuera de la plaza quedaron miles de personas esperando ansiosas las noticias de la corrida.

Gallardo toreó, mató, fue volteado por un toro, sin sufrir heridas, y tuvo al público en continua angustia con sus audacias, que las más de las veces resultaron afortunadas, provocando colosales berridos de entusiasmo. Ciertos aficionados respetables en sus decisiones sonreían complacidos. Aún le faltaba mucho que aprender, pero tenía corazón y buen deseo, que es lo importante.

—Sobre todo, entra a matar de veras y no se sale del terreno de la verdad.

Las buenas mozas amigas del diestro agitábanse borrachas de entusiasmo, con histéricas contorsiones, los ojos lacrimosos, la boca chorreante, agotando en plena tarde el léxico de palabras amorosas que sólo usaban por la noche. Una arrojaba su mantón al redondel; otra, por ser más, añadía la blusa y el corsé; otra llegaba a despojarse de la falda, y los espectadores agarrábanlas riendo para que no se arrojasen a la arena o no quedaran en camisa.

En otro lado de la plaza, el viejo magistrado sonreía enternecido al través de su barba blanca, admirando la valentía del muchacho y lo bien que le sentaba el traje de «luces». Al verle volteado por el toro se echó atrás en su asiento, como si fuese a desmayarse. Aquello era demasiado fuerte para él.

En una contrabarrera pavoneábase orgulloso el marido de Encarnación, la hermana del diestro, un talabartero con tienda abierta, hombre sesudo, enemigo de la vagancia, que se había casado con la cigarrera prendado de sus gracias, pero con la expresa condición de no tratar al «maleta» de su hermano.

Gallardo, ofendido por el mal gesto del cuñado, no se había atrevido a pisar su tienda, situada en las afueras de la Macarena, ni a apearle el ceremonioso usted cuando de tarde en tarde le encontraba en casa de la señora Angustias.

—Voy a ver cómo corren a naranjazos al sinvergüenza de tu hermano—había dicho a su mujer al ir a la plaza.

Y ahora, desde su asiento, saludaba al diestro, llamándole Juaniyo, tratándole de tú, pavoneándose satisfecho cuando el novillero, atraído por tantos gritos, acabó por fijarse en él, contestándole con un movimiento de su estoque.

—Es mi cuñao—decía el talabartero, para que le admirasen los que estaban junto a él—. Siempre he creío que este chico sería argo en er toreo. Mi señora y yo le hemos ayudao mucho...

La salida fue triunfal. La muchedumbre se abalanzó sobre Juanillo, como si fuese a devorarlo con sus expansiones de entusiasmo. Gracias que estaba allí el cuñado para imponer orden, cubrirle con su cuerpo y conducirlo hasta el coche de alquiler, en el cual se sentó al lado del novillero.

Cuando llegaron a la casucha del barrio de la Feria iba tras el carruaje un inmenso grupo, a modo de manifestación popular, dando vítores que hacían salir las gentes a las puertas. La noticia del triunfo había llegado allí antes que el diestro, y los vecinos corrían para verle de cerca y estrechar su mano.

La señora Angustias y su hija estaban en la puerta de la casa. El talabartero casi bajó en brazos a su cuñado, monopolizándolo, gritando y manoteando en nombre de la familia para que nadie lo tocase, como si fuese un enfermo.

—Aquí lo tienes, Encarnación—dijo empujándolo hacia su mujer—. ¡Ni el propio Roger de Flor!

Y Encarnación no necesitó preguntar más, pues sabía que su marido, en virtud de lejanas y confusas lecturas, consideraba a este personaje histórico como el conjunto de todas las grandezas, y sólo osaba unir su nombre a sucesos portentosos.

Ciertos vecinos entusiastas que venían de la corrida piropeaban a la señora Angustias, admirando devotamente su abultado abdomen.

—¡Bendita sea la mare que ha parío un mozo tan valiente!...

Las amigas la aturdían con sus exclamaciones. ¡Qué suerte! ¡Y poquito dinero que iba a ganar su hijo!...

La pobre mujer mostraba en sus ojos una expresión de asombro y de duda. Pero ¿era realmente su Juanillo el que hacía correr a la gente con tanto entusiasmo?... ¿Se habían vuelto locos?...

Mas de pronto cayó sobre él, como si se desvaneciese todo el pasado, como si sus angustias y rabietas fuesen un ensueño, como si confesara un vergonzoso error. Sus brazos enormes y flácidos se arrollaron al cuello del torero y las lágrimas mojaron una de sus mejillas.

—¡Hijo mío! ¡Juaniyo!... ¡Si te viera el pobre de tu padre!

—No yore, mare... que hoy es día de alegría. Va usté a ve. Si Dios me da suerte, la haré una casa, y le verán sus amigas en carruaje, y va usté a yevar ca pañolón de Manila que quitará er sentío...

El talabartero acogió estos propósitos de grandeza con movimientos de afirmación ante la absorta esposa, que aún no había salido de su sorpresa por este cambio tan radical. Sí, Encarnación: todo lo haría este mozo si se empeñaba... Era extraordinario. ¡Ni el propio Roger de Flor!

Por la noche, en las tabernas de los barrios populares y los cafés, sólo se habló de Gallardo.

—El torero del porvenir. Ha quedao como las propias rosas...
Ese chico va a quitar los moños a todos los califas cordobeses.

En estas afirmaciones latía el orgullo sevillano, en perpetua rivalidad con la gente de Córdoba, tierra igualmente de buenos toreros.

La existencia de Gallardo cambió por completo después de este día. Saludábanle los señoritos y le hacían sentar entre ellos en las puertas de los cafés. Las buenas mozas que antes le mataban el hambre y cuidaban de su ornato viéronse poco a poco repelidas con risueño desprecio. Hasta el viejo protector se alejó prudentemente, en vista de ciertos desvíos, y fue a poner su tierna amistad en otros muchachos que empezaban.

La empresa de la Plaza de Toros buscaba a Gallardo, mimándole como si fuese ya una celebridad. Anunciando su nombre en los carteles, el éxito era seguro: plaza llena. El populacho aplaudía entusiasmado al «niño de la señá Angustias», haciéndose lenguas de su valor. La fama de Gallardo extendiose por Andalucía, y el talabartero, sin que nadie solicitase sus auxilios, mezclábase en todo, arrogándose el papel de defensor de los intereses de su cuñado.

Hombre reflexivo y muy experto, según él, en los negocios, veía marcado para siempre el curso de su vida.

—Tu hermano—decía por las noches al acostarse con su mujer—necesita a su lao un hombre práctico que maneje sus intereses. ¿Crees tú que le vendría mal nombrarme su apoderao? Pa él una gran cosa. ¡Ni el propio Roger de Flor! Y pa nosotros...

El talabartero contemplaba en su imaginación las grandes riquezas que iba a ganar Gallardo, y pensaba igualmente en los cinco hijos que tenía y los que iban a venir seguramente, pues era hombre de una fidelidad conyugal incansable y prolífica. ¡Quién sabe si lo que ganase el espada acabaría por ser de sus sobrinos!...

Durante año y medio, Juan mató novillos en las mejores plazas de España. Su fama había llegado hasta Madrid. Los aficionados de la corte sentían curiosidad por conocer al «niño sevillano», del que tanto hablaban los periódicos y del que se hacían lenguas los inteligentes andaluces.

Gallardo, escoltado por un grupo de amigos de la tierra que residían en Madrid, se pavoneó en la acera de la calle de Sevilla, junto al Café Inglés. Las buenas mozas sonreían con sus requiebros y se les iban los ojos tras la gruesa cadena de oro del torero y sus grandes diamantes, preseas adquiridas con las primeras ganancias y a crédito de las futuras. Un matador debe mostrar que le sobra el dinero en el ornato de su persona y convidando generosamente a todo el mundo. ¡Cuán lejos estaban los días en que él, con el pobre *Chiripa*, vagabundeaba por la misma acera, temiendo a la policía, contemplando a los toreros con admiración y recogiendo las colillas de sus cigarros!...

Su trabajo en Madrid fue afortunado. Hizo amistades, y se formó en torno de él un grupo de entusiastas ganosos de novedad, que también le proclamaban el «torero del porvenir», protestando porque aún no había recibido la alternativa.

—A espuertas va a ganar el dinero, Encarnación—decía el cuñado—. Va a tener millones, como no le ocurra una mala desgracia.

La vida de la familia cambió por completo. Gallardo, que se trataba con los señoritos de Sevilla, no quiso que su madre siguiese habitando la casucha de sus tiempos de miseria. Por él se hubiesen trasladado a la mejor calle de la ciudad; pero la señora Angustias quiso seguir fiel al barrio de la Feria, con ese amor que sienten al envejecer las gentes simples por los lugares donde se desarrolló su juventud.

Vivían en una casa mucho mejor. La madre no trabajaba y las vecinas hacíanla la corte, viendo en ella una prestamista generosa para sus días de apuro. Juan, a más de las joyas pesadas y estrepitosas con que adornaba su persona, poseía el supremo lujo de todo torero: una jaca alazana, de gran poder, con silla vaquera y gran manta en el arzón orlada de borlajes multicolores. Montado en ella trotaba por las calles, sin más objeto que recibir los homenajes de los amigos, que saludaban su garbo con ¡olés! ruidosos. Esto satisfacía por el momento sus deseos de popularidad. Otras veces iba con los señoritos, formando vistoso pelotón de jinetes, a la dehesa de Tablada, en vísperas de gran corrida, para ver el ganado que otros habían de matar.

—Cuando yo tome la alternativa... —decía a cada paso, haciendo depender de ella todos sus planes sobre el porvenir.

Para entonces dejaba una serie de proyectos con que había de sorprender a su madre, pobre mujer asustada del bienestar que se colaba de rondón en su casa, y que ella creía de imposible aumento.

Llegó el día de la alternativa: el reconocimiento de Gallardo como matador de toros.

Un maestro célebre le cedió la espada y la muleta en pleno redondel de la plaza de Sevilla, y la muchedumbre enloqueció de entusiasmo viendo cómo echaba abajo de una sola estocada al primer toro «formal» que se le ponía delante. Al mes siguiente, este doctorado tauromáquico era refrendado en la plaza de Madrid, donde otro maestro no menos célebre volvió a darle la alternativa en una corrida de toros de Miura.

Ya no era novillero; era matador, y su nombre figuraba al lado de viejos espadas a los que había admirado como dioses inabordables cuando iba por los pueblecillos tomando parte en las capeas. A uno de ellos recordaba haberlo esperado en una estación, cerca de Córdoba, para pedirle un socorro cuando pasaba en el tren con su cuadrilla. Aquella tarde pudo comer gracias a la fraternidad generosa que existe entre la gente de coleta, y que impulsa a un espada de lujo principesco a alargar un duro y un cigarro al pilluelo astroso que da sus primeros capeos.

Comenzaron a llover contratas sobre el nuevo espada. En todas las plazas de la Península deseaban verle, con el incentivo de la curiosidad. Los periódicos profesionales popularizaban su retrato y su vida, desfigurando ésta con episodios novelescos. Ningún matador tenía tantas corridas como él. Iba a ganar mucho dinero.

Antonio, su cuñado, acogía este éxito con torvo ceño y sordas protestas delante de su mujer y su suegra.

Un desagradecido el espada. La historia de todos los que suben aprisa. ¡Tanto que él había trabajado por Juan! ¡Con el tesón que había discutido con los empresarios cuando le ajustaba las corridas de novillos!... Y ahora que era maestro tenía por apoderado a un señor al que había conocido poco antes: un tal don José, que no era de la familia, y al que Gallardo mostraba gran estima por sus prestigios de antiguo aficionado.

—Ya le pesará—terminaba diciendo—. Familia no hay más que una. ¿Dónde va a encontrar la querencia de los que le hemos visto desde pequeño? El se lo pierde. Conmigo iría como el propio...

Y se interrumpía, tragándose el nombre famoso por miedo a las burlas de los banderilleros y aficionados que frecuentaban la casa y habían acabado por fijarse en esta adoración histórica del talabartero.

Gallardo, en su bondad de triunfador, dio una satisfacción a su cuñado, encargándole de vigilar los trabajos de la casa que estaba fabricando. Carta blanca en los gastos. El espada, aturdido por la facilidad con que el dinero venía a sus manos, deseaba que el cuñado le robase, compensándolo así de no haberle admitido como apoderado.

El torero iba a realizar sus deseos, construyendo una casa para su madre. Ella, la pobre, que había pasado su vida fregando los suelos de los ricos, que tuviera un hermoso patio con baldosas de mármol y zócalos de azulejos, sus habitaciones con muebles como los de los señores, y criadas, muchas criadas, para que la sirviesen. También él sentíase unido por un afecto tradicional al barrio donde se había deslizado su mísera niñez. Gustaba de deslumbrar a las mismas gentes que habían tenido a su madre por servidora, y dar un puñado de pesetas en momentos de apuro a los que llevaban zapatos a su padre o le entregaban a él un mendrugo en los días penosos. Compró varias casas viejas, una de ellas la misma en cuyo portal trabajaba el remendón, las echó abajo, y comenzó a levantar un edificio que había de ser de blancas paredes, con rejas pintadas de verde, vestíbulo chapado de azulejos y cancela de hierro de menuda labor, al través de la cual se vería el patio con su fuente en medio y sus columnas de mármol, entre las cuales penderían jaulas doradas con parleros pájaros.

La satisfacción de su cuñado Antonio al verse en plena libertad para la dirección y aprovechamiento de las obras se aminoró un tanto con una noticia terrible.

Gallardo tenía novia. Andaba ahora, en pleno verano, corriendo por España, de una plaza a otra, dando estocadas y recibiendo aplausos; pero casi todos los días enviaba una carta a cierta muchacha del barrio, y en los cortos ratos de vagar entre una corrida y otra, abandonaba a sus compañeros y tomaba el tren para pasar una noche en Sevilla «pelando la pava» con ella.

—¿Han visto ustés?—gritaba escandalizado el talabartero en lo que él llamaba el «seno del hogar», o sea ante su mujer y su suegra—. ¡Una novia, sin decir palabra a la familia, que es lo único verdadero que existe en el mundo! El señó quiere casarse. Sin duda está cansao de nosotros... ¡Qué sinvergüenza!

Encarnación aprobaba estas afirmaciones con rudos gestos de su rostro hermosote y bravío, contenta de poder expresarse contra aquel hermano que le inspiraba cierta envidia por su buena fortuna. Sí; siempre había sido un sinvergüenza.

Pero la madre protestaba.

—Eso no; que yo conozco a la niña, y su probe mare fue compañera mía en la Fábrica. Limpia como los chorros de oro, modosita, güena, bien paresía... Ya le he dicho a Juan que por mí que sea... y cuanto antes mejor.

Era huérfana y vivía con unos tíos que poseían una tiendecita de comestibles en el barrio. Su padre, antiguo traficante en aguardientes, le había dejado dos casas en las afueras de la Macarena.

—Poca cosa—decía la señora Angustias—. Pero la niña no viene desnúa: trae lo suyo... ¿Y de ropa? ¡Josú! Hay que ver sus manitas de oro: cómo borda los trapos, cómo se prepara el dote...

Gallardo recordaba vagamente haber jugado con ella de niño, junto al portal en que trabajaba el remendón, mientras hablaban las dos madres. Era una lagartija seca y obscura, con ojos de gitana; las pupilas negras y unidas, como gotas de tinta; las córneas de una blancura azulada y el lagrimal de rosa pálido. Al correr, ágil como un muchacho, enseñaba sus piernas como cañas, y el pelo escapábasele de la cabeza en mechones rebeldes y retorcidos cual negras serpientes. Luego la había perdido de vista, no encontrándola hasta muchos años después, cuando ya era novillero y comenzaba a tener un nombre.

Fue un día de Corpus, una de las pocas fiestas en que las hembras, recluidas en su casa por una pereza oriental, salen a la calle como moras en libertad, con mantilla de blonda y claveles en el pecho. Gallardo vio una joven alta, esbelta y maciza al mismo tiempo, la cintura recogida entre curvas amplias y firmes, con todo el vigor de la carne primaveral. Su cara, de una palidez de arroz, se coloreó al ver al torero; sus ojazos luminosos ocultáronse entre largas pestañas.

—Esta gachí me conose—se dijo Gallardo con petulancia—.
De seguro que me ha visto en la plaza.

Y cuando, después de seguirla a ella y su tía, supo que era Carmen, la compañera de su infancia, sintiose admirado y confuso por la maravillosa transformación de la negra lagartija de otros tiempos.

Fueron novios, y todos los vecinos hablaron de estas relaciones, viendo en ellas un nuevo halago para el barrio.

—Yo soy así—decía Gallardo a sus entusiastas, adoptando un aire de buen príncipe—. No quiero imitar a otros toreros que se casan con señoritas, y too son gorros y plumas y faralaes. Yo con las de mi clase: rico pañolón, buenos andares, grasia...
¡Olé ya!

Los amigos, entusiasmados, hacían la apología de la muchacha. Una real moza, con unos altibajos en el cuerpo que volvían loco a cualquiera. ¡Y qué «patria»!... Pero el torero torcía el gesto. Poquitas bromas, ¿eh?... Cuando menos se hablase de Carmen sería mejor.

Por las noches, al conversar con ella al través de una reja, contemplando su rostro de mora entre matas de flores, presentábase el mozo de una taberna cercana llevando por delante una gran batea de cañas de manzanilla. Era el enviado que llegaba a «cobrar el piso»: la costumbre tradicional de Sevilla con los novios que hablan por la reja.

El torero bebía una caña, ofrecía otra a la novia, y decía al muchacho:

—Di a esos señores que muchas grasias y que pasaré por la tienda en cuanto acabe... Dile también al *Montañés* que no cobre, que Juan Gallardo lo paga too.

Y así que acababa su charla con la novia, metíase en la tienda de bebidas, donde le esperaban los obsequiantes, unas veces amigos entusiastas, otras desconocidos que deseaban beberse unas cañas con el torero.

Al regreso de su primera correría como matador de cartel pasó las noches del invierno junto a la reja de Carmen, envuelto en su capa de corta esclavina y graciosa ampulosidad, de un paño verdoso, con pámpanos y arabescos bordados en seda negra.

—Me han dicho que bebes mucho—suspiraba Carmen pegando su cara a los hierros.

—¡Pamplina!… Orsequios de los amigos que hay que degolver, y na más. Ya ve: un torero es… un torero, y no va a viví como un fraile de la Mersé.

—Me han dicho que vas con mujeres malas.

—¡Mentira!… Eso era en otros tiempos, cuando no te conosía… ¡Hombre! ¡Mardita sea! Quisiera yo conosé al hijo de cabra que te yeva esos soplos…

—¿Y cuándo nos casamos?—continuaba ella, cortando con esta pregunta la indignación del novio.

—En cuanto se acabe la casa, y ¡ojalá sea mañana! El mamarracho de mi cuñao no acaba nunca. Se conose que le va bien, y se duerme en la suerte.

—Yo pondré orden, Juaniyo, cuando nos casemos. Ya verás qué bien marcha too. Verás cómo me quiere tu mare.

Y así continuaban sus diálogos, esperando el momento de aquella boda, de la que se hablaba en toda Sevilla. Los tíos de Carmen y la señora Angustias trataban del asunto siempre que se veían; pero a pesar de esto, el torero apenas entraba en casa de la novia, como si le cerrase el camino una terrible prohibición. Preferían los dos verse por la reja, siguiendo la costumbre.

Transcurrió el invierno. Gallardo montaba a caballo e iba de caza a los cotos de algunos señores que le tuteaban con aire protector. Había que conservar la agilidad del cuerpo con un continuo ejercicio, para cuando llegase la temporada de corridas. Sentía miedo de perder sus «facultades» de fuerza y ligereza.

El propagandista más incansable de su gloria era don José, un señor que hacía oficios de apoderado y le llamaba siempre «su matador». Intervenía en todos los actos de Gallardo, no reconociendo mayores derechos ni aun a la misma familia. Vivía de sus rentas, sin otra ocupación que hablar de toros y toreros. Para él, las corridas eran lo único interesante del mundo, y dividía a los pueblos en dos castas: la de los elegidos, que tienen plazas de toros, y la muchedumbre de naciones tristes, en las que no hay sol, ni alegría, ni buena manzanilla, a pesar de lo cual se creen poderosas y felices, cuando no han visto ni una mala corrida de novillos.

Llevaba a su afición la energía de un guerrero y la fe de un inquisidor. Gordo, todavía joven, calvo y con barba rubia, este padre de familia, alegre y zumbón en la vida ordinaria, era feroz e irreductible en el graderío de una plaza cuando los vecinos mostraban opiniones diversas a las suyas. Sentíase capaz de pelear con todo el público por defender a un torero amigo, y alteraba las ovaciones con extemporáneas protestas cuando aquéllas iban dirigidas a un lidiador que no merecía su afecto.

Había sido oficial de caballería, más por afición a los caballos que a la guerra. Su gordura y su entusiasmo por los toros le habían hecho retirarse del servicio, y pasaba el verano viendo corridas y el invierno hablando de ellas... ¡Ser el guía, el mentor, el apoderado de una espada!... Cuando sintió este deseo todos los maestros tenían ya el suyo, y fue para él una fortuna la aparición de Gallardo. La menor duda sobre los méritos de éste poníale rojo de cólera, acabando por convertir la disputa taurina en cuestión personal. Contaba como gloriosa acción de guerra haber andado a bastonazos en un café con dos malos aficionados que censuraban a «su matador» por ser demasiado guapo.

Parecíale poco el papel impreso para propalar la gloria de Gallardo, y en las mañanas de invierno iba a colocarse en una esquina tocada por un rayo de sol, a la entrada de la calle de las Sierpes, por donde pasaban sus amigos.

—¡Na: que no hay mas que un hombre!... —decía en voz alta, como si hablase con él mismo, fingiendo no ver a los que se aproximaban—. ¡El primer hombre del mundo! ¡Y el que crea lo contrario que hable!... ¡El único!

—¿Quién?—preguntaban los amigos burlonamente, aparentando no comprenderle.

—¿Quién ha de ser?... Juan. —¿Qué Juan?...

Aquí un gesto de indignación y de asombro.

—¿Qué Juan ha de ser?... ¡Como si hubiese muchos Juanes!... Juan Gallardo.

—¡Pero hombre!—le decían algunos—. ¡Ni que os acostaseis juntos!... ¿Eres tú, acaso, el que va a casarse con él?

—Porque no querrá—contestaba rotundamente don José, con un fervor de idólatra.

Y al ver que se aproximaban otros amigos, olvidaba a los burlones y seguía repitiendo:

—¡Na; que no hoy mas que un hombre!... ¡El primero del mundo! ¡Y el que no lo crea que abra el pico... que aquí estoy yo!

La boda de Gallardo fue un gran suceso. Con ello se inauguró la casa nueva, de la que estaba orgulloso el talabartero, mostrando el patio, las columnas y los azulejos, como si todo fuese obra de sus manos.

Se casaron en San Gil, ante la Virgen de la Esperanza, llamada de la Macarena. A la salida de la iglesia brillaron al sol las flores exóticas y los pintarrajeados pájaros de centenares de pañolones chinescos en que iban envueltas las amigas de la novia. Un diputado fue el padrino. Sobre los fieltros blancos y negros de la mayoría de los convidados destacábanse los brillantes sombreros de copa del apoderado y otros señores entusiastas de Gallardo. Todos ellos sonreían satisfechos de la caricia de popularidad que les alcanzaba yendo al lado del torero.

En la puerta de la casa hubo durante el día reparto de limosnas. Llegaron pobres hasta de los pueblos, atraídos por la fama de esta boda estrepitosa.

En el patio hubo gran comilona. Algunos fotógrafos sacaron instantáneas para los periódicos de Madrid. La boda de Gallardo era un acontecimiento nacional. Hasta bien entrada la noche sonaron las guitarras con melancólico quejido, acompañadas de palmoteo y repique de palillos. Las muchachas, los brazos en alto, golpeaban el mármol con sus menudos pies, arremolinándose las faldas y el pañolón en torno de su cuerpo gentil, movido por el ritmo de las «sevillanas». Destapábanse a docenas las botellas de ricos vinos andaluces; circulaban de mano en mano las cañas de ardiente Jerez, de bravío Montilla y de manzanilla de Sanlúcar, pálida y perfumada. Todos estaban borrachos; pero su embriaguez era dulce, sosegada y triste, sin otra manifestación que el suspiro y el canto, lanzándose varios a un mismo tiempo a entonar canciones melancólicas que hablaban de presidios, de muertes y de la pobre *mare*, eterna musa del canto popular de Andalucía.

A media noche se fueron los últimos convidados, y los novios quedaron en la casa con la señora Angustias. El talabartero, al salir con su mujer, tuvo un gesto de desesperación. Iba ebrio y furioso porque ninguno había reparado en su persona durante el día. ¡Como si no fuese nadie! ¡Como si no existiese la familia!...

—Nos echan, Encarnación. Esa niña, con su carita de Virgen de la Esperanza, va a ser el ama de too, y no queará ni tanto así pa nosotros. Vas a ve cómo se llenan de hijos.

Y el prolífico varón se indignaba al pensar en la futura prole del espada, venida al mundo sin otro objeto que perjudicar a la suya.

Transcurrió el tiempo; pasó un año sin que se cumplieran las predicciones del señor Antonio. Gallardo y su mujer mostrábanse en todas las fiestas con el rumbo y la gallardía de un matrimonio rico y popular: ella con pañolones que arrancaban gritos de admiración a las pobres mujeres; él luciendo sus brillantes y pronto a sacar el portamonedas para convidar a las gentes y socorrer a los mendigos que acudían en bandas. Las gitanas, cobrizas y charlatanas como brujas, asediaban a Carmen con profecías venturosas. ¡Que Dios la bendijera! Iba a tener un chiquillo, un *churumbel* más hermoso que el sol. Se le conocía en el blanco de los ojos. Ya estaba casi a la mitad del camino...

Pero en vano Carmen enrojecía de placer y de rubor, bajando los ojos; en vano se erguía el espada, orgulloso de sus obras, creyendo que iba a presentarse el fruto esperado. El hijo no venía.

Y así transcurrió otro año, sin que el matrimonio viera realizadas sus esperanzas. La señora Angustias se entristecía cuando le hablaban de estas decepciones. Tenía otros nietos, los hijos de Encarnación, que por encargo del talabartero pasaban el día en casa de la abuela, procurando dar gusto en todo a su señor tío. Pero ella, que deseaba compensar los desvíos del pasado con su cariño fervoroso a Juan, quería un hijo de éste, para educarlo a su modo, dándole todo el amor que no había podido dar al padre en su infancia de miseria.

—Yo sé lo que es—decía la vieja tristemente—. La pobrecita Carmen no tié sosiego. Hay que ver a esa criatura mientras
Juan anda por el mundo.

Durante el invierno, en la temporada de descanso, cuando el torero estaba en casa o iba al campo a tientas de becerros y cacerías, todo marchaba bien. Carmen mostrábase contenta sabiendo que su marido no corría peligro. Reía con el más leve pretexto; comía; su rostro se animaba con los colores de la salud. Pero así que llegaba la primavera y Juan salía de su casa para torear en las plazas de España, la pobre muchacha, pálida y débil, parecía caer en una estupefacción dolorosa, con los ojos agrandados por el espanto y pronta a derramar lágrimas a la menor alusión.

—Setenta y dos corridas tiene este año—decían los amigos de la casa al comentar las contratas del espada—. Nadie es tan buscado como él.

Y Carmen sonreía con una mueca dolorosa. Setenta y dos tardes de angustias, como un reo de muerte en la capilla, deseando la llegada del telegrama al anochecer y temiéndola al mismo tiempo. Setenta y dos días de terror, de vagorosas supersticiones, pensando que una palabra olvidada en una oración podría influir en la suerte del ausente. Setenta y dos días de extrañeza dolorosa al vivir en una casa tranquila, al ver las mismas gentes, al sentir deslizarse la existencia habitual, dulce y tranquila, como si en el mundo no ocurriese nada extraordinario, oyendo en el patio el jugueteo de los sobrinos de su marido y en la calle el canto del vendedor de flores, mientras lejos, muy lejos, en ciudades desconocidas, su Juan, ante millares de ojos, luchaba con fieras, viendo pasar la muerte junto a su pecho a cada movimiento del trapo rojo que llevaba en las manos.

¡Ay, estos días de corrida, días de fiesta, en los cuales el cielo parecía más hermoso y la calle solitaria resonaba bajo los pies de los transeúntes domingueros, y zumbaban las guitarras, acompañadas de canciones y palmoteo, en la taberna de la esquina!... Carmen, pobremente vestida, con la mantilla sobre los ojos, salía de su casa cual si quisiera huir de malos ensueños, yendo a refugiarse en las iglesias. Su fe simple, que la incertidumbre poblaba de supersticiones, la hacía ir de altar en altar, pesando en su mente los méritos y milagros de cada imagen. Metíase en San Gil, la iglesia popular que había visto el mejor día de su existencia, se arrodillaba ante la Virgen de la Macarena, haciendo que la encendiesen cirios, muchos cirios, y contemplaba a su luz rojiza la cara morena de la imagen, de ojos negros y largas pestañas, que, según decían, se asemejaba a la suya. En ella confiaba. Por algo era la Señora de la Esperanza. Seguramente que a aquellas horas estaba amparando a Juan con su divino poder.

Pero de pronto la indecisión y el miedo abríanse paso al través de sus creencias, rasgándolas. La Virgen era una mujer, ¡y las mujeres pueden tan poco!... Su destino es sufrir y llorar, como ella lloraba por su marido, como la otra había llorado por su hijo. Debía confiarse a potencias más fuertes; debía implorar el auxilio de una protección más vigorosa. Y abandonando sin escrúpulo a la Macarena con el egoísmo del dolor, como se olvida una amistad inútil, iba otras veces a la iglesia de San Lorenzo en busca de Nuestro Padre Jesús del Gran Poder, el hombre-dios coronado de espinas, con la cruz a cuestas, imagen del escultor Montañés, sudorosa y lagrimeante, que respira espanto.

La tristeza dramática del Nazareno tropezando en las piedras y agobiado bajo el peso de la cruz parecía consolar a la pobre esposa. ¡Señor del Gran Poder!... Este título vago y grandioso la tranquilizaba. Que el Dios vestido de terciopelo morado y de oro quisiera escuchar sus suspiros, sus oraciones repetidas a toda prisa, con vertiginosa rapidez, para que entrase la mayor cantidad posible de palabras en la medida del tiempo, y era seguro que Juan saldría sano del redondel donde estaba en aquellos momentos. Y otra vez daba dinero a un sacristán, y se encendían cirios, y pasaba ella las horas contemplando el vacilante reflejo de las rojas lenguas sobre la imagen, creyendo ver en su rostro barnizado, con estas alternativas de sombra y de luz, sonrisas de consuelo, gestos bondadosos que le auguraban felicidad.

El Señor del Gran Poder no la engañaba. Al volver a casa presentábase el papelillo azul, que abría ella con mano trémula: «Sin novedad.» Podía respirar, podía dormir, como el reo al que se libra por el instante de una muerte inmediata; pero a los dos o tres días, otra vez el suplicio de lo incierto, la terrible tortura de lo desconocido.

Carmen, a pesar del amor que profesaba a su marido, tenía movimientos de rebeldía. ¡Si ella hubiese sabido lo que era esta existencia antes de casarse!... En ciertos momentos, impulsada por la confraternidad del dolor, iba en busca de las mujeres de los toreros que figuraban en la cuadrilla de Juan, como si éstas pudieran darle noticias.

La esposa del *Nacional*, que tenía una taberna en el mismo barrio, acogía a la señora del maestro con tranquilidad, extrañándose de sus miedos. Ella estaba habituada a tal existencia. Su marido debía estar bueno, ya que no enviaba noticias. Los telegramas cuestan caros, y un banderillero gana poco. Cuando los vendedores de papeles no voceaban una desgracia, era que nada había ocurrido. Y seguía atenta al servicio de su establecimiento, como si en su embotada sensibilidad no pudiese abrir huella la inquietud.

Otras veces, pasando el puente, iba Carmen al barrio de Triana en busca de la mujer de *Potaje* el picador, una especie de gitana que vivía en una casucha como un gallinero, rodeada de pequeñuelos sucios y cobrizos, a los que dirigía y aterraba con gritos estentóreos. La visita de la señora del maestro la llenaba de orgullo, pero sus inquietudes casi la hacían reír. No debía temer nada. Los de a pie se libraban siempre del toro, y el señor Juan Gallardo tenía mucho «ángel» para echarse de encima a las fieras. Los toros mataban poca gente. Lo terrible eran las caídas del caballo. Era sabido el final de todos los picadores, después de una vida de horribles costaladas: el que no moría repentinamente de un accidente desconocido y fulminante, acababa sus días loco. Así moriría el pobrecito *Potaje*; y tantas fatigas a cambio de un puñado de duros, mientras que otros...

Esto último no lo decía, pero sus ojos revelaban la protesta contra las injusticias de la suerte, contra aquellos buenos mozos que, al empuñar una espada, se llevaban los aplausos, la popularidad y el dinero, sin riesgos mayores que los que afrontaban los humildes.

Poco a poco fue Carmen habituándose a su nueva existencia. Las crueles esperas en días de corrida, la visita a los santos, las incertidumbres supersticiosas, todo lo aceptó como incidentes necesarios de su vida. Además, la buena suerte de su marido y la continua conversación en la casa de lances de lidia acabaron por familiarizarla con el peligro. El toro bravo fue para ella una fiera bonachona y noble, venida al mundo sin más objeto que enriquecer y dar fama a sus matadores.

Jamás asistía a una corrida de toros. Desde la tarde en que vio en su primera novillada al que había de ser su marido, no volvió a la plaza. Sentíase sin valor para presenciar una corrida, aunque en ella no trabajase Gallardo. Se desvanecería de terror viendo a otros hombres afrontar el peligro vistiendo el mismo traje que su Juan.

A los tres años de matrimonio, el espada sufrió una cogida en Valencia. Carmen tardó en enterarse. El telegrama llegó a su hora, con el correspondiente «Sin novedad». Fue obra piadosa de don José el apoderado, el cual, visitando a Carmen todos los días y apelando a hábiles escamoteos para evitar la lectura de diarios, retardó durante una semana que se enterase de la desgracia.

Cuando Carmen conoció el suceso, por la indiscreción de unas vecinas, quiso inmediatamente tomar el tren, ir en busca de su marido, cuidarle, pues se lo imaginaba abandonado. No fue necesario. El espada llegó antes de que ella partiese, pálido por la sangre perdida, con una pierna obligada a larga inmovilidad, pero alegre y animoso para tranquilizar a su familia. La casa fue desde entonces a modo de un santuario, pasando por el patio centenares de personas que deseaban saludar a Gallardo, «el primer hombre del mundo», sentado en un sillón de junco, la pierna en un taburete, y fumando tranquilamente, como si su cuerpo no estuviese quebrantado por una herida atroz.

El doctor Ruiz, llegado con él a Sevilla, le dio por bueno antes de un mes, asombrándose de la energía de aquel organismo. La facilidad con que se curaban los toreros era un misterio para él, a pesar de su larga práctica de cirujano. El cuerno, sucio de sangre y de excremento animal, fraccionado muchas veces por los golpes en menudas astillas, rompía las carnes, las rasgaba, las perforaba, siendo al mismo tiempo profunda herida penetrante y aplastadora contusión. Y sin embargo, las atroces heridas se curaban con mayor facilidad que las de la vida ordinaria.

—No sé qué será: misterio—decía el viejo cirujano con aire de duda—. O estos chicos tienen carne de perro, o el cuerno, con todas sus suciedades, guarda una virtud curativa que desconocemos.

Poco tiempo después, Gallardo volvió a torear, sin que esta cogida enfriase sus ardores de lidiador, como le vaticinaban los enemigos.

A los cuatro años de matrimonio, el espada dio a su mujer y a su madre una gran sorpresa. Iban a ser propietarios, pero propietarios en grande, con tierras que se perdían de vista, olivares, molinos, grandes rebaños; un cortijo igual al de los señores ricos de Sevilla.

Gallardo sentía el deseo de todos los toreros, que ansían ser señores de campo, caballistas y dueños de ganados. La riqueza urbana, los valores en papel, no les tientan ni los entienden. El toro les hace pensar en la verde dehesa; el caballo les recuerda el campo. La necesidad continua de movimiento y ejercicio, la caza y la marcha durante los meses invernales, les impulsan a desear la posesión de la tierra.

Para Gallardo sólo era rico el dueño de un cortijo con grandes tropas de bestias. De sus tiempos de miseria, cuando marchaba a pie por los caminos, al través de olivares y dehesas, guardaba el ferviente deseo de poseer leguas y leguas de terreno que fuesen suyas, que estuvieran cerradas con vallas de punzante alambre al paso de los demás hombres.

Su apoderado conocía estos deseos. Don José era quien corría con sus intereses, cobrando de los empresarios y llevando una cuenta que en vano intentaba explicar a su matador.

—Yo no entiendo esas músicas—decía Gallardo, satisfecho de su ignorancia—. Yo sólo sé despachar toros. Haga lo que quiera, don José; yo tengo confiansa, y sé que too lo hase por mi bien.

Y don José, que apenas se acordaba de sus bienes, dejándolos confiados a la débil administración de su mujer, preocupábase a todas horas de la fortuna del matador, colocando su dinero a rédito con entrañas de usurero para hacerlo fructificar.

Un día abordó a su protegido alegremente.

—Ya tengo lo que deseas. Un cortijo como un mundo, y además muy barato: una verdadera ganga. La semana que viene hacemos la escritura.

Gallardo quiso saber la situación y el nombre del cortijo.

—Se llama *La Rinconada*.

Cumplíanse sus deseos.

Cuando Gallardo fue con su esposa y su madre a tomar posesión del cortijo, les enseñó el pajar en que había dormido con sus compañeros de miseria errante, la pieza en que había comido con el amo y la placita donde estoqueó un becerro, ganando por primera vez el derecho a viajar en tren sin tener que esconderse bajo los asientos.

Capítulo 3

En las noches de invierno, cuando Gallardo no estaba en *La Rinconada*, reuníanse una tertulia de amigos en el comedor de su casa luego de cenar.

Llegaban de los primeros el talabartero y su mujer, que tenían siempre dos de sus hijos en casa del espada. Carmen, como si quisiera olvidar su esterilidad y la molestase el silencio de la gran casa, retenía junto a ella a los hijos menores de su cuñada. Estos, por cariño espontáneo y por indicaciones de sus padres, acariciaban a todas horas con besos y arrullos gatunos a la hermosa tía y al tío generoso y popular.

Encarnación, tan gruesa como su madre, con el vientre flácido por la incesante procreación y la boca un poco bigotuda al entrar en años, sonreía servilmente a su cuñada, lamentando las molestias que la daban los niños.

Pero antes de que Carmen pudiese hablar, intervenía el talabartero.

—Déjalos, mujer. ¡Quieren tanto a sus tíos! La pequeña no puede vivir sin su tiíta Carmen...

Y los dos sobrinos permanecían allí como en su propia casa, adivinando en su malicia infantil lo que de ellos esperaban sus padres, extremando las caricias y mimos con aquellos parientes ricos, de los que oían hablar a todos con respeto. Así que acababa la cena, besaban la mano a la señora Angustias y a sus padres y se arrojaban al cuello de Gallardo y su mujer, saliendo del comedor para ir a la cama.

La abuela ocupaba un sillón en la cabecera de la mesa. Cuando el espada tenía convidados, gentes casi siempre de cierta posición social, la buena mujer resistíase a sentarse en el sitio de honor.

—No—protestaba Gallardo—. La mamita en la presidensia. Siéntese ahí, mamá, o no comemos.

Y la conducía de un brazo, acariciándola con extremos amorosos, como si quisiera resarcirla de los años de infancia vagabunda que habían sido su tormento.

Cuando por las noches llegaba el *Nacional* a pasar un rato en casa del maestro, como si esta visita fuese un deber de subordinación, la tertulia parecía animarse. Gallardo, vistiendo rica zamarra, como un señor del campo, la cabeza descubierta y la coleta alisada hasta cerca de la frente, recibía a su banderillero

con zumbona amabilidad. ¿Qué decían los de la afición? ¿Qué mentiras circulaban?... ¿Cómo marchaba «eso» de la
República?

—*Garabato*, dale a Sebastián una copa de vino.

Pero Sebastián el *Nacional* repelía el obsequio. Nada de vino; él no bebía. El vino era el culpable del atraso de la clase jornalera. Y toda la tertulia, al oír esto, rompía a reír, como si hubiese dicho algo graciosísimo que estaba esperando. Comenzaba el banderillero a soltar de las suyas.

El único que permanecía silencioso, con ojos hostiles, era el talabartero. Odiaba al *Nacional*, viendo en él a un enemigo. También éste era prolífico en su fidelidad de hombre de bien, y un enjambre de chicuelos movíase en la tabernilla en torno de las faldas de la madre. Los dos más pequeños habían sido apadrinados por Gallardo y su mujer, uniéndose el espada y el banderillero con parentesco de compadres. ¡Hipócrita! Traía a la casa todos los domingos a los dos ahijados, con sus mejores ropitas, para que besasen la mano a los padrinos, y el talabartero palidecía de indignación cada vez que los hijos del *Nacional* recibían un regalo. Venían a robar a los suyos. Tal vez hasta soñaba el banderillero con que una parte de la fortuna del espada pudiera llegar a manos de los ahijados. ¡Ladrón! ¡Un hombre que no era de la familia!...

Cuando no acogía las palabras del *Nacional* con un silencio hostil y miradas de odio, intentaba zaherirle, mostrándose partidario del inmediato fusilamiento de todos los que propalan paparruchas entre el pueblo y son un peligro para las gentes de bien.

El *Nacional* tenía diez años más que su maestro. Cuando éste comenzaba a lidiar en las capeas, ya era él banderillero en cuadrillas de cartel y había venido de América, luego de matar toros en la plaza de Lima. Al comenzar su carrera gozó de cierta popularidad, por ser joven y ágil. También él había figurado por unos días como «el torero del porvenir», y la afición sevillana, puestos los ojos en su persona, esperaba que eclipsase a los matadores de otras tierras. Pero esto duró poco. Al volver de su viaje con el prestigio de nebulosas y lejanas hazañas, se agolpó la muchedumbre en la Plaza de Toros de Sevilla para verle matar. Miles de personas se quedaron sin entrada. Pero en este momento de prueba definitiva «le faltó el corazón», como decían los aficionados. Clavaba las banderillas con aplomo, como un trabajador concienzudo y serio que cumple su deber; pero al entrar a matar, el instinto de conservación, más fuerte que su voluntad, le mantenía a gran distancia del toro, sin emplear las ventajas de su estatura y su fuerte brazo.

El *Nacional* renunció a las más altas glorias de la tauromaquia. Banderillero nada más. Se resignaba a ser un jornalero de su arte, sirviendo a otros más jóvenes, para ganar un pobre sueldo de peón con que mantener a la familia y hacer ahorrillos que le permitiesen establecer una pequeña industria. Su bondad y sus honradas costumbres eran proverbiales entre la gente de coleta. La mujer de su matador le quería mucho, viendo en él una especie de ángel custodio para la fidelidad de su marido. Cuando en verano, Gallardo, con toda su gente, iba a un café cantante en alguna capital de provincia, ganoso de juerga y alegría luego de despachar los toros de varias corridas, el *Nacional* permanecía mudo y grave entre las *cantaoras* de bata vaporosa y boca pintada, como un padre del desierto en medio de las cortesanas de Alejandría.

No se escandalizaba, pero poníase triste pensando en su mujer y en los chiquillos que le aguardaban en Sevilla. Todos los defectos y corrupciones del mundo eran para él producto de la falta de instrucción. De seguro que aquellas pobres mujeres no sabían leer ni escribir. A él le ocurría lo mismo, y como basaba en ese defecto su insignificancia y pobreza de mollera, atribuía a idéntica causa todas las miserias y envilecimientos que existen en el mundo.

Había sido fundidor en su primera juventud, miembro activo de la Internacional de Trabajadores y asiduo oyente de los compañeros de oficio que, más felices que él, podían leer en voz alta lo que decían los papeles dedicados al bien del pueblo. Jugó a los soldados en tiempos de la Milicia nacional, figurando en los batallones que llevaban gorro rojo como signo de intransigencia federalista. Pasó días enteros ante las tribunas elevadas en las plazas, donde los clubs se declaraban en sesión permanente y los oradores sucedíanse día y noche, perorando con andaluza facundia sobre la divinidad de Jesús y la subida de los artículos de primera necesidad; hasta que, al venir tiempos represivos, una huelga le dejó en la difícil situación del obrero señalado por sus rebeldías, viéndose despedido de todos los talleres.

Le gustaban las corridas de toros, y se hizo torero a los veinticuatro años, como podía haber adoptado otro oficio. El, además, sabía mucho, y hablaba con desprecio de los absurdos de la actual sociedad. No en balde se pasan varios años escuchando leer papeles. Por mal que le fuese en el toreo, siempre ganaría más y llevaría mejor vida que siendo un obrero hábil. La gente, recordando los tiempos en que arrastraba el fusil de la milicia popular, le apodó el *Nacional*.

Hablaba de la profesión taurina con cierto remordimiento, a pesar de los años transcurridos, y se excusaba de pertenecer a ella. El comité de su distrito, que había decretado la expulsión del partido de todos los correligionarios que asistiesen a las corridas de toros, por bárbaras y «retrógradas», había hecho una excepción en favor de él, manteniéndole en su cargo de vocal.

—Yo sé—decía en el comedor de Gallardo—que esto de los toros es cosa reacsionaria... argo así como de los tiempos de la Inquisisión: no sé si me explico. La gente nesesita como el pan sabé leé y escribí, y no está bien que se gaste er dinero en nosotros mientras farta tanta escuela. Así lo disen papeles que vienen de Madrí... Pero los correligionarios me apresian, y el comité, después de una prédica que sortó don Joselito, ha acordao que siga en el censo del partío.

Su tranquila gravedad, inalterable ante las burlas y los extremos de cómica furia con que el espada y sus amigos acogían tales declaraciones, respiraba orgullo por la excepción con que le habían honrado los correligionarios.

Don Joselito, maestro de primeras letras, verboso y entusiasta, que presidía el comité del distrito, era un joven de origen israelita que llevaba a la lucha política el ardor de los Macabeos y estaba satisfecho de su morena fealdad picada de viruelas, porque le daba cierta semejanza con Dantón. El*Nacional* oíale siempre con la boca abierta.

Cuando don José, el apoderado de Gallardo, y otros amigos del maestro combatían zumbonamente sus doctrinas, a la hora de sobremesa, con objeciones extravagantes, el pobre *Nacional* quedaba en suspenso, rascándose la frente.

—Ustés son señores y han estudiao, y yo no sé leé ni escribí. Por eso los de la clase baja somos unos borregos. ¡Pero si estuviera aquí don Joselito!... ¡Por vía e la paloma azul! ¡Si le oyesen ustés cuando se suerta a hablar como un ángel!...

Y para fortalecer su fe, un tanto quebrantada por las arremetidas de los burlones, se iba al día siguiente a ver a don Joselito, el cual parecía gozar amarga voluptuosidad, como descendiente de los grandes perseguidos, al enseñarle lo que él llamaba su museo de horrores. El hebreo, vuelto a la tierra natal de sus abuelos, iba coleccionando en una pieza de la escuela recuerdos de la Inquisición, con la minuciosidad vengativa de un prófugo que fuese reconstituyendo hueso por hueso el esqueleto de su carcelero. En un armario alineábanse libros en pergamino, relatos de autos de fe y cuestionarios para interrogar a los reos durante el tormento. En una pared veíase extendido un pendón blanco con la temible cruz verde. En los rincones amontonábanse hierros de tortura, espantosas disciplinas, todo lo que encontraba don Joselito en los puestos de los cambalacheros que sirviese para rajar, atenacear y deshilachar, catalogándolo inmediatamente como de la antigua pertenencia del
Santo Oficio.

La bondad del *Nacional*, su alma simple, pronta a indignarse, sublevábase ante la mohosa ferretería y las cruces verdes.

—¡Hombre, y aún hay quien dice!... ¡Por vía e la paloma!...
Aquí quisiera yo ve a argunos.

Un afán de proselitismo le hacía exhibir sus creencias en todas ocasiones, sin miedo a las burlas de los compañeros. Pero aun en esto mostrábase bondadoso, sin asomos de acometividad. Para él, los que permanecían indiferentes ante la suerte del país y no figuraban en el censo del partido eran «probes vítimas de la ignoransia nasional». La salvación estribaba en que la gente supiese leer y escribir. El, por su parte, renunciaba modestamente a esta regeneración, considerándose ya duro para aprender; pero hacía responsable de su ignorancia al mundo entero.

Muchas veces, cuando en el verano iba la cuadrilla de una provincia a otra y Gallardo se trasladaba al vagón de segunda en que viajaban los «chicos», montaba en éste algún cura rural o una pareja de frailes.

Los banderilleros dábanse con el codo y guiñaban un ojo mirando al *Nacional*, que parecía más grave y solemne ante el enemigo. Los picadores *Potaje* y *Tragabuches*, mozos rudos y de acometividad, aficionados a riñas y «broncas», y que sentían una confusa aversión hacia los hábitos, le azuzaban en voz baja.

—¡Ahí lo tiés!... Entrale por derecho... Cuérgale der morrillo una soflama de las tuyas.

El maestro, con toda su autoridad de jefe de cuadrilla, al que nadie puede contestar ni discutir, rodaba los ojos mirando al *Nacional*, y éste permanecía en silenciosa obediencia. Pero más fuerte que su subordinación era el impulso de proselitismo de su alma simple. Y bastaba una palabra insignificante, para que al momento entablase discusión con los viajeros, intentando convencerles de la verdad. Y la verdad era para él a modo de una pelota de retazos, confusos y en desorden, de lo que había oído a don Joselito.

Mirábanse los camaradas, asombrados de la sabiduría de su compañero, sintiéndose satisfechos de que uno de los suyos hiciese frente a gentes de carrera y las pusiera en aprieto, por ser clérigos casi siempre de pocos estudios.

Los religiosos, aturdidos por la argumentación atropellada del *Nacional* y las risas de los otros toreros, acababan por apelar a un recurso extremo. ¿Y hombres que exponían su existencia frecuentemente no pensaban en Dios y creían tales cosas? ¡Cómo estarían rezando a aquellas horas sus esposas y madres!...

Los de la cuadrilla poníanse serios, con una gravedad temerosa, pensando en los escapularios y medallas que manos femeniles habían cosido a sus trajes de lidia antes de salir de Sevilla. El espada, herido en sus adormiladas supersticiones, irritábase contra el *Nacional*, como si viese en esta impiedad un peligro para su vida.

—¡Caya y no digas más barbariaes! Ustés perdonen. Es un buen hombre, pero le han trastornao la cabesa con tanta mentira... ¡Caya y no me repliques! ¡Mardita sea! Te voy a yenar esa bocasa de...

Y Gallardo, para tranquilizar a aquellos señores a los que creía depositarios del porvenir, abrumaba al banderillero con sus amenazas y blasfemias.

El *Nacional* refugiábase en un silencio desdeñoso. Todo ignorancia y superstición: falta de saber leer y escribir. Y firme en sus creencias, con la simplicidad del hombre sencillo que sólo posee dos o tres ideas y no las suelta aunque le conmuevan con los mayores zarandeos, volvía a reanudar la discusión a las pocas horas, no haciendo caso de la cólera del matador.

Su impiedad le acompañaba hasta en medio del redondel, entre peones y piqueros, que, luego de haber hecho su oración en la capilla de la plaza, salían a la arena con la esperanza de que los sagrados objetos cosidos a sus ropas les librasen de peligro.

Cuando un toro enorme, de muchas libras, cuello grueso e intenso color negro, llegaba a la suerte de banderillear, el *Nacional* se colocaba con los brazos abiertos y los palos en las manos, a corta distancia de él, llamándolo con insultos:

—¡Entra, presbítero!

El presbítero entraba furioso, y al pasar junto al *Nacional* hundíale éste en el morrillo las banderillas con toda su fuerza, diciendo en alta voz, como si consiguiese una victoria:

—¡Pa er clero!

Gallardo acababa por reír de las extravagancias del *Nacional*.

—Me pones en ridículo; van a fijarse en la cuadrilla, y dirán que somos toos un hato de herejes. Ya sabes que a ciertos públicos no les gusta eso. El torero sólo debe torear.

Pero quería mucho al banderillero, recordando su adhesión, que algunas veces había llegado hasta el sacrificio. Nada le importaba al *Nacional* que le silbasen cuando en toros peligrosos ponía las banderillas de cualquier modo, deseando acabar pronto. El no quería gloria, y únicamente toreaba por el jornal. Pero así que Gallardo se iba, estoque en mano, hacia un toro «de cuidado», el banderillero permanecía cerca de él, pronto a auxiliarle con su pesado capote y su brazo vigoroso que humillaban la cerviz de las fieras. Dos veces que Gallardo rodó en la arena, viéndose próximo a ser enganchado, el *Nacional* se arrojó sobre la bestia, olvidándose de los niños, de la mujer, de la tabernilla, de todo, queriendo morir para salvar al maestro.

Su entrada en el comedor de Gallardo era acogida por las noches como si fuese la de un miembro de la familia. La señora Angustias le quería con ese cariño de los humildes que, al encontrarse en un ambiente superior, se juntan en grupo aparte.

—Siéntate a mi lao, Sebastián. ¿De verdá que no quieres na?... Cuéntame cómo marcha el establesimiento. ¿Teresa y los niños, güenos?

El *Nacional* iba enumerando las ventas de los días anteriores: tanto de copas, tanto de vino de la tierra servido a las casas; y la vieja le escuchaba con la atención de una mujer que ha sufrido miserias y sabe el valor del dinero contado a céntimos.

Sebastián hablaba después del aumento de sus negocios. Un despacho de tabaco en la misma taberna le iría como de perlas. El espada podía conseguir esto valiéndose de sus amistades con los personajes; pero él sentía ciertos escrúpulos para admitirlo.

—Ya ve usté, señá Angustias: eso del estanco es cosa del gobierno, y yo tengo mis prinsipios; yo soy federal: estoy en el censo del partío; soy del comité. ¿Qué dirían los de la idea?...

La vieja indignábase con estos escrúpulos. Lo que él debía hacer era llevar a su casa todo el pan que pudiese. ¡La pobre Teresa!... ¡con tantos chiquillos!...

—¡Sebastián, no seas bruto! Quítate toas esas telarañas de la cabesa... No me contestes. No empieses a sortar barbariaes como otras noches. Mira que mañana voy a ir a misa a la Macarena...

Pero Gallardo y don José, que fumaban al otro lado de la mesa, con la copa de coñac al alcance de la mano, tenían ganas de hacer hablar al *Nacional* para reírse de sus ideas, y le azuzaban insultando a don Joselito: un embustero que trastornaba a los ignorantes como él.

El banderillero acogía con mansedumbre las bromas del espada y su apoderado. ¡Dudar de don Joselito!... Este absurdo no llegaba a indignarle. Era como si le tocasen a su otro ídolo, a Gallardo, diciéndole que no sabía matar un toro.

Pero al ver que el talabartero, que le inspiraba una irresistible aversión, se unía a estas burlas, perdió la calma. ¿Quién era aquel hambrón, que vivía colgado de su maestro, para discutir con él?... Y repeliendo toda continencia, sin reparar en la madre y la esposa del matador, y en Encarnación, que, imitando a su marido, fruncía el bigotudo labio y miraba despectivamente al banderillero, éste se lanzó cuesta abajo en la exposición de sus ideas, con el mismo fervor que cuando discutía en el comité. A falta de mejores argumentos, abrumó con injurias las creencias de aquellos burlones.

—¿La Biblia?… «¡líquido!» ¿Lo de la creación der mundo en seis días?… «¡líquido!» ¿Lo de Adán y Eva?… ¡«líquido» también! Too mentira y superstisión.

Y la palabra «¡líquido!» aplicada a cuanto creía falso o insignificante—por no usar otra más irreverente que comenzaba por la misma letra—tomaba en sus labios una expresión rotunda de desprecio.

«Lo de Adán y Eva» era para él motivo de sarcasmos. Había reflexionado mucho sobre este punto en las horas de silencioso dormitar, cuando iba de viaje con la cuadrilla, encontrando un argumento incontestable, producto por entero de su pensamiento. ¿Cómo iban a ser todos los humanos descendientes de una pareja única?…

—A mí me yaman Sebastián Venegas, eso es; y tú, Juaniyo, te yamas Gallardo; y usté, don José, tié su apellido, y cada cual er suyo, no siendo iguales mas que los de los parientes. Si toos fuésemos nietos de Adán, y a Adán, verbigrasia, le yamaban Pérez, toos seríamos Pérez de apellido. ¿Está claro?… Pues cuando ca uno yevamos er nuestro, es porque hubo muchos Adanes, y lo que cuentan los curas too… «¡líquido!» Superstisión y atraso. Nos farta instrucsión y abusan de nosotros… Me paese que me explico.

Gallardo, echando atrás el cuerpo a impulsos de la risa, saludaba a su banderillero imitando el mugido del toro. El apoderado, con andaluza gravedad, le ofrecía la mano felicitándole.

—¡Chócala! Has estao mu güeno. ¡Ni Castelar!

La señora Angustias indignábase al oír tales cosas en su casa, con un terror de mujer vieja que ve cercano el fin de su existencia.

—Caya, Sebastián. Cierra esa bocasa de infierno, condenao, o te vas a la calle. Aquí no digas esas cosas, demonio… ¡Si no te conosiese! ¡si no supiera que eres un güen hombre!

Y acababa por reconciliarse con el banderillero, pensando en lo mucho que quería a su Juan, recordando lo que había hecho por él en momentos de peligro. Además, representaba una gran tranquilidad para ella y para Carmen que figurase en la cuadrilla este hombre serio, de morigeradas costumbres, al lado de los otros «chicos» y del mismo espada, que al verse solo era sobrado alegre de carácter y se dejaba arrastrar del deseo de verse admirado por las mujeres.

El enemigo de los clérigos y de Adán y Eva guardaba a su maestro un secreto que le hacía mostrarse reservado y grave cuando le veía en la casa entre su madre y la señora Carmen.

¡Si supieran estas mujeres lo que él sabía!

A pesar del respeto que todo banderillero debe guardar a su matador, el *Nacional* había osado hablar un día a Gallardo con ruda franqueza, amparándose en sus años y en la antigua amistad.

—¡Ojo, Juaniyo, que en Seviya se sabe too! No se habla de otra cosa, y la notisia yegará a tu casa, y va a haber ca bronca que a Dios le arderá er pelo... Piensa que la señá Angustias se pondrá hecha una Dolorosa, y la pobre Carmen sacará su genio... Acuérdate de lo de la cantaora; y aqueyo no fue na. Esto bicho es de más empuje, de más cuidao.

Gallardo fingía no comprenderle, molestado y halagado al mismo tiempo por la idea de que toda la ciudad conociese el secreto de sus amores.

—Pero ¿qué bicho es ese y qué broncas son esas de que hablas?

—¡Quién ha de ser!... Doña Zol; esa señorona que da tanto que hablar. La sobrina del marqués de Moraima, el ganadero.

Y como el espada quedase sonriente y en silencio, halagado por las exactas informaciones del *Nacional*, éste continuó, con aire de predicador desengañado de las vanidades del mundo:

—El hombre casao debe buscar ante too la tranquilidad de su casa... ¡Las mujeres!... «¡líquido!» Toas son iguales: toas tienen lo mismo en paresío sitio, y es tontera amargarse la vida saltando de una en otra. Un servidor, en los veinticuatro años que yevo con mi Teresa, no la he fartao ni con er pensamiento, y eso que soy torero y tuve mis buenos días, y más de una moza me puso los ojos tiernos.

Gallardo acabó riéndose del banderillero. Hablaba como un padre prior. ¿Y era él quien quería comerse crudos a los frailes?

—*Nacional*, no seas bruto. Ca uno es quien es, y ya que las jembras vienen, éjalas venir. ¡Pa lo que vive uno!... Cualquier día puéo salir del redondel con los pies pa alante... Además, tú no sabes lo que es eso, lo que es una señora. ¡Si vieras qué mujer!...

Luego añadió con ingenuidad, como si quisiera desvanecer el gesto de escándalo y tristeza que se marcaba en el rostro del *Nacional*:

—Yo quiero mucho a Carmen, ¿te enteras? La quiero como siempre. Pero a la otra la quiero también. Es otra cosa... no sé como explicártelo. Otra cosa, ¡vaya!

Y el banderillero no pudo sacar más de su entrevista con Gallardo.

Meses antes, al llegar con el otoño la terminación de la temporada de corridas, el espada había tenido un encuentro en la iglesia de San Lorenzo.

Descansaba unos días en Sevilla antes de irse a *La Rinconada* con su familia. Al llegar este período de calma, lo que más agradaba al espada era vivir en su propia casa, libre de los continuos viajes en tren. Matar más de cien toros por año, con los peligros y esfuerzos de la lidia, no le fatigaba tanto como el viaje durante varios meses de una plaza a otra de España.

Eran excursiones en pleno verano, bajo un sol abrumador, por llanuras abrasadas y en antiguos vagones cuyo techo parecía arder. El botijo de agua de la cuadrilla, lleno en todas las estaciones, no bastaba a apagar la sed. Además, los trenes iban atestados de viajeros, gentes que acudían a las ferias de las ciudades para presenciar las corridas. Muchas veces, Gallardo, por miedo a perder el tren, mataba su último toro en una plaza, y vestido aún con el traje de lidia, corría a la estación, pasando como un meteoro de luces y colores entre los grupos de viajeros y los carretones de los equipajes. Cambiaba de vestido en un departamento de primera, ante las miradas de los pasajeros, satisfechos de ir con una celebridad, y pasaba la noche encogido sobre los almohadones, mientras los compañeros de viaje apelotonábanse para dejarle el mayor espacio posible. Todos le respetaban, pensando que al día siguiente iba a proporcionarles el placer de una emoción trágica sin peligro para ellos.

Cuando llegaba, quebrantado, a una ciudad en fiesta, con las calles engalanadas con banderolas y arcos, sufría el tormento de la adoración entusiástica. Los aficionados partidarios de su nombre le esperaban en la estación y le acompañaban hasta el hotel. Eran gentes bien dormidas y alegres, que lo manoseaban y querían encontrarlo expansivo y locuaz, como si al verles hubiera de experimentar forzosamente el mayor de los placeres.

Muchas veces, la corrida no era única. Había que torear tres o cuatro días seguidos, y el espada, al llegar la noche, rendido de cansancio y falto de sueño por las recientes emociones, daba al traste con los convencionalismos sociales y se sentaba a la puerta del hotel en mangas de camisa, gozando del fresco de la calle. Los «chicos» de la cuadrilla, alojados en la misma fonda, permanecían junto al maestro, como colegiales reclusos. Alguno más audaz pedía permiso para dar un paseo por las calles iluminadas y el campo de la feria.

—Mañana, Miuras—decía el espada—. Sé lo que son esos paseos. Gorverás al amaneser con dos copas de sobra, y no te faltará un enreo pa perder las fuerzas... No: no se sale. Ya te hartarás cuando acabemos.

Y al terminar el trabajo, si quedaban unos días libres hasta la próxima corrida en otra ciudad, la cuadrilla retardaba el viaje, y entonces eran las francachelas lejos de la familia, la abundancia de vinos y mujeres en compañía de aficionados entusiastas, que sólo se imaginaban de este modo la vida de sus ídolos.

Las diversas fechas de las fiestas obligaban al espada a viajes absurdos. Partía de una ciudad para trabajar en el otro extremo de España, y cuatro días después retrocedía, toreando en una población inmediata a aquélla. Los meses del verano, que eran los más abundantes en corridas, casi los pasaba en el tren, en un continuo zigzag por todas las vías férreas de la Península, matando toros en las plazas y durmiendo en los trenes.

—¡Si pusieran en línea lo que corro en el verano!—decía Gallardo—. Lo menos yegaba ar polo Norte.

Al comenzar la temporada emprendía con entusiasmo el viaje, pensando en los públicos que hablaban de él todo el año, aguardando impacientes su llegada; en los conocimientos inesperados; en las aventuras que le brindaba muchas veces la curiosidad femenil; en la vida de hotel en hotel, con sus agitaciones, sus molestias y sus comidas diversas, que contrastaba con la plácida existencia de Sevilla y los días de montaraz soledad en *La Rinconada*.

Pero a las pocas semanas de esta vida vertiginosa, en la que ganaba cinco mil pesetas por cada tarde de trabajo, Gallardo comenzaba a lamentarse como un niño lejos de su familia.

—¡Ay, mi casa de Sevilla, tan fresca, y con la pobre Carmen que la tié como una tacita de plata! ¡Ay, los guisos de la mamita! ¡Tan ricos!...

Y sólo olvidaba a Sevilla en las noches de asueto, cuando no había toros al día siguiente y toda la cuadrilla, rodeada de aficionados deseosos de que se llevasen un buen recuerdo de la ciudad, se metía en un café de cante «flamenco», donde mujeres y canciones todo era para el maestro.

Al volver a su casa para descansar durante el resto del año, sentía Gallardo la satisfacción del poderoso que, olvidando honores, se entrega a la vida ordinaria.

Dormía hasta muy tarde, libre de horarios de trenes, sin emoción alguna al pensar en los toros. ¡Nada que hacer aquel día, ni al otro, ni al otro! Todos sus viajes llegarían hasta la calle de las Sierpes o la plaza de San Fernando. La familia parecía otra, más alegre y con mejor salud al tenerle seguro en casa por unos cuantos meses. Salía con el fieltro echado atrás, moviendo su bastón de puño de oro y mirándose los gruesos brillantes de los dedos.

En el vestíbulo le esperaban varios hombres, de pie junto a la cancela, al través de cuyos hierros se veía el patio blanco y luminoso, de fresca limpieza. Eran gentes tostadas por el sol, de agrio hedor sudoroso, la blusa sucia y el ancho sombrero con los bordes deshilachados. Unos eran trabajadores del campo que iban de camino, y al pasar por Sevilla creían natural impetrar el socorro del famoso matador, al que llamaban señor Juan. Otros vivían en la ciudad, y tuteaban al torero, llamándole Juaniyo.

Gallardo, con su memoria fisonómica de hombre de muchedumbres, reconocía sus rostros y admitía el tuteo. Eran camaradas de escuela o de infancia vagabunda.

—No marchan los negocios, ¿eh?... Los tiempos están malos pa toos.

Y antes de que esta familiaridad los animase a mayores intimidades, volvíase a *Garabato*, que permanecía con la cancela en la mano.

—Dile a la señora que te dé un par de pesetas pa ca uno.

Y salía a la calle silbando, satisfecho de su generosidad y de la hermosura de la vida.

En la taberna próxima asomábanse a las puertas los chicos del *Montañés* y los parroquianos, como si no lo hubiesen visto nunca, con boca sonriente y ojos devoradores de curiosidad.

—¡Salú, cabayeros!... Se agradese el orsequio, pero no bebo.

Y librándose del entusiasta que marchaba a su encuentro con una caña en la mano, seguía adelante, siendo detenido en otra calle por un par de viejas amigas de su madre. Le pedían que fuese padrino del nieto de una de ellas. Su pobrecita hija estaba para librar de un momento a otro; el yerno, un «gallardista» furibundo, que había andado a palos varias veces a la salida de la plaza por defender a su ídolo, no se atrevía a hablarle.

—Pero ¡mardita sea!... ¿es que me toman ustés por ama de cría?... Tengo más ahijaos que hay en el Hospisio.

Para librarse de ellas, las aconsejaba que se avistasen con la mamita. ¡Lo que ella dijese! Y seguía adelante, no deteniéndose hasta la calle de las Sierpes, saludando a unos y dejando a otros que gozasen el honor de marchar a su lado, en gloriosa intimidad, ante la mirada de los transeúntes.

Asomábase al club de los *Cuarenta y cinco* para ver si estaba en él su apoderado: una sociedad aristocrática, de número fijo, según indicaba su título, en la que sólo se hablaba de toros y caballos. Estaba compuesta de ricos aficionados y ganaderos, figurando en lugar preeminente, como un oráculo, el marqués de Moraima.

En una de estas salidas, un viernes por la tarde, Gallardo, que iba camino de la calle de las Sierpes, sintió deseos de entrar en la parroquia de San Lorenzo.

En la plazuela alineábanse lujosos carruajes. Lo mejor de la ciudad iba en este día a rezar a la milagrosa imagen de Nuestro Padre Jesús del Gran Poder. Bajaban las señoras de sus coches, vestidas de negro, con ricas mantillas, y los hombres penetraban en la iglesia, atraídos por la concurrencia femenina.

Gallardo entró también. Un torero debe aprovechar las ocasiones para rozarse con las personas de alta posición. El hijo de la señora Angustias sentía un orgullo de triunfador cuando le saludaban los señores ricos y las damas elegantes susurraban su nombre, designándolo con los ojos.

Además, él era devoto del Señor del Gran Poder. Toleraba al *Nacional* sus opiniones sobre «Dios u la Naturaleza» sin gran escándalo, pues la divinidad era para él algo vago e indeciso, semejante a la existencia de un señor del que se pueden escuchar con calma toda clase de murmuraciones, por lo mismo que sólo se le conoce de oídas. Pero la Virgen de la Esperanza y Jesús del Gran Poder los estaba viendo desde sus primeros años, y a éstos que no se los tocasen.

Su sensibilidad de rudo mocetón conmovíase ante el dolor teatral de Cristo con la cruz a cuestas, el rostro sudoroso, angustiado y lívido, semejante al de algunos camaradas que había visto tendidos en las enfermerías de las plazas de toros. Había que estar bien con el poderoso señor, y rezó fervorosamente varios padrenuestros de pie ante la imagen, reflejándose los cirios como estrellas rojas en las córneas de sus ojos africanos.

Un movimiento de las mujeres arrodilladas delante de él distrajo su atención, ávida de intervenciones sobrenaturales para su vida en peligro.

Pasaba una señora por entre las devotas, atrayendo la atención de éstas: una mujer alta, esbelta, de belleza ruidosa, vestida de colores claros y con un gran sombrero de plumas, bajo el cual brillaba con estallido de escándalo el oro luminoso de su cabellera.

Gallardo la conoció. Era doña Sol, la sobrina del marqués de Moraima, «la Embajadora», como la llamaban en Sevilla. Pasó entre las mujeres, sin reparar en sus movimientos de curiosidad, satisfecha de las ojeadas y del susurro de sus palabras, como si todo esto fuese un homenaje natural que debía acompañar su presentación en todas partes.

El traje de una elegancia exótica y el enorme sombrero destacábanse con realce chillón sobre la masa obscura de los tocados femeniles. Se arrodilló, inclinó la cabeza como si orase unos instantes, y luego, sus ojos claros, de un azul verdoso con reflejos de oro, paseáronse por el templo tranquilamente, como si estuviese en un teatro y examinase la concurrencia buscando caras conocidas. Estos ojos parecían sonreír cuando encontraban el rostro de una amiga, y persistiendo en sus paseos, acabaron por tropezarse con los de Gallardo fijos en ella.

El espada no era modesto. Acostumbrado a verse objeto de la contemplación de miles y miles de personas en las tardes de corrida, creía buenamente que allí donde estuviese él todas las miradas habían de ser forzosamente para su persona. Muchas mujeres, en horas de confianza, le habían revelado la emoción, la curiosidad y el deseo que sintieron al verle por vez primera en el redondel. La mirada de doña Sol no se bajó al encontrarse con la del torero; antes bien, permaneció fija, con una frialdad de gran señora, obligando al matador, respetuoso con los ricos, a desviar la suya.

«¡Qué mujer!—pensó Gallardo, con su petulancia de ídolo popular—. ¡Si estará por mí esta gachí!... »

Fuera del templo sintió la necesidad de no alejarse, de verla otra vez, permaneciendo cerca de la puerta. Le avisaba el corazón algo extraordinario, lo mismo que en las tardes de buena fortuna. Era la corazonada misteriosa que en el redondel le hacía desoír las protestas del público, lanzándose a las mayores audacias siempre con excelente resultado.

Cuando salió ella del templo, volvió a mirarle sin extrañeza, como si hubiese adivinado que iba a esperarla en la puerta. Subió en un carruaje descubierto, acompañada de dos amigas, y al arrear el cochero los caballos, todavía volvió la cabeza para ver al espada, marcándose en su boca una ligera sonrisa.

Gallardo anduvo distraído toda la tarde. Pensaba en sus amoríos anteriores, en los triunfos de admiración y curiosidad conseguidos por su arrogancia torera; conquistas que le llenaban de orgullo, haciéndole creerse irresistible, y ahora le inspiraban cierta vergüenza. ¡Una mujer como aquella, una gran señora que había corrido mucho mundo y vivía en Sevilla como una reina destronada! ¡Eso era una conquista!... A su admiración por la hermosura uníase cierta reverencia de antiguo pilluelo lleno de respeto por los ricos, en un país donde el nacimiento y la fortuna tienen gran importancia. ¡Si él consiguiera llamar la atención de aquella mujer! ¡Qué mayor triunfo!...

Su apoderado, gran amigo del marqués de Moraima y relacionado con lo mejor de Sevilla, le había hablado algunas veces de doña Sol.

Después de una ausencia de años, había vuelto a Sevilla pocos meses antes, provocando el entusiasmo de la gente joven. Venía, tras su larga permanencia en el extranjero, hambrienta de cosas de la tierra, gozando con las costumbres populares y encontrándolo todo muy interesante, muy... «artístico». Iba a los toros con traje antiguo de maja, imitando el adorno y apostura de las graciosas damas pintadas por Goya. Hembra fuerte, acostumbrada a los *sports* y gran caballista, la gente la veía galopar por las afueras de Sevilla, llevando con la negra falda de amazona una chaquetilla de hombre, corbata roja y blanco castoreño sobre el casco de oro de sus cabellos. Algunas veces ostentaba la garrocha atravesada en el borrén de la silla, y con un pelotón de amigos convertidos en piqueros iba a las dehesas para acosar y derribar toros, gozando mucho en esta fiesta brava, abundante en peligros.

No era una niña. Gallardo recordaba confusamente haberla visto en su infancia en el paseo de las Delicias sentada al lado de su madre y cubierta de rizadas blancuras, como las muñecas lujosas de los escaparates, mientras él, mísero pillete, saltaba entre las ruedas del carruaje buscando colillas de cigarro. Eran indudablemente de la misma edad: debía estar al final de la veintena; ¡pero tan esplendorosa, tan distinta a las otras mujeres!... Parecía un ave exótica, un pájaro del Paraíso caído en un corral, entre lustrosas y bien cebadas gallinas.

Don José el apoderado conocía su historia... ¡Una cabeza desbaratada la tal doña Sol! Su nombre de drama romántico cuadraba bien con lo original de su carácter y la independencia de sus costumbres.

Muerta su madre y poseedora de una buena fortuna, se había casado en Madrid con cierto personaje mayor que ella en años, pero que ofrecía para una mujer ansiosa de brillo y novedades el aliciente de andar por el mundo como embajador, representando a España en las principales cortes.

—¡Lo que se ha divertido esa niña, Juan!—decía el apoderado—. ¡Las cabezas que ha vuelto locas en diez años de una punta a otra de Europa! Figúrate que es un libro de geografía con notas secretas al pie de cada hoja. De seguro que no puede mirar el mapa sin hacer una crucecita de recuerdo junto a las capitales grandes... ¡Y el pobre embajador! Se murió, sin duda, de aburrido, porque ya no le quedaba adónde ir. La niña picaba alto. Iba el buen señor destinado a representarnos en una corte, y antes del año ya estaba la reina o la emperatriz de aquella tierra escribiendo a España para que relevasen al embajador con su temible cónyuge, a la cual llamaban los periódicos «la irresistible española». ¡Las testas coronadas que ha trastornado esa gachí!... Las reinas temblaban al verla llegar, como si fuese el cólera morbo. Al fin, el pobre embajador no vio más sitio disponible para sus talentos que las repúblicas de América; pero como era un señor de buenos principios, amigo de los reyes, prefirió morirse... Y no creas que la niña se contentaba sólo con el personal que come y baila en los palacios reales. ¡Si fuese verdad todo lo que cuentan!... Esa chica es lo más extremosa: o todo o nada; tan pronto se fija en lo más alto, como busca arañando debajo de tierra. A mí me han dicho que allá en Rusia anduvo tras uno de esos melenudos que tiran bombas: un mozuelo con cara de mujer, que no la hacía caso porque le estorbaba en sus negocios. Y la niña, por lo mismo, erre que erre detrás de él; hasta que al fin lo ahorcaron. También dicen que tuvo sus cosas con un pintor en París, y hasta aseguran que la retrató ligera de ropas, con un brazo en la cara para no ser conocida, y que así anda en las fototipias de las cajas de cerillas. Esto debe ser falso: exageraciones. Lo que parece más cierto es que fue gran amiga de un alemán, un músico de esos que escriben óperas. ¡Si la oyeses tocar el piano!... ¡Y cuando canta! Lo mismo que cualquier tiple de las que vienen al teatro de San Fernando en la temporada de Pascua. Y no creas que canta en italiano solamente; ella lo camela todo: francés, alemán, inglés. Su tío el marqués de Moraima, que, aquí para entre los dos, ya sabes que es algo bruto, cuando habla de ella en los *Cuarenta y cinco*, dice que tiene sus sospechas de que sabe latín... ¡Qué mujer! ¿eh, Juanillo? ¡Qué hembra tan interesante!

El apoderado hablaba de doña Sol con admiración, considerando extraordinarios y originales todos los sucesos de su vida, así los indudables como los inciertos. Su nacimiento y su fortuna le inspiraban respeto y benevolencia, lo mismo que a Gallardo. Ocupábanse de ella con sonrisas de admiración. Los mismos hechos en otra mujer habrían dado suelta a un raudal de comentarios irreverentes, comparándola a la bestia rapaz de gruesa cola que es protagonista de muchas fábulas.

—En Sevilla—continuaba el apoderado—lleva una vida ejemplar. Por esto pienso si será mentira lo que cuentan del extranjero. ¡Calumnias de ciertos pollos que quieren entrar por uvas y las encuentran verdes!

Y riendo de los arrestos de esta mujer, que en ciertos momentos era brava y acometedora como un hombre, repetía las murmuraciones que habían circulado en ciertos clubs de la calle de las Sierpes. Cuando «la Embajadora» llegó a vivir en Sevilla, toda la juventud había formado una corte en torno de ella.

—Figúrate, Juanillo. Una mujer elegante, de las que aquí no se usan, trayendo sus ropas y sombreros de París, su perfumería de Londres, y además amiga de reyes... Como si dijéramos marcada con el hierro de las primeras ganaderías de Europa... Andaban como locos tras de sus pasos, y la niña les permitía ciertas libertades, queriendo vivir entre ellos como un hombre. Pero algunos se desmandaron, tomando equivocadamente la familiaridad por otra cosa, y faltos de palabras, fueron largos de manos... Hubo bofetadas, Juanillo, y algo peor. Esa moza es de cuidado. Parece que tira a las armas blancas, que sabe dar puñetazos como un marinero inglés, y, además, conoce ese modo de reñir de los japoneses que llaman *jitsu*. Total, que se atreve un cristiano a darla un pellizco, y ella, con sus manos de oro, sin enfadarse apenas, te agarra y te deja hecho un guiñapo. Ahora la asedian menos, pero tiene enemigos que andan por ahí hablando mal de ella: unos alabándose de lo que es mentira; otros negando hasta que sea guapa.

Doña Sol, según el apoderado, mostrábase entusiasmada de su vida en Sevilla. Después de una larga permanencia en países brumosos y fríos, admiraba el cielo de intenso azul, el sol invernal de suave oro, y se hacía lenguas de la dulzura de la vida en este país tan... «pintoresco».

—La entusiasma la llaneza de nuestras costumbres. Parece una inglesa de las que vienen en Semana Santa. ¡Como si no hubiese nacido en Sevilla! ¡Como si la viese por primera vez! Dice que pasará los veranos en el extranjero y los inviernos aquí. Está harta de su vida de palacios y cortes, y ¡si vieras con qué gente se trata!... Ha hecho que la reciban como hermana en una cofradía, la más popular, la del Cristo de Triana, la del Santísimo Cachorro, y se gastó una porrada de dinero en manzanilla para los cofrades. Algunas noches se llena la casa de guitarristas y bailaoras: cuantas muchachas de Sevilla aprenden el cante y el baile. Con ellas van sus maestros y sus familias y hasta los más remotos parientes; todos se hinchan de aceitunas, de salchichón y de vino, y doña Sol, sentada en un sillón como una reina, pasa las horas pidiendo baile tras baile, todos los de la tierra. Dice que esto es un gusto igual al que se daba no sé qué rey, que hacía que cantasen óperas para él solo. Sus criados, unos mozos que han venido con ella, estirados y serios como lores, van puestos de frac, con grandes bandejas, repartiendo copas a las bailaoras, que, en plena jumera, les tiran de las patillas y les echan huesos de aceituna a los ojos. ¡Unas juergas de lo más honestas y divertidas!... Ahora doña Sol recibe por las mañanas al *Lechuzo*, un gitano viejo, que da lecciones de guitarra, maestro de los más castizos, y cuando no la encuentran sus visitas con el instrumento en las rodillas, está con una naranja en la mano. ¡Las naranjas que lleva comidas esa criatura desde que llegó! ¡Y aún no se ha hartado!...

Así seguía don José explicando a su matador las originalidades de doña Sol.

Cuatro días después de haberla visto Gallardo en la parroquia de San Lorenzo, el apoderado se acercó al espada con cierto misterio en un café de la calle de las Sierpes.

—Gachó, eres el niño de la suerte lisa. ¿Sabes quién me ha hablado de ti?

Y aproximando su boca a una oreja del torero, exclamó sordamente:

—¡Doña Sol!

Le había preguntado por su matador, mostrando deseos de que se lo presentase. ¡Era un tipo tan original! ¡tan español!...

—Dice que te ha visto matar varias veces: una en Madrid, otra no sé dónde... Te ha aplaudido. Reconoce que eres muy valiente... ¡Mira tú que si tomase varas contigo! ¡Qué honor! Ibas a ser cuñado o algo por el estilo de todos los reyes de la baraja europea.

Gallardo sonreía modestamente, bajando los ojos, pero al mismo tiempo contoneaba su esbelta persona, como si no considerase difícil ni extraordinaria la hipótesis de su apoderado.

—Pero no hay que hacerse ilusiones, Juanillo—continuó éste—. Doña Sol quiere ver de cerca a un torero, con el mismo interés que toma las lecciones del maestro *Luchuzo*. Color local, y nada más. «Tráigalo usted pasado mañana a Tablada», me ha dicho. Ya sabes lo que es eso: un derribo de reses de la ganadería de Moraima; una fiesta que el marqués ha organizado para que se divierta su sobrina. Iremos; a mí también me ha invitado.

Y a los dos días el maestro y su apoderado salieron por la tarde del barrio de la Feria, como apuestos garrochistas, entre la expectación de la gente que se asomaba a las puertas y se agrupaba en las aceras.

—Van a Tablada—decían—. Hay derribo de reses.

El apoderado, jinete en una yegua blanca y huesuda, iba en traje de campo: recio chaquetón, pantalones de paño con polainas amarillas, y sobre aquéllos las perneras de cuero llamadas zajones. El espada había apelado para la fiesta al traje usual y bizarro de los antiguos toreros antes de que las costumbres modernas igualasen su indumentaria con la de los demás mortales. Cubría su cabeza un sombrero calañés de terciopelo, con mota rizada, sujeto a la mandíbula por un barboquejo. El cuello de la camisa, limpio de corbata, estaba sujeto con un par de brillantes, y otros dos más gruesos centelleaban en la ondulada pechera. La chaquetilla y el chaleco eran de terciopelo color de vino, con alamares y arambeles negros; la faja de encarnada seda; el calzón ajustado, de obscuro punto, modelaba las musculosas y esbeltas piernas del torero, unido a las rodillas con ligas de negra escarapela. Las polainas eran de color de ámbar, con franjas de cuero a lo largo de las aberturas, y los borceguíes de idéntico color, medio ocultos en los anchos estribos árabes, dejaban al descubierto grandes espuelas de plata. En el arzón de la silla, sobre la vistosa manta jerezana, cuyo borlaje pendía a ambos lados del caballo, descansaba un chaquetón gris con remiendos negros y forro rojo.

Galoparon los dos jinetes, llevando al hombro como una lanza la garrocha de fina y resistente madera, con una pelota en su remate que resguardaba el hierro. Su paso por el barrio popular despertaba una ovación. ¡Olé los hombres guapos! Las mujeres saludaban con la mano.

—¡Vaya con Dió, güen mozo! ¡Divertirse, señó Juan!

Picaron los caballos para dejar atrás la chiquillería que corría tras ellos, y las callejuelas de azul empedrado y blancas paredes estremeciéronse con el rítmico chocar de las herraduras.

En la calle tranquila, de casas señoriales con panzudas rejas y grandes miradores, donde vivía doña Sol, encontraron a otros garrochistas que esperaban ante la puerta, inmóviles sobre sus caballos y apoyados en las lanzas.

Eran señoritos, parientes o amigos de la dama, que saludaron al torero con amable llaneza, satisfechos de que fuese de la partida.

Salió de la casa el marqués de Moraima, montando inmediatamente en su caballo.

—Ahora mismo baja la niña. Las mujeres ya se sabe... tardan mucho en arreglarse.

Y decía esto con la gravedad sentenciosa que daba a todas sus palabras, como si fuesen oráculos. Era un viejo alto y huesudo, con grandes patillas blancas, entre las cuales la boca y los ojos conservaban una ingenuidad infantil. Cortés y mesurado en sus palabras, gallardo en sus ademanes, parco en el sonreír, el marqués de Moraima era un gran señor de otros tiempos, vestido casi siempre con traje de caballista, enemigo de la vida urbana, molesto por las exigencias sociales de su familia cuando éstas le retenían en Sevilla, y ansioso de correr al campo entre mayorales y vaqueros, a los que trataba con una llaneza de camaradas. Casi se había olvidado de escribir, por falta de uso; pero así que le hablaban de reses bravas, de la crianza de toros y caballos o de faenas agrícolas, animábanse sus ojos, expresándose con el aplomo de un gran conocedor.

Nublose la luz del sol. Palideció la sábana de oro tendida sobre la blancura de uno de los lados de la calle. Algunos miraron a lo alto. Por la faja azul que limitaban las dos filas de aleros pasaba un nubarrón obscuro.

—No hay cuidao—dijo el marqués gravemente—. Al salir de casa he visto un papeliyo que lo yevaba er viento en una diresión que yo me sé. No yoverá.

Y todos asintieron, convencidos. No podía llover, ya que lo aseguraba el marqués de Moraima. Conocía el tiempo lo mismo que un pastor viejo, y no había miedo de que se equivocase.

Luego se encaró con Gallardo.

—Te voy a echar este año unas corrías magníficas. ¡Qué toros! A ver si les das muerte como güenos cristianos. Ya sabes que este año no he quedao contento der too. Los probesitos meresían más.

Apareció doña Sol, sosteniendo en una mano la negra amazona y mostrando por debajo de ella las cañas de sus altas botas de cuero gris. Llevaba camisa de hombre con corbata roja, chaquetilla y chaleco de terciopelo violeta, y graciosamente ladeado el sombrero calañés de terciopelo sobre los bucles de su cabellera.

Montó a caballo con agilidad, a pesar de las plásticas abundancias de su apetitosa belleza, y tomó la garrocha de manos de un criado. Saludaba a los amigos, excusando su tardanza, mientras sus ojos iban hacia Gallardo. El apoderado dio un espolazo a su yegua para acercarse y hacer la presentación, pero doña Sol, adelantándose a él, se aproximó al torero.

Gallardo sentíase turbado por la presencia de la señora. ¡Qué mujer! ¿Qué iba a decirla?...

Vio que ella le tendía la mano, una mano fina que olía a gloria; y en la precipitación del aturdimiento, sólo supo apretarla con su manaza que derribaba fieras. Pero la zarpita blanca y sonrosada, en vez de achicarse bajo la presión involuntaria y brutal, que habría hecho lanzar a otra un grito de dolor, se crispó con vigoroso esfuerzo, librándose fácilmente de este encierro:

—Le agradezco mucho que haya venido. Encantada de conocerle.

Y Gallardo, sintiendo en su deslumbramiento la necesidad de contestar algo, tartamudeó, como si saludase a un aficionado:

—Grasias. ¿La familia güena?...

Una discreta carcajada de doña Sol se perdió entre el estrépito de las herraduras que resbalaban sobre las piedras con los primeros pasos. Puso la dama su caballo al trote, y todo el pelotón de jinetes la siguió, formando escolta en torno de ella. Gallardo marchaba avergonzado a la cola, sin salir de su estupefacción, adivinando confusamente que había dicho una tontería.

Galoparon por las afueras de Sevilla, a lo largo del río; dejaron atrás la Torre del Oro; siguieron avenidas de umbrosos jardines con amarilla arena, y luego una carretera a cuyos lados alzábanse ventorrillos y merenderos.

Al llegar a Tablada vieron sobre la verdeante llanura una masa negra de gentío y carruajes junto a la empalizada que separaba la dehesa del cerrado, dentro del cual estaban las reses.

El Guadalquivir extendía su corriente a lo largo de la dehesa. En la orilla de enfrente alzábase en cuesta San Juan de Aznalfarache, coronado por un castillo en ruinas. Las casas de campo mostraban su blancura entre las masas de gris plata de los olivares. En el término opuesto del dilatado horizonte, sobre un fondo azul en el que flotaban nubes algodonadas, veíase Sevilla, con su caserío dominado por la imponente masa de la catedral, y la maravillosa Giralda, de un rosa tierno bajo la luz de la tarde.

Avanzaron los jinetes con gran trabajo entre la confusa muchedumbre. La curiosidad que inspiraban las originalidades de doña Sol había atraído a casi todas las damas de Sevilla. Las amigas la saludaban desde sus carruajes, encontrándola muy hermosa en su traje varonil. Sus parientas, las hijas del marqués, unas solteras, otras acompañadas de sus maridos, la recomendaban prudencia. ¡Por Dios, Sol! ¡Que no hiciese locuras!...

Entraron los derribadores en el cerrado, siendo acogidos al atravesar la empalizada por los aplausos de la gente popular que había acudido a la fiesta.

Los caballos, al ver de lejos al enemigo y husmearle, alzáronse de manos y comenzaron a dar botes, relinchando bajo la firme diestra de los jinetes.

En el centro del cerrado agrupábanse los toros. Unos pastaban mansamente o estaban inmóviles sobre la verdura un tanto rojiza del prado invernal, con las patas encogidas y el hocico bajo. Otros, más rebeldes, trotaban dirigiéndose hacia el río, y los toros venerables, los prudentes cabestros, iban a sus alcances, haciendo sonar el cencerro pendiente del cuello, mientras los vaqueros les ayudaban en esta recogida disparando con su honda piedras certeras que iban a dar en los cuernos de los fugitivos.

Los jinetes permanecieron largo tiempo inmóviles, como si celebrasen consejo, bajo las miradas ansiosas del público, que esperaba algo extraordinario.

El primero que salió fue el marqués, acompañado de uno de sus amigos. Los dos jinetes galoparon hacia el grupo de toros, y cerca de ellos detuvieron sus cabalgaduras, poniéndose de pie en los estribos, agitando en el aire las garrochas y dando fuertes gritos para asustarlos. Un toro negro y de fuertes piernas se separó del grupo, corriendo hacia el fondo del cerrado.

Bien hacía el marqués en mostrarse orgulloso de su ganadería, compuesta de bestias finas, seleccionadas por los cruces. No era el buey destinado a la producción de carne, de piel sucia, basta y rugosa, la pezuña ancha, cabizbajo, y con los cuernos enormes y mal colocados. Eran animales de nerviosa viveza, fuertes y robustos, hasta el punto de hacer temblar el suelo, levantando una nubecilla bajo sus patas; el pelo fino y brillante como el de un caballo de lujo, los ojos encendidos, el cuello ancho y arrogante, cortas las patas, delgada y fina la cola, los cuernos sutiles, puntiagudos y limpios, cual si los hubiese trabajado un artífice, y la pezuña redonda y diminuta, pero tan dura, que cortaba la hierba como si fuese de acero.

Corrieron los dos jinetes tras el animal, acosándolo cada uno por su lado, cortándole el paso cuando intentaba desviarse hacia el río, hasta que el marqués, espoleando su jaca, ganó distancia, se aproximó al toro con la garrocha por delante, y clavándola en su cola, logró, con el empuje combinado de su brazo y su caballo, que perdiese el equilibrio, rodando por el suelo con la panza al aire, los cuernos clavados en la tierra y las cuatro patas en alto.

La rapidez y la facilidad con que el ganadero realizó la suerte provocaron en la empalizada una explosión de entusiasmo. ¡Olé los viejos! Nadie entendía de toros como el marqués. Los manejaba como si fuesen hijos suyos, acompañándoles desde que nacían en la vacada hasta que marchaban a morir en las plazas como héroes dignos de mejor suerte.

Otros jinetes quisieron salir en seguida a conquistar el aplauso de la muchedumbre, pero el de Moraima se opuso, dando preferencia a su sobrina. Si había de realizar una suerte, mejor era que saliese inmediatamente, antes que la torada se embraveciera con el continuo acoso.

Doña Sol espoleó su caballo, que no cesaba de levantarse de manos, alarmado por la presencia de los toros. El marqués quería acompañarla en su carrera, pero ella se opuso. No; prefería a Gallardo, que era un torero. ¿Dónde estaba Gallardo? El matador, todavía avergonzado de su torpeza, púsose al lado de la dama sin decir palabra.

Salieron los dos al galope hacia el núcleo de la torada. El caballo de doña Sol se levantó varias veces sobre las patas de atrás, poniéndose casi vertical, con la tripa al descubierto, como si se resistiera a pasar adelante; pero la fuerte amazona lo obligaba a seguir la marcha. Gallardo agitaba su garrocha dando gritos que eran verdaderos mugidos, lo mismo que en las plazas, cuando incitaba a las fieras para que entrasen en suerte.

No necesitó de muchos esfuerzos para lograr que una res se apartase de la torada.

Salió de ella un animal blanco, con manchas de canela, de enorme y colgante cuello y cuernos de punta finísima. Corrió hacia el fondo del cerrado, como si tuviese allí su «querencia», que le atraía irresistiblemente, y doña Sol galopó tras él seguida del espada.

—¡Ojo, señora!—gritaba Gallardo—. ¡Que ese toro es viejo y se las trae!… Tenga cuidao no se regüerva.

Y así fue. Cuando doña Sol se preparaba a realizar la misma suerte que su tío, oblicuando el caballo para clavar la garrocha en el rabo de la fiera y derribarla, ésta se volvió como si recelase el peligro, plantándose amenazante ante los acosadores. Pasó el caballo ante el toro, sin que doña Sol pudiera refrenarlo por la velocidad que llevaba, y la fiera salió tras él, convirtiéndose de perseguida en perseguidora.

La dama no pensó en huir. La contemplaban de lejos muchos miles de personas, temía las risas de las amigas y la conmiseración de los hombres, y refrenó el caballo, haciendo frente a la fiera. Mantúvose con la garrocha bajo el brazo, como un picador, y la clavó en el cuello del toro, que avanzaba mugiente con el testuz bajo. Se enrojeció la enorme cerviz con un raudal de sangre, pero la fiera siguió avanzando en su arrollador impulso, sin sentir que se agrandaba la herida, hasta que metió las astas bajo el caballo, sacudiéndolo y separando sus patas del suelo.

La amazona fue despedida de la silla, al mismo tiempo que un alarido de emoción de muchos centenares de bocas sonaba a lo lejos. El caballo, al librarse de los cuernos, salió corriendo como loco, con el vientre manchado de sangre, las cinchas rotas y la silla tambaleante sobre el lomo.

El toro fue a seguirlo; pero en el mismo instante, algo más inmediato atrajo su atención. Era doña Sol, que, en vez de permanecer inmóvil en el suelo, acababa de ponerse en pie y recogía su garrocha, colocándosela bravamente bajo el brazo para retar de nuevo a la fiera: una arrogancia loca, con el pensamiento puesto en los que la contemplaban; un reto a la muerte, antes que transigir con el miedo y el ridículo.

Ya no gritaban tras la empalizada. La muchedumbre estaba inmóvil, en un silencio de terror. Aproximábase en loco galope y entre nubes de polvo todo el grupo de acosadores, agrandándose los jinetes al compás de los saltos. El auxilio iba a llegar tarde. Escarbaba el toro el suelo con sus patas delanteras, bajaba el testuz para acometer a la figurilla audaz que seguía amenazándole con la lanza. Una simple cornada, y desaparecía. Pero en el mismo instante, un mugido feroz distrajo la atención del toro y algo rojo pasó ante su vista como una llamarada de fuego.

Era Gallardo, que se había echado abajo de la jaca, abandonando la garrocha para coger el chaquetón que llevaba en el borrén de la silla.

—¡Eeeh!... ¡Entra!

El toro entró, corriendo tras el forro rojo de la chaqueta, atraído por este adversario digno de él, y volvió su cuarto trasero a la figura de falda negra y cuerpo violeta que, en la estupefacción del peligro, seguía con la lanza bajo el brazo.

—No tenga mieo, doña Zol: éste ya es mío—dijo el torero, pálido aún por la emoción, pero sonriendo, seguro de su destreza.

Sin más defensa que el chaquetón, toreó a la bestia, alejándola de la señora y librándose de sus furiosas acometidas con graciosos quiebros.

La muchedumbre, olvidando el reciente susto, comenzó a aplaudir, entusiasmada. ¡Qué felicidad! Asistir a un simple acoso y encontrarse con una corrida casi formal, viendo torear a Gallardo gratuitamente.

El torero, enardecido por el ímpetu con que le acometía la fiera, se olvidó de doña Sol y de todos, atento únicamente a esquivar sus ataques. Revolvíase furioso el toro, viendo que el hombre se deslizaba invulnerable entre sus cuernos, y volvía a caer sobre él, encontrándose siempre con la pantalla roja del chaquetón.

Al fin acabó por cansarse, quedando inmóvil, con el hocico babeante y la cabeza baja, tembloroso sobre sus piernas, y entonces Gallardo abusó de la estupefacción de la bestia, quitándose el calañés y tocando con él su cerviz. Un aullido inmenso se elevó detrás de la empalizada saludando esta hazaña.

Sonaron gritos y cencerros a espaldas de Gallardo, y aparecieron en torno de la bestia vaqueros y cabestros, que acabaron por envolverla, llevándosela lentamente hacia el grueso del ganado.

Gallardo fue en busca de su jaca, que no se había movido, habituada al contacto con los toros. Recogió la garrocha, montó, y con suave galope fue hacia la empalizada, prolongando con esta lentitud el ruidoso aplauso de la muchedumbre.

Los jinetes que habían recogido a doña Sol saludaron con grandes muestras de entusiasmo al espada. El apoderado le guiñó un ojo, hablando misteriosamente:

—Gachó, no has estao pesao. Muy bien, ¡pero que muy bien!
Ahora te digo que te la llevas.

Fuera de la empalizada, en un landó de las hijas del marqués, estaba doña Sol. Sus primas la rodeaban angustiadas, manoseándola, queriendo encontrar en su cuerpo algo descompuesto por la caída. La daban cañas de manzanilla para que se le pasase el susto, y ella sonreía con aire de superioridad, acogiendo compasivamente estos extremos femeniles.

Al ver a Gallardo rompiendo con su caballo las filas de la multitud, entre sombreros tremolantes y manos tendidas, la dama extremó su sonrisa.

—Venga usted aquí, Cid Campeador. Deme usted la mano.

Y de nuevo se estrecharon sus diestras con un apretón que duró largo rato.

Por la noche, en casa del matador, fue comentado este suceso, del que se hablaba en toda la ciudad. La señora Angustias mostrábase satisfecha, como después de una gran corrida. ¡Su hijo salvando a una de aquellas señoras que ella miraba con admiración, habituada a la reverencia por largos años de servidumbre!... Carmen permanecía silenciosa, no sabiendo ciertamente qué pensar de este suceso.

Transcurrieron varios días sin que Gallardo tuviese noticias de doña Sol. El apoderado estaba fuera de la ciudad, en una montería, con algunos amigos de los *Cuarenta y cinco*. Una tarde, cerca ya del anochecer, don José fue a buscarle en un café de la calle de las Sierpes, donde se reunían gentes de la afición. Había llegado de la montería dos horas antes, y tuvo que ir inmediatamente a casa de doña Sol, en vista de cierta esquela que le esperaba en su domicilio.

—¡Pero hombre, eres peor que un lobo!—dijo el apoderado sacando del café a su matador—. Esa señora esperaba que fueses a su casa. Ha estado la mar de tardes sin salir, creyendo que ibas a llegar de un momento a otro. Eso no se hace. Después de presentarte y de todo lo ocurrido, la debes una visita: cuestión de preguntarla por su salud.

El espada detuvo el paso y se rascó los pelos por debajo del sombrero.

—Es que... —murmuró con indecisión—es que... me da vergüensa. Vaya, ya está dicho: sí señor, vergüensa. Ya sabe usté que yo no soy un lila, y que me traigo mis cosas con las mujeres, y que sé desirle cuatro palabras a una gachí como otro cualquiera. Pero con ésta, no. Esta es una señora que sabe más que Lepe, y cuando la veo reconosco que soy un bruto, y me queo con la boca cerrá, y no hablo que no meta la pata. Na, don José... ¡que no voy! ¡que no debo ir!

Pero el apoderado, seguro de convencerle, le llevó hacia la casa de doña Sol, hablando de su reciente entrevista con la dama. Mostrábase algo ofendida por el olvido de Gallardo. Lo mejor de Sevilla había ido a verla con motivo del accidente en Tablada, y él no.

—Ya sabes que un torero debe estar bien con la gente que vale. Hay que tener educación y demostrar que no es uno un gañán criado en los herraderos. ¡Una señora de tanta importancia, que te distingue y te espera!... Nada; yo iré contigo.

—¡Ah! ¡Si usté me acompaña!...

Y Gallardo respiró al decir esto, como si se librase del peso de un gran miedo.

Entraron en la casa de doña Sol. El patio era de estilo árabe, recordando sus arcadas multicolores de fina labor los arcos de herradura de la Alhambra.

El chorro de la fuente, en cuyo tazón coleaban peces dorados, cantaba con dulce monotonía en el silencio vespertino. En las cuatro crujías, de techo artesonado, separadas del patio por las columnas de mármol de las arcadas, vio el torero antiguos vargueños, cuadros obscuros, santos de faz lívida, muebles venerables de hierros herrumbrosos y maderas acribilladas por la polilla, como si hubiesen sido fusilados con perdigones.

Un criado les hizo subir la amplia escalera de mármol, y en ella volvió a sorprenderse el torero viendo retablos con imágenes borrosas sobre un fondo dorado, vírgenes corpóreas que parecían labradas a hachazos, con los colores pálidos y el oro moribundo, arrancadas de viejos altares; tapices de un tono suave de hoja seca, orlados de flores y manzanas, unos representando escenas del Calvario, otros llenos de *gachós* peludos, con cuernos y pezuñas, a los que parecían torear varias señoritas ligeras de ropa.

—¡Lo que es la ignoransia!—decía con asombro a su apoderado—. ¡Y yo que creía que too esto sólo era güeno pa los conventos!... ¡Lo que paese que lo apresia esta gente!

Arriba encendíanse a su paso los globos de luz eléctrica, mientras en los cristales de las ventanas brillaban todavía los últimos resplandores de la tarde.

Gallardo experimentó nuevas sorpresas. Estaba orgulloso de sus muebles traídos de Madrid, todos de sedas vistosas y complicadas tallas, pesados y opulentos, que parecían proclamar a gritos el dinero de su coste, y aquí sentíase desorientado viendo sillas ligeras y frágiles, blancas o verdes, mesas y armarios de líneas sencillas, paredes de una sola tinta, sin más adorno que pequeños cuadros repartidos a grandes trechos y pendientes de gruesos cordones, todo un lujo barnizado y sutil que parecía obra de carpinteros. Avergonzábase de su propia estupefacción y de lo que había admirado en su casa como supremo lujo. «¡Lo que es la ignoransia!» Y al sentarse lo hizo con miedo, temiendo que la silla crujiese rota bajo su pesadumbre.

La presencia de doña Sol le hizo olvidar estas reflexiones. La vio como nunca la había visto, libre de mantilla y de sombrero, al aire la cabellera luminosa, que parecía justificar su nombre romántico. Los brazos de soberana blancura escapábanse de los embudos de seda de una túnica japonesa cruzada sobre el pecho, la cual dejaba al descubierto el arranque del cuello adorable, ligeramente ambarino, con las dos rayas que recuerdan el collar de la madre Venus. Al mover sus manos, brillaban con mágico resplandor piedras de todos colores engastadas en las sortijas de extrañas formas que llenaban sus dedos. En los frescos antebrazos tintineaban pulseras de oro, unas de filigrana oriental, con misteriosas inscripciones, otras macizas, de las que pendían amuletos y figurillas exóticas, como recuerdos de lejanos viajes.

Había colocado, al hablar, una pierna sobra otra con desenfado varonil, y en la punta de uno de sus pies danzaba una babucha roja, de alto tacón dorado, diminuta como un juguete y cubierta de gruesos bordados.

A Gallardo le zumbaban los oídos, se le nublaba la vista: sólo alcanzaba a distinguir unos ojos claros fijos en él con una expresión entre acariciadora e irónica. Para ocultar su emoción, sonreía enseñando los dientes: una carátula inmóvil de niño que quiere ser amable.

—No, señora... Muchas grasias. Aqueyo no valió la pena. Así se excusaba de las muestras de agradecimiento de doña
Sol por su hazaña de la otra tarde.

Poco a poco, Gallardo fue adquiriendo cierta serenidad. Hablaban de toros la dama y el apoderado, y esto dio al espada una repentina confianza. Ella le había visto matar varias veces, y se acordaba con exactitud de los principales incidentes. Gallardo sintió orgullo al pensar que aquella mujer le había contemplado en tales instantes y aún guardaba fresco el recuerdo en su memoria.

Había abierto una caja de laca con extrañas flores, y ofreció a los dos hombres cigarrillos de boquilla de oro, que exhalaban un perfume punzante y extraño.

—Tienen opio; son muy agradables.

Y encendió uno, siguiendo las espirales de humo con sus ojos verdosos, que adquirían al transparentar la luz un temblor de oro líquido.

El torero, habituado al bravo tabaco de la Habana, chupaba con curiosidad este cigarrillo. Pura paja; un placer de señoras. Pero el extraño perfume esparcido por el humo pareció desvanecer lentamente su timidez.

Doña Sol, mirándole fijamente, le hacía preguntas sobre su vida. Deseaba conocer los bastidores de la gloria, el foso de la celebridad, la vida errante y miserable del torero antes de llegar a la aclamación pública; y Gallardo, con súbita confianza, hablaba y hablaba, relatando sus primeros tiempos, deteniéndose con soberbia delectación en la humildad de su origen, aunque omitiendo lo que consideraba vergonzoso en su adolescencia aventurera.

—¡Muy interesante... muy original!—decía la hermosa señora.

Y apartando sus ojos del torero, perdíanse éstos en vagorosa contemplación, como si se fijasen en algo invisible.

—¡El primer hombre del mundo!—exclamaba don José con brutal entusiasmo—. Créame usted, Sol, no hay dos mozos como éste. ¿Y su resistencia para las cogidas?...

Satisfecho de la fortaleza de Gallardo, como si fuese su progenitor, enumeraba las heridas que llevaba recibidas, describiéndolas como si las viese a través de las ropas. Los ojos de la dama le seguían en este paseo anatómico con sincera admiración. Un verdadero héroe; tímido, encogido y simplote, como todos los fuertes.

El apoderado habló de retirarse. Eran más de las siete, y a él le esperaban en su casa. Pero doña Sol púsose de pie con sonriente violencia, como si quisiera oponerse a su marcha. Debía quedarse. Comerían con ella: una invitación de confianza. Aquella noche no esperaba a nadie. El marqués y su familia se habían ido al campo.

—Estoy solita... Ni una palabra más: yo mando. Se quedarán ustedes a hacer penitencia conmigo.

Y como si sus órdenes no pudieran admitir réplica, salió de la habitación.

El apoderado protestaba. No: él no podía quedarse; había llegado de fuera aquella misma tarde, y su familia apenas le había visto. Además, tenía invitados a dos amigos. En cuanto a su matador, le parecía natural y correcto que no se marchase. Realmente, la invitación era para él.

—Pero ¡quédese usted al menos!—decía angustiado el espada—. ¡Mardita sea!... No me deje usté solo. No sabré qué haser; no sabré qué desir.

Un cuarto de hora después volvió a aparecer doña Sol, pero con distinto aspecto, sin la negligencia exótica con que los había recibido, vistiendo uno de aquellos trajes enviados de París, modelos de Paquin, que eran la desesperación y el asombro de parientas y amigas.

Don José volvió a insistir. Se iba, era inevitable; pero su matador se quedaba. El se encargaría de avisar a su casa para que no lo esperasen.

Otra vez Gallardo hizo un gesto angustioso; pero se tranquilizó con la mirada del apoderado.

—¡Descuida!—murmuró éste al ir hacia la puerta—. ¿Crees que soy un chiquillo?... Diré que comes con unos aficionados de Madrid.

¡El tormento que sufrió el espada en los primeros momentos de la comida!... Intimidábale el lujo grave y señorial de aquel comedor, en el que parecían perdidos la dama y él, sentados frente a frente en mitad de la gran mesa, junto a enormes candelabros de plata con bujías de luz eléctrica y pantallas rosa. Inspirábanle respeto los imponentes criados, ceremoniosos e impasibles, como si estuvieran habituados a los hechos más extraordinarios y no pudiera asombrarles nada de su señora. Se avergonzaba de su traje y sus maneras, adivinando el rudo contraste entre aquel ambiente y su aspecto.

Pero esta primera impresión de miedo y encogimiento se desvaneció poco a poco. Doña Sol reía de su parquedad, del miedo con que tocaba a los platos y las copas. Gallardo acabó por admirarla. ¡Vaya un diente el de la rubia! Acostumbrado a los remilgos y abstenciones de las señoritas que había conocido, las cuales creían de mal tono comer mucho, asombrábase de la voracidad de doña Sol y de la distinción con que cumplía sus funciones nutritivas. Desaparecían los bocados entre sus labios de rosa sin dejar huella de su paso; funcionaban sus mandíbulas sin que este gesto disminuyese la hermosa serenidad del rostro; llevábase la copa a la boca sin que la más leve gota de líquido quedase como perla de color en sus comisuras. Así comían seguramente las diosas.

Gallardo, animado por el ejemplo, comió, y sobre todo, bebió mucho, buscando en los varios y ricos vinos un remedio para aquella cortedad, que le hacia permanecer como avergonzado ante la dama, sin otro recurso que sonreír a todo, repitiendo: «Muchas grasias.»

La conversación se animó. El espada, sintiéndose locuaz, hablaba de graciosos incidentes de la vida toreril, acabando por contar las originales propagandas del *Nacional* y las hazañas de su picador *Potaje*, un bárbaro que se tragaba enteros los huevos duros, tenía media oreja de menos, por habérsela arrancado un compadre de un mordisco, y al ser conducido contuso a las enfermerías de las plazas caía en la cama con tal peso de hierros y músculos, que atravesaba los colchones con sus enormes espuelas y luego había que desclavarlo como si fuese un Cristo.

—¡Muy original… muy interesante!

Doña Sol sonreía escuchando los detalles de la existencia de aquellos hombres rudos, siempre a vueltas con la muerte, y a los que había admirado hasta entonces de lejos.

El champaña acabó de trastornar a Gallardo, y cuando se levantó de la mesa dio el brazo a la dama, asustándose de su propia audacia. ¿No se hacía así en el gran mundo?… El no era tan ignorante como parecía a primera vista.

En el salón donde les sirvieron el café vio el espada una guitarra, la misma, sin duda, con que daba sus lecciones el maestro *Lechuzo*. Doña Sol se la ofreció, invitándole a que tocase algo.

—¡Si no sé!… ¡Si soy lo más singrasia der mundo, fuera de matar toros!…

Lamentábase de que no estuviese presente el puntillero de su cuadrilla, un muchacho que traía locas a las mujeres con sus manos de oro para rasguear la guitarra.

Quedaron los dos en largo silencio. Gallardo estaba en un sofá, chupando el magnífico habano que le había ofrecido un criado. Doña Sol fumaba uno de aquellos cigarrillos cuyo perfume la sumía en vaga somnolencia. Pesaba sobre el torero la torpeza de la digestión, cerrando su boca y no permitiéndole otro signo de vida que una sonrisa de estúpida fijeza.

La señora, fatigada, sin duda, del silencio en el que se perdían sus palabras, fue a sentarse ante un piano de cola, y las teclas, heridas con viril empuje, lanzaron el ritmo alegre de unas malagueñas.

—¡Olé!… Eso está güeno; pero mu güeno—dijo el torero repeliendo su torpeza.

Y tras las malagueñas sonaron unas sevillanas, y luego todos los cantos andaluces, melancólicos y de oriental ensueño, que doña Sol había recopilado en su memoria, como entusiasta de las cosas de la tierra.

Gallardo interrumpía la música con sus exclamaciones, lo mismo que cuando estaba junto al tablado de un café cantante. —¡Vaya por esas manitas de oro! ¡A ver otra!... —¿Le gusta a usted la música?—preguntó la dama.

¡Oh, mucho!... Gallardo nunca se había hecho esta pregunta hasta entonces, pero indudablemente le gustaba.

Doña Sol pasó lentamente del ritmo vivo de los cantos populares a otra música más lenta, más solemne, que el espada, en su sabiduría filarmónica, reconoció como «música de iglesia».

Ya no lanzaba exclamaciones de entusiasmo. Sentíase invadido por una deliciosa inmovilidad; cerrábanse sus ojos; adivinaba que, por poco que durase este concierto, iba a dormirse.

Para evitarlo, Gallardo contemplaba a la hermosa señora, vuelta de espaldas a él. ¡Qué cuerpo, madre de Dios! Sus ojos africanos fijábanse en la nuca de redonda blancura, coronada por una aureola de pelos de oro locos y rebeldes. Una idea absurda danzaba en su embotado pensamiento, manteniéndolo despierto con el cosquilleo de la tentación.

«¿Qué haría esta gachí si yo me levantase, y, pasito a pasito, fuese a darle un beso en ese morrillo tan rico?... »

Pero sus propósitos no pasaban de un mal pensamiento. Le inspiraba aquella mujer un respeto irresistible. Se acordaba, además, de las palabras de su apoderado: de la arrogancia con que sabía espantar a los moscones molestos; de aquel jueguecito aprendido en el extranjero que la hacía manejar a un hombrón como si fuese un guiñapo... Siguió contemplando la blanca nuca, como una luna envuelta en nimbo de oro, al través de las nieblas que tendía el sueño ante sus ojos. ¡Iba a dormirse! Temía que de pronto un ronquido grosero cortase esta música incomprensible para él, y que, por lo mismo, debía ser magnífica. Se pellizcaba las piernas para espabilarse; extendía los brazos; cubríase la boca con una mano para ahogar sus bostezos.

Pasó mucho tiempo. Gallardo no estaba seguro de si había llegado a dormir. De pronto sonó la voz de doña Sol, sacándole de su penosa somnolencia. Había dejado a un lado el cigarrillo de azules espirales, y con una media voz que acentuaba las palabras, dándolas temblores apasionados, cantaba acompañándose de las melodías del piano.

El torero avanzó los oídos para entender algo... Ni una palabra. Eran canciones extranjeras. «¡Mardita sea! ¿Por qué no un tango o una soleá?... Y aún querrían que un cristiano no se durmiese.»

Doña Sol ponía los dedos en el teclado, mientras sus ojos vagaban en lo alto, echando la cabeza atrás, temblándole el firme pecho con los suspiros musicales.

Era la plegaria de Elsa, el lamento de la virgen rubia pensando en el hombre fuerte, el bello guerrero, invencible para los hombres y dulce y tímido con las mujeres.

Soñaba despierta al cantar, poniendo en sus palabras temblores de pasión, subiéndole a los ojos una lacrimosidad emocionante. El hombre sencillo y fuerte, el guerrero, tal vez estaba detrás de ella... ¿Por qué no?

No tenía el aspecto legendario del otro, era rudo y torpe; pero ella veía aún, con la limpieza de un recuerdo enérgico, la gallardía con que días antes había corrido en su auxilio, la sonriente confianza con que había peleado con una fiera mugidora, lo mismo que los héroes wagnerianos peleaban con dragones espantosos. Sí; él era «su» guerrero.

Y sacudida desde los talones hasta la raíz de los cabellos por un miedo voluptuoso, dándose por vencida de antemano, creía adivinar el dulce peligro que avanzaba a sus espaldas. Veía al héroe, al paladín, levantarse lentamente del sofá, con sus ojos de árabe fijos en ella; sentía sus pasos cautelosos; percibía sus manos al posarse sobre sus hombros; luego, un beso de fuego en la nuca, una marca de pasión que la sellaba para siempre, haciéndola su sierva... Pero terminó la romanza sin que nada ocurriese, sin que sintiera en su dorso otra impresión que sus propios estremecimientos de miedoso deseo.

Decepcionada por este respeto, hizo girar el taburete del piano, y cesó la música. El guerrero estaba frente a ella hundido en el sofá, con una cerilla en la mano, intentando encender por cuarta vez el cigarro y abriendo desmesuradamente los ojos para defenderse del entorpecimiento de sus sentidos.

Al verla fijos los ojos en él, Gallardo se puso de pie... ¡Ay! ¡el momento supremo iba a llegar! El héroe marchaba hacia ella para estrujarla con varonil apasionamiento, para vencerla, haciéndola suya.

—Güeñas noches, doña Zol... Me voy, es tarde. Usté querrá descansar.

A impulsos de la sorpresa y el despecho, ella también se puso de pie, y sin saber lo que hacía, le tendió la mano... ¡Torpe y sencillo como un héroe!

Pasaron atropelladamente por su pensamiento todos los convencionalismos femeniles, los reparos tradicionales, que no olvida ninguna mujer ni aun en los momentos de mayor abandono. No era posible su deseo... ¡La primera vez que entraba en su casa! ¡Ni el más leve simulacro de resistencia!... ¡Ir ella a él!... Pero al estrechar la mano del espada vio sus ojos; unos ojos que sólo sabían mirar con apasionada fijeza, confiando a la muda tenacidad sus esperanzas tímidas, sus deseos silenciosos.

—No te vayas... Ven: ¡ven!

Y no dijo más.

Capítulo 4

Una gran satisfacción para su vanidad vino a unirse a los numerosos motivos que hacían que Gallardo sintiérase orgulloso de su persona.

Cuando hablaba con el marqués de Moraima contemplábalo con un cariño casi filial. Aquel señor vestido como un hombre del campo, rudo centauro de zajones y fuerte garrocha, era un ilustre personaje que podía cubrirse el pecho de bandas y cruces y vestir en el palacio de los reyes una casaca llena de bordados con una llave de oro cosida a un faldón. Sus más remotos ascendientes habían llegado a Sevilla con el monarca que expulsó a los moros, recibiendo como premio de sus hazañas inmensos territorios quitados al enemigo, restos de los cuales eran las vastas llanuras en las que pacían actualmente los toros del marqués. Sus abuelos más próximos habían sido amigos y consejeros de los monarcas, gastando en el fausto de la corte una gran porción de su patrimonio. Y este gran señor bondadoso y franco, que guardaba en la llaneza de su vida campesina la distinción de su ilustre ascendencia, era para Gallardo algo así como un pariente próximo.

El hijo del remendón enorgullecíase lo mismo que si hubiese entrado a formar parte de la noble familia. El marqués de Moraima era su tío; y aunque no pudiera confesarlo públicamente ni el parentesco fuese legítimo, consolábase pensando en el dominio que ejercía él sobre una hembra de la familia, gracias a unos amoríos que parecían reírse de todas las leyes y prejuicios de raza. Primos suyos eran también, y parientes en grado más o menos cercano, todos aquellos señoritos que antes le acogían con la familiaridad un tanto desdeñosa con que los aficionados de rango hablan a los toreros, y a los que ahora comenzaba él a tratar como si fuesen sus iguales.

Acostumbrado a que doña Sol hablase de ellos con la familiaridad del parentesco, Gallardo creía vejatorio para su persona no tratarlos con igual confianza.

Su vida y sus costumbres habían cambiado. Entraba poco en los cafés de la calle de las Sierpes, donde se reunían los aficionados. Eran buenas gentes, sencillas y entusiastas, pero de poca importancia: pequeños comerciantes, obreros que se habían convertido en patronos, modestos empleados, vagos sin profesión que vivían milagrosamente de ocultos expedientes, sin otro oficio conocido que hablar de toros.

Pasaba Gallardo ante los ventanales de los cafés, saludando a sus entusiastas, que le respondían con grandes manoteos para que entrase. «Ahora güervo.» Y no volvía, pues se metía en una sociedad de la misma calle, un club aristocrático, con domésticos de calzón corto, imponente decoración gótica y servicios de plata sobre la mesa.

El hijo de la señora Angustias conmovíase con una sensación de vanidad cada vez que pasaba entre los criados, erguidos militarmente dentro de sus fracs negros, y un servidor imponente como un magistrado, con cadena de plata al cuello, pretendía tomarle el sombrero y el bastón. Daba gusto rozarse con tanta gente distinguida. Los jóvenes, hundidos en altos sitiales de drama romántico, hablaban de caballos y mujeres y llevaban la cuenta de cuantos desafíos se realizaban en España, pues todos eran hombres de honor quisquilloso y obligatoria valentía. En un salón interior se tiraba a las armas; en otro se jugaba desde las primeras horas de la tarde hasta después de salido el sol. Toleraban a Gallardo como una originalidad del club, porque era torero «decente», vestía bien, gastaba dinero y tenía buenas relaciones.

—Es muy ilustrado—decían los socios con gran aplomo, reconociendo que sabía tanto como ellos.

La personalidad de don José el apoderado, simpática y bien emparentada, servía de garantía al torero en esta nueva existencia. Además, Gallardo, con su malicia de antiguo chicuelo de la calle, sabía hacerse querer de esta juventud brillante, en la que encontraba los parientes a docenas.

Jugaba mucho. Era el medio mejor para estar en contacto con su nueva familia, estrechando las relaciones. Jugaba y perdía, con la mala suerte de un hombre afortunado en otras empresas. Pasaba las noches en la «sala del crimen», como llamaban a la pieza del juego, y rara vez conseguía ganar. Su mala suerte era motivo de vanidad para el club.

—Anoche llevó paliza el *Gallardo*—decían los socios—. Lo menos perdió once mil pesetas.

A este prestigio de «punto» de fuerza, así como la serenidad con que abandonaba el dinero, hacía que le respetasen sus nuevos amigos, viendo en él un firme sostenedor del juego de la sociedad.

La nueva pasión se apoderó rápidamente del espada. Domináronle las emociones del juego, hasta el punto de hacerle olvidar algunas veces a la gran señora, que era para él lo más interesante del mundo. ¡Jugar con lo mejor de Sevilla! ¡Verse tratado como un igual por los señoritos, con la fraternidad que crean los préstamos de dinero y las emociones comunes!... Una noche se desprendió de golpe sobre la mesa verde una gran lámpara de globos eléctricos que iluminaba la pieza. Hubo obscuridad y barullo, pero en esta confusión sonó imperiosa la voz de Gallardo.

—¡Carma, señores! Aquí no ha pasao na. Continúa la partida. Que traigan velas.

Y la partida continuó, admirándole los compañeros de juego por su enérgica oratoria más aún que por los toros que mataba.

Los amigos del apoderado preguntábanle sobre las pérdidas de Gallardo. Se iba a arruinar; lo que ganaba en los toros se lo comería el juego. Pero don José sonreía desdeñoso, pluralizando la gloria de su matador.

—Para este año tenemos más corridas que nadie. Nos vamos a cansar de matar toros y ganar dinero... Dejad que el niño se divierta. Para eso trabaja y es quien es... ¡El primer hombre del mundo!

Consideraba don José como una gloria más de su ídolo el que la gente admirase la serenidad con que perdía el dinero. Un matador no podía ser igual a los demás hombres, que andan a vueltas con los céntimos. Por algo ganaba lo que quería.

Además, satisfacíale como un triunfo propio, como algo que era obra suya, el verle metido en un Círculo donde no todos podían entrar.

—Es el hombre del día—decía con aire agresivo a los que criticaban las nuevas costumbres de Gallardo—. No va con granujas ni se mete en tabernas, como otros matadores. ¿Y qué hay con eso? Es el torero de la aristocracia, porque quiere y puede... Lo demás son envidias.

En su nueva existencia, Gallardo no sólo frecuentaba el club, sino que algunas tardes se metía en la sociedad de los *Cuarenta y cinco*. Era a modo de un Senado de la tauromaquia. Los toreros no encontraban fácil acceso en sus salones, quedando así en libertad los respetables próceres de la afición para emitir sus doctrinas.

Durante la primavera y el verano reuníanse los *Cuarenta y cinco* en el vestíbulo de la sociedad y parte de la calle, sentados en sillones de junco, a esperar los telegramas de las corridas. Creían poco en las opiniones de la prensa; además, necesitaban conocer las noticias antes de que saliesen en los periódicos. Llegaban a la caída de la tarde telegramas de todos los lugares de la Península donde se había celebrado corrida, y los socios, luego de escuchar su lectura con religiosa gravedad, discutían, levantando suposiciones sobre el laconismo telegráfico.

Era una función que les llenaba de orgullo, elevándolos sobre los demás mortales, esta de permanecer tranquilamente sentados a la puerta de la sociedad tomando el fresco y saber de una manera cierta, sin exageraciones interesadas, lo que había ocurrido aquella tarde en la Plaza de Toros de Bilbao, en la de la Coruña, la de Barcelona o la de Valencia, las orejas que había alcanzado un matador, las silbas que se había llevado otro, mientras sus conciudadanos vivían en la más triste de las ignorancias y paseaban por las calles teniendo que aguardar la noche con la salida de los periódicos. Cuando «había hule» y llegaba un telegrama anunciando la terrible cogida de un torero de la tierra, la emoción y la solidaridad patriótica ablandaban a los respetables senadores, hasta el punto de participar a cualquier transeúnte amigo el importante secreto. La noticia circulaba instantáneamente por los cafés de la calle de las Sierpes, y nadie la ponía en duda. Era un telegrama recibido en los *Cuarenta y cinco*.

El apoderado de Gallardo, con su entusiasmo agresivo y ruidoso, turbaba la gravedad social; pero le toleraban por ser antiguo amigo, y acababan riendo de «sus cosas». Les era imposible a aquellas personas sesudas discutir tranquilamente con don José sobre el mérito de los toreros. Muchas veces, al hablar de Gallardo, «un chico valiente pero con poco arte», miraban temerosos hacia la puerta.

—Que viene Pepe—decían, y la conversación quedaba rota.

Entraba Pepe agitando sobre su cabeza el papel de un telegrama.

—¿Tienen ustedes noticias de Santander?... Aquí están: Gallardo, dos estocadas dos toros, y en el segundo la oreja. Nada; lo que yo digo: ¡el primer hombre del mundo!

El telegrama de los *Cuarenta y cinco* era distinto muchas veces, pero el apoderado apenas pasaba por él una mirada de desprecio, estallando en ruidosa protesta.

—¡Mentira! ¡Todo envidia! Mi papel es el que vale. Aquí lo que hay es rabia porque mi niño quita muchos moños.

Y los socios acababan riendo de don José, llevándose un dedo a la frente para indicarle su locura, bromeando sobre el primer hombre del mundo y su gracioso apoderado.

Poco a poco, como inaudito privilegio, consiguió introducir a Gallardo en la sociedad. Llegaba el torero con el pretexto de buscar a su apoderado, y acababa sentándose entre aquellos señores, muchos de los cuales no eran amigos suyos y habían escogido «su matador» entre los espadas rivales.

La decoración de la casa social tenía «carácter», como decía don José: altos zócalos de azulejos árabes, y en las paredes, de inmaculada nitidez, vistosos carteles anunciadores de antiguas corridas, cabezas disecadas de toros famosos por el número de caballos que mataron o por haber herido a un torero célebre, capotes de lujo y estoques regalados por ciertos espadas al «cortarse la coleta» retirándose de la profesión.

Los criados, vestidos de frac, servían a los señores en trajes de campo o despechugados durante las calurosas tardes de verano. En Semana Santa y otras grandes fiestas de Sevilla, cuando ilustres aficionados de toda España se presentaban a saludar a los *Cuarenta y cinco*, la servidumbre iba de calzón corto y peluca blanca, con librea roja y amarilla. De esta guisa, como lacayos de casa real, servían las bateas de manzanilla a los ricos señores, algunos de los cuales habían suprimido la corbata.

Por las tardes, al presentarse el decano, el ilustre marqués de Moraima, los socios formaban círculo en profundos sillones, y el famoso ganadero ocupaba un asiento más alto que los otros, a modo de trono, desde el cual presidía la conversación. Comenzaban siempre hablando del tiempo. Eran en su mayor parte ganaderos y ricos labradores, que vivían pendientes de las necesidades de la tierra y las variaciones del cielo. El marqués exponía las observaciones de su sabiduría, adquirida en interminables cabalgadas por la llanura andaluza, desierta, inmensa, de dilatados horizontes, como un mar de tierra, en el que eran los toros a modo de adormecidos tiburones que marchaban lentamente entre las oleadas de hierbajos. Siempre veía en la calle, al dirigirse al Círculo, un papelito movido por el viento, y esto le servía de base para sus predicciones. La sequía, cruel calamidad de las llanuras andaluzas, les hacía discurrir tardes enteras; y cuando, después de largas semanas de expectación, el cielo encapotado soltaba algunas gotas gruesas y calientes, los grandes señores campesinos sonreían gozosos, frotándose las manos, y el marqués decía sentenciosamente, mirando los anchos redondeles que mojaban la acera:

—¡La gloria e Dió!... Ca gota de esas es una monea de sinco duros.

Cuando el tiempo no les preocupaba, eran las reses el objeto de su conversación, y especialmente los toros, de los que hablaban con ternura, como si estuviesen ligados a ellos por un parentesco de raza. Los ganaderos escuchaban con respeto las opiniones del marqués, reconociendo el prestigio de su fortuna superior. Los simples aficionados que no salían de la ciudad admiraban su pericia de criador de reses bravas. ¡Lo que sabía aquel hombre!... Mostrábase convencido de la grandeza de sus funciones al hablar de los cuidados que exigen los toros. De cada diez becerros, ocho o nueve eran destinados a la carne, luego de tentarlos para apreciar su fiereza. Sólo uno o dos que se mostraban ante el hierro de la garrocha bravucones y acometedores pasaban a ser considerados como animales de lidia, viviendo aparte, con toda clase de cuidados. ¡Y qué cuidados!...

—Una ganaería de toros bravos—decía el marqués—no debe ser negosio. Es un lujo. Le dan a uno por un toro de corrías cuatro o sinco veses más que por un buey de carnicería... ¡pero lo que cuesta!

Había que cuidarlo a todas horas, preocuparse de los pastos y las aguas, trasladarlo de un sitio a otro con los cambios de temperatura.

Cada toro costaba más que el mantenimiento de una familia. Y cuando estaba ya en sazón, había que cuidarlo hasta el último momento, para que no se desgraciase y se presentara en el redondel honrando la divisa de la ganadería que ondeaba en su cuello.

El marqués, en ciertas plazas, había llegado a pelearse con empresarios y autoridades, negándose a dar sus reses porque la banda de música estaba colocada sobre los toriles. El ruido de los instrumentos aturdía a los nobles animales, quitándoles bravura y serenidad cuando salían a la plaza.

—Son lo mismo que nosotros—decía con ternura—. Sólo les farta el habla... ¡Qué digo como nosotros! Los hay que valen más que una persona.

Y hablaba de *Lobito*, un toro viejo, un cabestro, asegurando que no lo vendería aunque le diesen por él Sevilla entera con su Giralda. Apenas llegaba galopando por las vastas dehesas a la vista de la torada en que vivía esta joya, bastábale un grito para llamar su atención. «¡*Lobito*!... » Y *Lobito*, abandonando a sus compañeros, venía al encuentro del marqués, mojando con su hocico bondadoso las botas del jinete, y eso que era un animal de gran poder y le tenían miedo los demás de la torada.

Desmontábase el ganadero, y sacando de las alforjas un pedazo de chocolate, se lo daba a *Lobito*, que movía agradecido el testuz, armado de unos cuernos descomunales. Con un brazo apoyado en el cuello del cabestro, avanzaba el marqués, metiéndose tranquilamente en el grupo de toros, que se agitaban inquietos y feroces por la presencia del hombre. No había cuidado. *Lobito* marchaba como un perro, cubriendo al amo con su cuerpo, y miraba a todas partes, queriendo imponer respeto a los compañeros con sus ojos inflamados. Si alguno, más audaz, se acercaba a olisquear al marqués, encontrábase con los amenazantes cuernos del cabestro. Si varios se unían con pesada torpeza, impidiéndoles el paso, *Lobito* metía entre ellos el armado testuz, abriéndose calle.

Un gesto de entusiasmo y de ternura conmovía los labios afeitados del marqués y las blancas patillas al recordar los altos hechos de algunos animales salidos de sus dehesas.

—¡El toro!... ¡El animá más noble der mundo! Si los hombres se le paresiesen, mejor andaría too. Ahí tienen ustés al pobre *Coronel*. ¿Se acuerdan de aquella alhaja?

Y señalaba una gran fotografía con lujoso marco, que le representaba a él en traje de monte, mucho más joven, rodeado de varias niñas vestidas de blanco, y sentados todos en el centro de una pradera sobre un montón negruzco, a un extremo del cual se destacaban unos cuernos. Este banco obscuro e informe, de agudo dorso, era *Coronel*. Grandote y bravucón para los compañeros de torada, mostrábase de una servidumbre cariñosa con el amo y su familia. Era como esos mastines feroces con los extraños, a los cuales los niños de la casa tiran de la cola y las orejas, aguantando con ronquidos de bondad todas sus diabluras. El marqués llevaba junto a él a sus hijas, que eran de corta edad, y el animal olisqueaba las blancas faldillas de las pequeñas, agarradas temerosamente a las piernas de su padre, hasta que, con la repentina audacia de la niñez, acababan rascándole el hocico. «¡Echate, *Coronel*!» *Coronel* descansaba sobre sus patas dobladas, y la familia sentábase en sus costillares, agitados por el ru-ru de fuelle de su poderosa respiración...

Un día, después de muchas vacilaciones, lo vendió el marqués para la plaza de Pamplona, y asistió a la corrida. El de Moraima conmovíase recordando el suceso; sus ojos se ponían mates con el empañamiento de la emoción. No había visto en su vida toro como aquel. Salió a la arena guapamente y se quedó plantado en mitad de ella, con el asombro de la luz después de la lobreguez del toril y del bullicio de miles de personas luego del silencio de los corrales. Pero así que le pinchó un picador, pareció llenar la plaza entera con su grandiosa bravura.

—No hubo para él ni hombres, ni cabayos, ni na. En un momento tumbó toos los jamelgos, enviando por el aire a los piqueros. Los peones corrían; la plaza era un herraero. El público pedía más cabayos, y *Coronel*, en los medios, esperaba que se acercase alguien, pa yevárselo por delante. No se verá na como aquéyo, de nobleza y de poer. Bastaba que lo citasen pa que acudiese, entrando con una nobleza y un arranque que gorvía loco al público. Cuando tocaron a matar, con catorce puyazos que yevaba en el cuerpo y las banderiyas completas, estaba tan guapo y tan valiente como si no hubiese salió de la dehesa. Entonces...

El ganadero, al llegar a este punto, deteníase siempre, para afirmar su voz, que se hacía trémula.

Entonces… el marqués de Moraima, que estaba en un palco, se vio, sin saber cómo, detrás de la barrera, entre los mozos, que corrían con la agitación de la accidentada lidia, y cerca del maestro, que preparaba su muleta con cierta calma, como queriendo retardar el momento de verse frente a frente con un animal de tanto poder. «¡*Coronel!*», gritó el marqués sacando medio cuerpo fuera de la barrera y golpeando las tablas con las manos.

El animal no se movía, pero levantaba la cabeza con estos gritos, lejanos recuerdos de un país que no volvería a ver. «¡*Coronel!*» Hasta que, volviendo la cabeza, vio a un hombre que le llamaba desde la barrera, y le acometió en línea recta. Pero en mitad de la carrera refrenó el paso y se aproximó lentamente, hasta tocar con sus cuernos los brazos tendidos hacia él. Llegaba con el pescuezo barnizado de rojo por los hilillos de sangre que se escapaban de los palos hincados en su cuello y los desgarrones de la piel, en los cuales quedaba al descubierto el músculo azul. «¡*Coronel!* ¡Hijo mío!… » Y el toro, como si comprendiese estas explosiones de ternura, alzaba el hocico, mojando con su baba las patillas del ganadero. «¿Por qué me has traído aquí?», parecían decir sus ojos fieros inyectados de sangre. Y el marqués, sin saber lo que hacía, besó varias veces las narices de la bestia, húmedas por los bufidos rabiosos.

«¡Que no lo maten!», gritó una buena alma en los tendidos; y como si estas palabras reflejaran el pensamiento de todo el público, una explosión de voces conmovió la plaza, al mismo tiempo que millares de pañuelos aleteaban en los tendidos como bandas de palomas. «¡Que no lo maten!» En aquel instante, la muchedumbre, movida por confusa ternura, despreciaba su propia diversión, aborrecía al torero con su traje vistoso y su heroicidad inútil, admiraba el valor de la bestia, y sentíase inferior a ella, reconociendo que, entre tantos miles de racionales, la nobleza y la sensibilidad estaban representadas por el pobre animal.

—Me lo yevé—decía conmovido el marqués—. Le degorví al empresario sus dos mil pesetas. Mi hasienda entera le hubiese dao. Al mes de pastar en la dehesa ya no le quedaban ni señales en el morriyo… Quise que aquel valiente muriese de viejo; pero los buenos no prosperan en este mundo. Un toro marrajo, que no era capaz de mirarlo de frente, lo mató a traisión de una corná.

El marqués y sus compañeros en la crianza de reses pasaban rápidamente de esta ternura con las bestias al orgullo que les infundía su fiereza. Había que ver el desprecio con que hablaban de los enemigos de las corridas, de los que vociferan contra este arte en nombre de la protección a los animales. ¡Disparates de extranjeros! ¡Errores de ignorantes, que sólo distinguen a los animales por los cuernos, y consideran lo mismo a un buey de matadero que a un toro de corrida!

El toro español era una fiera: la fiera más valerosa del mundo. Y hacían memoria de los numerosos combates entre toros y temibles felinos, seguidos siempre del triunfo ruidoso de la fiera nacional.

El marqués reía al acordarse de otra de sus bestias. Preparaban en una plaza el combate de un toro con un león y un tigre de cierto domador famoso, y el ganadero envió a *Barrabás*, animal perverso al que tenía aparte en la dehesa, pues andaba a cornadas con los compañeros y llevaba muertas muchas reses.

—También vi yo eso—decía el de Moraima—. Una gran jaula de jierro en medio del reondel, y *Barrabás* en ella. Le suertan primero el león, y el mardito animal, aprovechándose de la farta de malicia del toro, sarta sobre su cuarto trasero y empieza a desgarrarlo con las uñas y los dientes. Brincaba *Barrabás* hecho una furia para despegárselo y tenerlo ante los cuernos, que es donde está la defensa. Por fin, en una de sus regüertas, consiguió echarse por delante al león, enganchándole, y ¡cabayeros!... ¡lo mismo que una pelota! Se lo pasó de pitón a pitón un buen rato, zarandeándolo como un dominguiyo, hasta que al fin, como si lo despreciase, lo arrojó a un lao, y ayí permaneció el que yaman «rey de los animales» hecho un oviyo, quejándose como un gato al que han dao un palo... Le suertan aluego el tigre, y la cosa fue más corta. Apenas asomó la jeta, lo enganchó *Barrabás*, echándolo por alto, y después de bien zarandeao fue al rincón, como el otro, enroscándose y haciéndose el chiquito... Y aquel *Barrabás*, que era un guasón de mala sangre, se paseó, hizo sus necesidades sobre las dos fieras, y cuando los domadores las sacaron no tuvieron bastante con una espuerta de serrín, pues el mieo las había hecho sortar too lo que yevaban en el cuerpo.

En los *Cuarenta y cinco*, estos recuerdos provocaban siempre grandes risas. ¡El toro español!... ¡Fierecitas a él!... Y había en sus gozosas exclamaciones una expresión de orgullo nacional, como si el arrogante valor de la fiera española significase igualmente la superioridad de la tierra y de la raza sobre el resto del mundo.

Cuando Gallardo comenzó a frecuentar la sociedad, un nuevo motivo de conversación interrumpía las interminables discusiones sobre toros y labores del campo.

En los *Cuarenta y cinco*, lo mismo que en toda Sevilla, se hablaba del *Plumitas*, un bandido célebre por sus audacias, al que cada día proporcionaban nueva fama los esfuerzos inútiles de los perseguidores. Relataban los periódicos sus genialidades como si fuese un personaje nacional; sufría el gobierno interpelaciones en las Cortes, prometiendo una captura pronta, que jamás llegaba; concentrábase la Guardia civil, movilizándose un verdadero ejército para su persecución, mientras el *Plumitas*, siempre solo, sin más auxiliares que su carabina y su jaca andariega, deslizábase como un fantasma por entre los que le iban a los alcances, les hacía frente cuando no eran muchos, tendiendo alguno sin vida, y era reverenciado y ayudado por los pobres del campo, tristes siervos de la enorme propiedad, que veían en el bandido un vengador de los hambrientos, un justiciero pronto y cruel, a modo de los antiguos jueces armados de punta en blanco de la caballería andante. Exigía dinero a los ricos, y con gestos de actor que se ve contemplado por inmenso público, socorría de vez en cuando a una pobre vieja, a un jornalero cargado de familia. Estas generosidades eran agrandadas por los comentarios de la muchedumbre rural, que tenía a todas horas el nombre de *Plumitas* en los labios, pero era ciega y muda cuando preguntaban por él los soldados del orden.

Pasaba de una provincia a otra con la facilidad de un buen conocedor del terreno, y los propietarios de Sevilla y Córdoba contribuían por igual a su sostenimiento. Transcurrían semanas enteras sin que se hablase del bandido, y repentinamente se presentaba en un cortijo o hacía su entrada en un pueblo, despreciando el peligro.

En los *Cuarenta y cinco* se tenían noticias directas de él, lo mismo que si fuese un matador de toros.

—El *Plumitas* estuvo anteayer en mi cortijo—decía un rico labrador—. El mayoral le dio treinta duros, y se fue luego de almorzar.

Toleraban pacientemente esta contribución, y no comunicaban las noticias mas que a los amigos. Una denuncia representaba declaraciones y toda clase de molestias. ¿Para qué?... La Guardia civil perseguía inútilmente al bandido, y al enfadarse éste con los denunciantes, los bienes quedaban a merced de su venganza, sin protección alguna.

El marqués hablaba del *Plumitas* y sus hazañas sin escándalo alguno, sonriendo, como si se tratase de una calamidad natural e inevitable.

—Son probes muchachos que han tenío una desgracia y se van ar campo. Mi padre (que en paz descanse) conoció al famoso José María y almorzó con él dos veces. Yo me he tropezao con muchos de menos fama, pero que anduvieron por ahí haciendo maldades. Son lo mismo que los toros: gente noblota y simple. Sólo acometen cuando los pinchan, creciéndose con el castigo.

El había dado orden en sus cortijos y en todas las chozas de pastores de sus vastos territorios para que entregasen al *Plumitas* lo que pidiese; y según contaban mayorales y vaqueros, el bandido, con su antiguo respeto de hombre del campo por los amos buenos y generosos, hablaba los mayores elogios de él, ofreciéndose a matar si alguien ofendía al «zeñó marqué» en lo más mínimo.

¡Pobre mozo! Por una miseria, que era lo que solicitaba al presentarse cansado y hambriento, no valía la pena de irritarlo, atrayéndose su venganza.

El ganadero, que galopaba solo por las llanuras donde pacían sus toros, tenía la sospecha de haberse cruzado varias veces con el *Plumitas*, sin conocerlo. Debía ser alguno de aquellos jinetes de pobre aspecto que encontraba en la soledad del campo, sin ningún pueblo en el horizonte, y que se llevaban la mano al mugriento sombrero, diciendo con respetuosa llaneza:

—Vaya usté con Dió, zeñó marqué.

El de Moraima, al hablar del *Plumitas*, fijábase algunas veces en Gallardo, el cual, con una vehemencia de neófito, indignábase contra las autoridades porque no sabían proteger la propiedad.

—El mejó día se te presenta en *La Rinconá*, chiquiyo—decía el marqués con su grave sorna andaluza.

—¡Mardita sea!... Pues no me hace gracia, zeñó marqué. ¡Hombre! ¿y pa eso paga uno tanta contribución?...

No; no le hacía gracia tropezarse con aquel bandido en sus excursiones a *La Rinconada*. El era un valiente matando toros, y en la plaza se olvidaba de la vida; pero estos profesionales de matar hombres le inspiraban la inquietud de lo desconocido.

Su familia estaba en el cortijo. La señora Angustias amaba la existencia campestre, después de una vida transcurrida en la miseria de los tugurios urbanos. Carmen también gustaba de la vida del campo. Su carácter de mujer hacendosa la impulsaba a ver de cerca los trabajos del cortijo, gozando las dulzuras de la posesión al apreciar sus extensas propiedades. Además, los niños del talabartero, aquellos sobrinos que suplían cerca de ella el vacío de la infecundidad, necesitaban para su salud el aire del campo.

Gallardo había enviado a su familia a vivir en el cortijo por algún tiempo, prometiendo unirse a ella, pero retardaba el viaje con toda clase de pretextos. Vivía en su casa de la ciudad, sin otra compañía que la de *Garabato*, llevando una existencia de soltero, que le permitía completa libertad en las relaciones con doña Sol.

Creía aquella época la mejor de su vida. Algunas veces llegaba a olvidarse de la existencia de *La Rinconada* y de sus habitantes.

Montados en briosos caballos, salían doña Sol y él, con los mismos trajes que el día en que se conocieron, unas veces solos y otras en compañía de don José, que parecía amortiguar con su presencia el escándalo de las gentes ante esta exhibición. Iban a ver toros en las dehesas próximas a Sevilla, a tentar becerros en las vacadas del marqués, y doña Sol, entusiasta del peligro, enardecíase cuando un toro joven, en vez de huir, revolvíase contra ella sintiéndose picado por la garrocha, y la acometía, teniendo que acudir Gallardo en su auxilio.

Otras veces dirigíanse a la estación del Empalme, si se anunciaba algún encajonamiento de toros para las plazas que daban corridas extraordinarias a fines de invierno.

Doña Sol examinaba curiosamente este lugar, el más importante centro de exportación de la industria taurina. Eran extensos corrales inmediatos a la vía férrea. Enormes cajones de madera gris montados sobre ruedas y con dos puertas levadizas alineábanse a docenas, aguardando la buena época de las expediciones, o sea las corridas del verano.

Estos cajones habían viajado por toda la Península llevando en su interior un toro bravo hasta una plaza lejana y volviendo de vacío, para alojar en sus entrañas otro y otro.

El engaño ideado por el hombre, la astuta destreza humana, conseguían manejar fácilmente, como una mercancía, a estas fieras habituadas a la libertad del campo. Llegaban los toros que habían de ser expedidos en el tren galopando por una ancha y polvorienta carretera entre dos alambrados de agudas puntas. Venían de lejanas dehesas, y al llegar al Empalme, sus conductores les hacían emprender una carrera desaforada, para engañarlos mejor en el ímpetu de la velocidad.

Delante marchaban a todo galope de sus caballos los mayorales y pastores con la pica al hombro, y tras ellos corrían los prudentes cabestros, cubriendo a los conductores con sus astas enormes de reses viejas. A continuación trotaban los toros bravos, las fieras destinadas a la muerte, marchando «bien arropadas», o lo que es lo mismo, rodeadas de toros mansos que evitaban se apartasen del camino, y de fuertes vaqueros que corrían honda en mano, prontos a saludar con una pedrada certera al par de cuernos que se separase del grupo.

Al llegar a los corrales, los jinetes delanteros se apartaban, quedando fuera de la puerta, y todo el tropel de toros, avalancha de polvo, patadas, bufidos y cencerreos, metíase en el recinto con ímpetu arrollador, cerrándose prontamente las vallas sobre el rabo del último animal. Gentes a horcajadas en los muros o asomadas a unas galerías los azuzaban con sus gritos o agitando los sombreros. Atravesaban el primer corral sin darse cuenta de su encierro, como si corriesen aún en campo libre. Los cabestros, aleccionados por la experiencia y obedientes a los pastores, quedábanse a un lado apenas atravesaban la puerta, dejando pasar tranquilamente el torbellino de toros que corría detrás bufando sobre su cuarto trasero. Estos sólo se detenían, con asombro e incertidumbre, en el segundo corral, viendo ante ellos la pared y encontrando, al revolverse, la puerta cerrada.

Comenzaba entonces el encajonamiento. Uno a uno eran dirigidos los toros, con tremolar de trapos, gritos y golpes de garrocha, hacia una callejuela, en mitad de la cual estaba colocado el cajón de viaje con las dos puertas levantadas. Era a modo de un pequeño túnel, al extremo del cual se veía el espacio libre de otros corrales, con hierba en el suelo y cabestros que paseaban placenteramente: una ficción de la lejana dehesa, que atraía a la fiera.

Avanzaba ésta lentamente por el callejón, como si husmease el peligro, temiendo poner sus pies en la suave rampa de madera que corregía la altura del encierro montado sobre ruedas. Adivinaba el toro un peligro en este pequeño túnel que se presentaba ante él como paso obligado. Sentía en su parte trasera los continuos pinchazos que le soltaban desde las galerías, obligándolo a avanzar; veía ante él dos filas de gentes asomadas a los balconajes, las cuales le excitaban con sus manoteos y silbidos. Del techo del cajón, donde se ocultaban los carpinteros, prontos a dejar caer las compuertas, pendía un trapo rojo, agitándose en el rectángulo de luz encuadrado por la salida del cajón. Los pinchazos, los gritos, el bulto informe que danzaba ante sus ojos como desafiándole y la vista de sus tranquilos compañeros que pastaban al final del pasadizo, acababan por decidirle. Tomaba carrera para atravesar el pequeño túnel, hacía temblar con su peso la rampa de tablas, pero apenas entraba en aquél, caía la compuerta delantera, y antes de que pudiese retroceder escurríase también la de detrás.

Sonaba el fuerte herraje de los cierres, y la bestia se veía sumida en la obscuridad y el silencio, prisionera en un pequeño espacio donde sólo le era posible acostarse sobre sus patas. Por una trapa del techo caían sobre ella brazadas de forraje, empujaban los mozos el calabozo ambulante sobre sus pequeñas ruedas, llevándolo al cercano ferrocarril, e inmediatamente otro cajón era colocado en el pasadizo, repitiéndose el engaño, hasta que quedaban listos para emprender el viaje todos los animales de la corrida.

Doña Sol admiraba, con su entusiasmo hambriento de «color», estos procedimientos de la gran industria nacional, y quería imitar a los mayorales y vaqueros. Gustábale la vida al aire libre, galopando por las inmensas llanuras seguidas de agudos cuernos y huesudas testas que podían dar la muerte con sólo un leve movimiento. Bullía en su alma la afición al pastoreo que todos llevamos en nosotros como herencia ancestral de remotos ascendientes, en la época en que el hombre, no sabiendo explotar las entrañas de la tierra, vivía de reunir a las bestias, sustentándose de sus despojos. Ser pastor, pero pastor de fieras, era para doña Sol la más interesante y heroica de las profesiones.

Gallardo, desvanecida la primera embriaguez de su buena suerte, contemplaba asombrado a la dama en las horas de mayor intimidad, preguntándose si serían iguales todas las señoras del gran mundo.

Sus caprichos, sus veleidades de carácter, le tenían aturdido. No se atrevía a tutearla: no, eso no. Nunca lo había incitado ella a tal familiaridad, y una vez que quiso él intentarlo, torpe la lengua y trémula la voz, vio en sus ojos de dorado resplandor tal expresión de extrañeza, que retrocedió avergonzado, volviendo al antiguo tratamiento.

Ella, en cambio, le hablaba de tú, lo mismo que los grandes señores amigos del torero; pero esto sólo era en la intimidad, pues cuando tenía que escribirle una breve carta avisándole que no pasase por su casa por tener que salir con sus parientes, le trataba de usted, y no había en su estilo otras expresiones de afecto que las fríamente corteses que se dedican a un amigo de clase inferior.

—¡Esa gachí!... —murmuraba Gallardo, descorazonado—. Paese que ha vivío siempre con granujas que enseñaban sus cartas a too er mundo, y tié mieo. Cualquiera diría que no me cree cabayero porque soy un mataor.

Otras originalidades de la gran señora traían enfurruñado y triste al torero. A lo mejor, al presentarse en su casa, uno de aquellos criados que parecían grandes señores venidos a menos le cerraba el paso fríamente: «La señora no está. La señora ha salido.» Y él adivinaba que era mentira, presintiendo a doña Sol a corta distancia de él, al otro lado de puertas y cortinajes. Sin duda se cansaba, sentía una aversión repentina hacia él, y próximo el momento de la visita, daba orden a los criados para que no le recibiesen.

—¡Vaya, se acabó el carbón!—decíase el espada al retirarse—. Ya no güervo más. Esta gachí no se divierte conmigo.

Y cuando volvía, avergonzábase de haber creído en la posibilidad de no ver más a doña Sol. Le recibía tendiéndole los brazos, estrujándolo entre sus blancas y firmes durezas de hembra belicosa, la boca algo torcida por una crispación de deseo, los ojos agrandados y vagos, con una luz extraña que parecía reflejar mentales desarreglos.

—¿Por qué te perfumas?—protestaba ella, como si percibiese los más repugnantes hedores—. Es una cosa indigna de ti... Yo quiero que huelas a toro, que huelas a caballo... ¡Qué olores tan ricos! ¿No te gustan?... ¡Di que sí, Juanín, bestia de Dios, animal mío!

Gallardo, una noche, en la dulce penumbra del dormitorio de doña Sol, sintió cierto miedo oyéndola hablar y viendo sus ojos.

—Tengo deseos de correr a cuatro patas. Quisiera ser toro y que tú te pusieras delante de mí, estoque en mano. ¡Flojas cornadas ibas a llevarte! ¡Aquí... aquí!

Y con los puños cerrados, a los que comunicaba su nerviosidad una nueva fuerza, marcaba terribles golpes en el busto del torero, cubierto sólo con una elástica de seda. Gallardo se echaba atrás, no queriendo confesar que una mujer podía hacerle daño.

—No; toro no. Ahora quisiera ser perro... un perro de pastor, con unos colmillos así de largos, y salirte al camino y ladrarte. «¿Ven ustedes ese fachendoso que mata fieras y que el público dice que es muy valiente? Pues ¡me lo como! ¡Me lo como así! ¡Haam!»

Y con histérica delectación clavó sus dientes en un brazo del torero, martirizando su hinchado bíceps. El espada lanzó una blasfemia, a impulsos del dolor, desasiéndose de aquella mujer hermosa y semidesnuda, con la cabeza erizada de serpientes de oro, como una bacante ebria.

Doña Sol pareció despertar.

—¡Pobrecito! Le han hecho daño. ¡Y he sido yo!... ¡yo, que a veces estoy loca! Déjame que te bese el mordisco, para curártelo. Déjame que te bese todas esas cicatrices tan monas. ¡Pobre de mí brutito, que le han hecho pupa!

Y la hermosa furia volvíase humilde y tierna, arrullando al torero con gestos de gata.

Gallardo, que entendía el amor a la antigua usanza, con intimidades iguales a las de la vida matrimonial, jamás consiguió pasar una noche entera en casa de doña Sol. Cuando creía sometida a la hembra en fuerza de amorosas generosidades, estallaba la orden imperiosa, el despego de la repugnancia física.

—Márchate. Necesito estar sola. Ya sabes que no puedo aguantarte. Ni a ti ni a nadie. ¡Los hombres! ¡qué asco!...

Y Gallardo emprendía la fuga humillado y triste por los caprichos de esta mujer incomprensible.

Una tarde, el torero, viéndola inclinada a las confidencias, sintió curiosidad por su pasado, queriendo conocer a los reyes y los grandes personajes que, al decir de la gente, habían transcurrido por la existencia de doña Sol.

Esta respondió a su curiosidad con una mirada fría de sus ojos claros.

—¿Y a ti qué te importa eso?... ¿Tienes, acaso, celos?... Y aunque fuese verdad, ¿qué?...

Permaneció silenciosa largo rato, con la mirada vaga: su mirada de locura, acompañada siempre de pensamientos absurdos.

—Tú debes haber pegado a las mujeres—dijo mirándole con curiosidad—. No lo niegues. ¡Si eso me interesa mucho!... A tu mujer, no; sé que es muy buena.

Quiero decir a las otras mujeres, a todas esas que tratáis los toreros: a las hembras que aman con más furia cuanto más las golpean. ¿No? ¿De veras que no has pegado nunca?

Gallardo protestaba con una dignidad de hombre valeroso, incapaz de maltratar a los que no fuesen fuertes como él. Doña Sol mostraba cierta decepción ante sus explicaciones.

—Un día me has de pegar. Quiero saber lo que es eso—dijo con resolución.

Pero se entenebreció su gesto, se juntaron sus cejas, y un fulgor azulado animó el polvillo de oro de sus pupilas.

—No, bruto mío; no me hagas caso: no lo intentes. Saldrías perdiendo.

El consejo era justo, y Gallardo tuvo ocasión de acordarse de él. Un día, en momentos de intimidad, bastó una caricia algo ruda de sus manos de luchador para despertar la furia de aquella mujer que atraía al hombre y lo odiaba al mismo tiempo. «¡Toma!» Y su diestra, cerrada y dura como una maza, dio un golpe de abajo arriba en la mandíbula del espada, con una seguridad que parecía obedecer a determinadas reglas de esgrima.

Gallardo quedó aturdido por el dolor y la vergüenza, mientras la dama, como si comprendiese lo extemporáneo de su agresión, intentaba justificarla con una fría hostilidad.

—Es para que aprendas. Yo sé lo que sois vosotros los toreros. Me dejaría atropellar una vez, y acabarías zurrándome todos los días, como a una gitana de Triana... Bien está lo hecho.

Hay que conservar las distancias.

Una tarde, al principio de la primavera, volvían los dos de una tienta de becerros en una dehesa del marqués. Este, con un grupo de jinetes, marchaba por la carretera.

Doña Sol, seguida del espada, metió su caballo por las praderas, gozándose en la blanda impresión que comunicaba el almohadillado de la hierba a las patas de las cabalgaduras.

El sol agonizante teñía de suave carmesí el verde de la llanura, espolvoreado de blanco y amarillo por las flores silvestres. Sobre esta extensión, en la que todos los colores tomaban un tono rojizo de lejano incendio, marcábanse las sombras de los caballos y los jinetes estrechas y prolongadas. Las garrochas que llevaban al hombro eran tan gigantescas en la sombra, que su línea obscura perdíase en el horizonte. A un lado brillaba el curso del río como una lámina de acero enrojecida medio oculta entre hierbas.

Doña Sol miró a Gallardo con ojos imperiosos.

—Cógeme de la cintura.

El espada obedeció, y así marcharon, con los caballos juntos, unidos los dos jinetes del talle arriba. La dama contemplaba sus sombras confundidas avanzando sobre la mágica luz de la pradera, con el cabeceo de una lenta marcha.

—Parece que vivimos en otro mundo—murmuró—, un mundo de leyenda: algo así como las praderas que se ven en los tapices. Una escena de libros de caballerías: el paladín y la amazona que viajan juntos con la lanza al hombro, enamorados y en busca de aventuras y peligros. Pero tú no entiendes de esto, bestia de mi alma. ¿Verdad que no me comprendes?

El torero sonrió, mostrando sus dientes sanos y fuertes, de luminosa blancura. Ella, como atraída por su ruda ignorancia, aumentó el contacto de los cuerpos, dejando caer la cabeza sobre uno de sus hombros y estremeciéndose con el cosquilleo de la respiración de Gallardo en los músculos de su cuello.

Así caminaron en silencio. Doña Sol parecía adormecida en el hombro del torero. De pronto se abrieron sus ojos, brillando en ellos la expresión extraña que era precursora de las más raras preguntas.

—Di: ¿no has matado nunca a un hombre?

Gallardo se agitó, llegando en su asombro a despegarse de doña Sol. ¡Quién! ¿él?... Nunca. Era un buen muchacho, que había seguido su carrera sin hacer daño a nadie. Apenas si se había peleado con los camaradas de las capeas cuando se quedaban con los cuartos por ser más fuertes. Unas cuantas bofetadas en ciertas disputas con los compañeros de profesión; un botellazo en un café: estas eran todas sus hazañas. Le inspiraba un respeto invencible la vida de las personas. Los toros eran otra cosa.

—¿De suerte, que no has tenido nunca ganas de matar a un hombre?... ¡Y yo que creía que los toreros... !

Se ocultó el sol, perdió la pradera su fantástica iluminación, se apagó el río, y la dama vio obscuro y vulgar el paisaje de tapiz que tanto había admirado. Los otros jinetes marchaban lejos, y ella espoleó su caballo para unirse al grupo, sin decir una palabra al espada, como si no se diese cuenta de que la seguía.

En las fiestas de Semana Santa volvió a la ciudad la familia de Gallardo. El espada toreaba en la corrida de Pascua. Era la primera vez que iba a matar en presencia de doña Sol después que la conocía, y esto preocupábale, haciendo que dudase de sus fuerzas.

Además, no podía torear en Sevilla sin sentir cierta emoción. Aceptaba un fracaso en cualquier plaza de España, pensando que no volvería a ella en mucho tiempo; ¡pero en su tierra, donde estaban sus mayores enemigos!...

—A ver si te luces—decía el apoderado—. Piensa en los que te van a ver. Quiero que quedes como el primer hombre del mundo.

El sábado de Gloria se verificó a altas horas de la noche el encierro de las reses destinadas a la corrida, y doña Sol quiso asistir como piquero a esta operación, que ofrecía el encanto de realizarse en la sombra. Los toros habían de ser conducidos desde la dehesa de Tablada a los corrales de la plaza.

Gallardo no asistió, a pesar de sus deseos de acompañar a doña Sol. Se opuso el apoderado, alegando lo necesario que le era descansar, para encontrarse fresco y vigoroso en la tarde siguiente. A media noche, el camino que conduce de la dehesa a la plaza estaba animado como una feria. En las quintas iluminábanse las ventanas, pasando por ellas sombras agarradas, moviéndose con el contoneo del baile al son de los pianos. En las ventas, las puertas rojas extendían un rectángulo de luz sobre el suelo obscuro, y en su interior sonaban gritos, risas, rasgueo de guitarras, choques de cristales, adivinándose que circulaba el vino en abundancia.

Cerca de la una de la madrugada pasó por la carretera un jinete con menudo trote. Era el «aviso», un rudo pastor que se detenía ante las ventas y las casas iluminadas, anunciando que el encierro iba a pasar antes de un cuarto de hora, para que apagasen las luces y quedara todo en silencio.

Este mandato en nombre de la fiesta nacional era obedecido con más presteza que una orden de la autoridad. Quedaban a obscuras las casas, confundiendo su blancura con la lóbrega masa de los árboles; callaban las gentes, agrupándose invisibles tras las verjas, empalizadas y alambrados, con el silencio del que aguarda algo extraordinario. En los paseos inmediatos al río extinguíanse uno a uno los faroles de gas conforme avanzaba el pastor dando gritos anunciadores del encierro.

Permaneció todo en silencio. Arriba, sobre las masas de la arboleda, centelleaban los astros en la densa calma del espacio; abajo, a ras de tierra, notábase un leve movimiento, un susurro contenido, como si en la sombra se revolviesen enjambres de insectos. La espera pareció larguísima, hasta que en el fresco silencio sonaron muy lejanos los graves tintineos de unos cencerros. ¡Ya venían! ¡Iban a llegar!...

Aumentó el estruendo de los cobres, acompañado de un galopar confuso que hacía estremecerse el suelo. Pasaron al principio algunos jinetes, que parecían gigantescos en la obscuridad, a todo correr de sus caballos, con la lanza baja. Eran los pastores. Luego, un grupo de garrochistas de afición, entre los cuales galopaba doña Sol, palpitante por esta carrera loca al través de las sombras, en la cual un paso en falso de la cabalgadura, una caída, significaba la muerte por aplastamiento bajo las duras patas del feroz rebaño que venía detrás, ciego en su desaforada carrera.

Sonaron furiosos los cencerros; las bocas abiertas de los espectadores, ocultos en la obscuridad, tragaron varios golpes de polvo, y pasó como una pesadilla el rebaño feroz, monstruos informes de la noche, que trotaban, pesados y ágiles a la vez, estremeciendo sus moles de carne, dando horrorosos bufidos, corneando a las sombras, asustados e irritados al mismo tiempo por los gritos de los zagales que los seguían a pie y por el galopar de los jinetes que cerraban la marcha acosándolos con sus picas.

El tránsito de esta tropa pesada y ruidosa duró sólo un instante. Ya no quedaba más que ver... La muchedumbre, satisfecha de este espectáculo fugaz después de larga espera, salía de sus escondrijos, y muchos entusiastas rompían a correr detrás del ganado, con la esperanza de ver su entrada en los corrales.

Al llegar cerca de la plaza echábanse a un lado los jinetes, dejando paso libre a las bestias, y éstas, con el impulso de su carrera y la rutina de seguir a los cabestros, metíanse en «la manga», callejón formado de empalizadas que las conducía a los corrales.

Los garrochistas de afición felicitábanse por el buen éxito del encierro. El ganado había venido «bien arropao», sin que un solo toro se distrajese ni apartase, dando que hacer a piqueros y peones. Eran animales de buena casta: lo mejorcito de la ganadería del marqués. Al día siguiente, si los maestros tenían vergüenza torera, iban a verse grandes cosas... Y con la esperanza de una buena fiesta, fueron retirándose jinetes y peones. Una hora después quedaban completamente solitarios los alrededores de la plaza, confundiéndose ésta en la obscuridad y guardando en sus entrañas las bestias feroces, que, tranquilas en el corral, volvían a reanudar el último sueño de su existencia.

A la mañana siguiente, Juan Gallardo se levantó temprano. Había dormido mal, con una inquietud que poblaba su sueño de pesadillas.

¡Que no le diesen a él corridas en Sevilla! En otras poblaciones vivía como un soltero, olvidado momentáneamente de la familia, en una habitación de hotel completamente extraña, que «no le decía» nada, pues nada tenía suyo. Pero vestirse el traje de lidia en su propio dormitorio, encontrando en sillas y mesas objetos que le recordaban a Carmen; salir hacia el peligro de aquella casa que había él levantado y contenía lo más íntimo de su existencia, le desconcertaba e infundía igual zozobra que si fuese por primera vez a matar un toro. Además, sentía el miedo a los compatriotas, con los cuales debía vivir siempre, y cuya opinión era más importante para él que los aplausos del resto de España. ¡Ay, el terrible momento de la salida, cuando, vestido por *Garabato* con el traje de luces, bajaba al patio silencioso! Los sobrinillos venían a él intimidados por los adornos brillantes de su vestidura, tocándolos con admiración, sin atreverse a hablar; la bigotuda de su hermana le daba un beso con gesto de terror, como si fuese a morir; la mamita se ocultaba en los cuartos más obscuros. No; no quería verle, sentíase enferma. Carmen mostrábase animosa, muy pálida, apretando los labios, azulados por la emoción, moviendo nerviosamente las pestañas para mantenerse serena; y cuando le veía ya en el vestíbulo, llevábase de pronto el pañuelo a los ojos, estremecido el cuerpo por las bascas de suspiros y llantos que no lograban salir, y su hermana y otras mujeres tenían que sostenerla para que no viniese al suelo.

Era para acobardar hasta al propio Roger de Flor de que hablaba su cuñado.

—¡Mardita sea!... ¡Vamos, hombre—decía Gallardo—, que ni por too el oro der mundo torearía uno en Seviya, si no fuese por el aquel de dar gusto a los paisanos y que no digan los sinvergüenzas que tengo mieo a los públicos de la tierra!

Al levantarse, anduvo el espada por la casa con un cigarrillo en la boca, desperezándose para probar si sus membrudos brazos conservaban su agilidad. Tomó en la cocina una copa de Cazalla, y vio a la mamita, siempre diligente a pesar de sus años y sus carnes, moviéndose cerca de los fogones, tratando con maternal vigilancia a las criadas, disponiéndolo todo para el buen gobierno de la casa.

Gallardo salió al patio, fresco, luminoso. Los pájaros canturreaban en el silencio matinal, saltando en sus jaulas doradas. Un chorro de sol descendía hasta las losas de mármol. Era un triángulo de oro que envolvía en su base la orla de hojas verdes de la fuente y el agua del tazón, burbujeante a impulsos de las redondas boquitas de unos peces rojos.

El espada vio casi tendida en el suelo a una mujer vestida de negro, con el cubo al lado, moviendo un trapo sobre las losas de mármol, que parecían resucitar sus colores bajo la húmeda caricia. La mujer levantó la cabeza.

—Güenos días, señó Juan—dijo con la familiaridad cariñosa que inspira todo héroe popular.

Y clavó en él con admiración la mirada de un ojo único. El otro perdíase bajo un oleaje de arrugas concéntricas que parecían afluir a la cuenca negruzca y hundida.

El señor Juan no contestó. Con nervioso impulso corrió a la cocina, llamando a la señora Angustias.

—Pero mamita, ¿quién es esa mujer, esa tuerta roía que está lavando er patio?

—¡Quién ha de sé, hijo!... Una probe. La asistenta se ha puesto mala, y he llamao a esa infeliz, que está cargá de hijos.

El torero mostrábase inquieto, con una expresión en la mirada de zozobra y de miedo. ¡Maldita sea! ¡Toros en Sevilla, y para colmo, la primera persona que se echaba a la cara... una tuerta! Vamos, hombre, que lo que le pasaba a él no le ocurría a nadie. Aquello no podía ser de peor pata. ¿Era que deseaban su muerte?...

Y la pobre mamita, aterrada por los tétricos pronósticos del torero y su vehemente enfado, intentaba sincerarse. ¿Cómo iba ella a pensar en eso? Era una pobre que necesitaba ganarse una peseta para los pequeños. Había que tener buen corazón y dar gracias a Dios porque se había acordado de ellos, librándolos de miserias iguales.

Gallardo acabó por tranquilizarse con estas palabras; el recuerdo de las antiguas privaciones le hizo ser tolerante con la pobre mujer. Bueno; que se quedase la tuerta, y que ocurriese lo que Dios quisiera.

Y atravesando el patio casi de espaldas para no encontrarse con el ojo temible de aquella hembra de mal agüero, el matador fue a refugiarse en su despacho, inmediato al vestíbulo.

Las paredes blancas, chapadas de azulejos árabes hasta la altura de un hombre, estaban adornadas con prospectos de corridas de toros impresos en sedas de diversos colores. Diplomas con vistosos títulos de asociaciones benéficas recordaban las corridas en que Gallardo había toreado gratuitamente para los pobres. Innumerables retratos del diestro, de pie, sentado, con la capa tendida o entrando a matar, atestiguaban el cuidado con que los periódicos reproducían los gestos y diversas actitudes del grande hombre. Sobre la puerta veíase un retrato de Carmen puesta de mantilla blanca, que hacía resaltar más aún la negrura de sus ojos, y con un golpe de claveles en la obscura cabellera. En el testero opuesto, sobre el sillón de la mesa-escritorio, parecía presidir el aspecto ordenado de la pieza una enorme cabeza de toro negro, con ojos de vidrio, narices brillantes de barniz, una mancha de pelos blancos en la frente y unos cuernos enormes, de fino remate, con una claridad marfileña en su base, que gradualmente iba obscureciéndose, hasta tomar la densidad de la tinta en las puntas agudísimas. *Potaje* el picador prorrumpía en imágenes poéticas de las suyas al contemplar la enorme astamenta de aquel animal. Eran tan grandes y tan separados sus cuernos, que un mirlo podía cantar en la punta de uno de ellos sin que le oyesen desde el otro.

Gallardo se sentó junto a la mesa, elegante y llena de bronces, sin encontrar en su superficie otra incorrección que el polvo de varios días. La escribanía, de tamaño colosal, con dos caballos metálicos, tenía el tintero blanco y limpio. Los vistosos palilleros, rematados por cabezas de perro, carecían de plumas. El grande hombre no necesitaba escribir. Don José, su apoderado, corría con todos los contratos y demás documentos profesionales, y él echaba las firmas, lentas y complicadas, en una mesilla del club de la calle de las Sierpes.

A un lado estaba la librería: un armario de roble con los cristales siempre cerrados, viéndose al través de ellos las imponentes filas de volúmenes, respetables por su tamaño y su brillantez.

Cuando don José comenzó a titular a su matador «el torero de la aristocracia», sintió Gallardo la necesidad de corresponder a esta distinción instruyéndose, para que sus poderosos amigos no rieran de su ignorancia, como les ocurría con otros compañeros de profesión. Un día entró en una librería con aire resuelto.

—Envíeme usté tres mil pesetas de libros.

Y como el librero quedara indeciso, cual si no le comprendiese, el torero afirmó enérgicamente:

—Libros, ¿me entiende usté?... Libros de los más grandes; y si no le paece mal, que tengan doraos.

Gallardo estaba satisfecho del aspecto de su biblioteca. Cuando hablaban en el club de algo que no llegaba a entender, sonreía con expresión de inteligencia, diciéndose:

—Eso debe estar en arguno de los libros que tengo en er despacho.

Una tarde de lluvia, en que estaba malucho de salud, vagando por la casa sin saber qué hacer, acabó por abrir el armario con una emoción sacerdotal y tiró de un volumen, el más grande, como si fuese un dios misterioso extraído de su santuario. Renunció a leer a los primeros renglones, y comenzó a pasar hojas, deleitándose con alegría infantil en la contemplación de las láminas: leones, elefantes, caballos de salvaje crin y ojos de fuego, asnos a fajas de colores, como si los hubiesen pintado con arreglo a falsilla... El torero avanzaba descuidado por el camino de la sabiduría, hasta que tropezó con los pintarrajeados anillos de una serpiente. ¡Huy! ¡La *bicha*, la fatídica *bicha*! Y convulsivamente cerró los dedos centrales de su mano, avanzando el índice y el meñique en forma de cuernos, para conjurar la mala suerte. Quiso seguir, pero todas las láminas representaban horrorosos reptiles, y acabó por cerrar el libro con manos trémulas y devolverlo al armario, murmurando: «¡Lagarto! ¡lagarto!» para desvanecer la impresión de este mal encuentro.

La llave de la librería andaba desde entonces por los cajones de la mesa, revuelta con impresos y cartas viejas, sin que nadie se acordase de ella. El espada no sentía la necesidad de leer. Cuando sus entusiastas llegaban con algún periódico taurino que «venía ardiendo», lo que significaba siempre ataques para sus rivales de profesión, Gallardo lo daba a leer a su cuñado o a Carmen, y escuchaba con sonrisa beatífica, mascullando el puro.

—¡Eso está güeno! Pero ¡qué plumita de oro tienen esos niños!...

Cuando los papeles «venían ardiendo» contra Gallardo, nadie se los leía, y el espada hablaba con desprecio de los que escriben sobre toreo y son incapaces de dar un mal capotazo en el redondel.

Este encierro en el despacho sólo sirvió para aumentar sus inquietudes de aquella mañana. Quedose contemplando, sin saber por qué, la testa del toro, y el recuerdo más penoso de su vida profesional acudió a su memoria. Era una satisfacción de vencedor tener en su despacho, visible a todas horas, la cabeza de aquella mala bestia. ¡Lo que le había hecho sudar en la plaza de Zaragoza! Gallardo creía a aquel toro con tanto saber como una persona. Inmóvil y con ojos de malicia diabólica, esperaba a que el espada se acercase, sin dejarse engañar por el trapo rojo, tirándole siempre al cuerpo. Los estoques iban por el aire, sin lograr herirle, despedidos por los cabezazos. El público se impacientaba, silbando e insultando al matador; éste iba detrás del toro, siguiéndole en sus movimientos de un lado a otro de la plaza, sabiendo que si entraba a matar derechamente sería él el muerto; hasta que, al fin, sudoroso y fatigado, aprovechó una ocasión para acabar con él por medio de un golletazo traidor, entre el escándalo de la muchedumbre, que arrojaba botellas y naranjas. ¡Una vergüenza este recuerdo!... Gallardo acabó por creer de tan mal agüero como el encuentro con la tuerta el permanecer en el despacho contemplando la testa de aquel bicho fatal.

—¡Mardito seas tú y el roío der amo que te crió! ¡Así se güerva veneno la hierba que coman toos los de tu raza!...

Garabato vino a avisarle que en el patio le esperaban unos amigos. Eran aficionados entusiastas: los partidarios que venían a visitarle en días de corrida. El espada olvidó instantáneamente todas sus preocupaciones, y salió sonriente, la cabeza atrás, el ademán arrogante, como si fuesen enemigos personalísimos aquellos toros que le esperaban en la plaza y deseara verse cuanto antes frente a ellos, echándolos a rodar con su certero estoque.

Comió poco y solo, como todos los días de corrida, y cuando comenzó a vestirse desaparecieron las mujeres. ¡Ay, cómo odiaban ellas los trajes luminosos guardados cuidadosamente en fundas de tela, vistosas herramientas con que se había fabricado el bienestar de la familia!...

La despedida fue, como otras veces, desconcertante y anonadadora para Gallardo. La fuga de las mujeres para no verle partir; la dolorosa entereza de

Carmen, que se esforzaba por mantenerse serena, acompañándole hasta la puerta; la curiosidad asombrada de los sobrinillos, todo irritaba al torero, arrogante y bravucón al ver llegada la hora del peligro.

—¡Ni que me yevasen a la horca! ¡Vaya, hasta luego! Tranquiliá, que no pasará na.

Y montó en el carruaje, abriéndose paso entre los vecinos y curiosos agrupados frente a la casa, los cuales deseaban mucha suerte al señor Juan.

Para la familia era más angustiosa la tarde cuando el espada toreaba en Sevilla. No tenían la resignación de otras veces, que les hacía aguardar pacientemente el anochecer con la llegada del telegrama. Aquí el peligro desarrollábase cerca, y esto despertaba el ansia de noticias, deseando saber la marcha de la corrida a cada cuarto de hora.

El talabartero, vestido como un señor, buen terno de lanilla clara y sedoso fieltro blanco, se ofrecía a las mujeres para enviar noticias, aunque estaba furioso contra la grosería de su ilustre cuñado. ¡Ni siquiera le había ofrecido un asiento en el coche de la cuadrilla para llevarlo a la plaza! A la terminación de cada toro que matase Juan enviaría razón de lo ocurrido con un chicuelo de los que pululaban en torno de la plaza.

La corrida fue un éxito ruidoso para Gallardo. Al entrar en el redondel y escuchar los aplausos de la muchedumbre, el espada se imaginó haber crecido.

Conocía el suelo que pisaba: le era familiar; lo creía suyo. La arena de los redondeles ejercía cierta influencia en su ánimo supersticioso. Recordaba las amplias plazas de Valencia y Barcelona, con su suelo blancuzco; la arena obscura de las plazas del Norte y la tierra rojiza del gran circo de Madrid. La arena de Sevilla era distinta de las otras: arena del Guadalquivir, de un amarillo subido, como si fuese pintura pulverizada. Cuando los caballos destripados soltaban su sangre sobre ella como un cántaro que se desfonda de golpe, Gallardo pensaba en los colores de la bandera nacional, los mismos que ondeaban en el tejado del circo.

Las plazas, con sus diversas arquitecturas, también influían en la imaginación del torero, agitada por las fantasmagorías de la inquietud. Eran circos de construcción más o menos reciente, unos de estilo romano, otros árabes, con la banalidad de las iglesias nuevas, donde todo parece vacío y sin color. La plaza de Sevilla era la catedral llena de recuerdos, animada por el roce de varias generaciones, con su portada de otro siglo—del tiempo en que los hombres llevaban peluca blanca—y su redondel de ocre que habían pisado los héroes más estupendos. Allí los gloriosos inventores de las suertes difíciles, los perfeccionadores del arte, los campeones macizos de la escuela rondeña, con su toreo reposado y correcto; los maestros ágiles y alegres de la escuela sevillana, con sus juegos y movilidades que arrebatan al público... y allí él, que en aquella tarde, embriagado por los aplausos, por el sol, por el bullicio y por la vista de una mantilla blanca y un pecho azul que avanzaban sobre la barandilla de un palco, sentíase capaz de las mayores audacias.

Gallardo pareció llenar el redondel con su movilidad y su atrevimiento, ansioso de vencer a todos los compañeros y que los aplausos fueran sólo para él. Nunca le habían visto tan grande los entusiastas. El apoderado, a cada una de sus proezas, gritaba puesto de pie, increpando a invisibles enemigos ocultos en las masas del tendido: «¡A ver quién se atreve a decir algo!... ¡El primer hombre del mundo!... »

El segundo toro que había de matar Gallardo lo llevó el *Nacional*, por orden suya, con hábiles capotazos, hasta el pie del palco donde estaba el traje azul y la mantilla blanca. Junto a doña Sol mostrábase el marqués con dos de sus hijas.

Anduvo Gallardo junto a la barrera con la espada y la muleta en una mano, seguido por las miradas de la muchedumbre, y al llegar frente al palco se cuadró, quitándose la montera. Iba a brindar su toro a la sobrina del marqués de Moraima. Muchos sonreían con expresión maliciosa. «¡Olé los niños con suerte!» Dio media vuelta, arrojando la montera al terminar el brindis, y esperó al toro, que le traían los peones con el engaño del capote. En muy corto espacio, procurando que la fiera no se alejase de este sitio, realizó el espada su faena. Quería matar bajo los ojos de doña Sol; que ésta le viese de cerca desafiando el peligro. Cada pase de muleta iba acompañado de exclamaciones de entusiasmo y gritos de inquietud. Las astas pasaban junto a su pecho; parecía imposible que saliese sin sangre de las acometidas del toro. De pronto se cuadró, con el estoque en línea avanzada, y antes de que el público pudiera manifestar sus opiniones con gritos y consejos, lanzose veloz sobre la fiera, formando un solo cuerpo por algunos instantes el animal y el hombre.

Cuando el espada se despegó del toro, quedando inmóvil, corrió éste con paso inseguro, bramadoras las narices, la lengua pendiente entre los labios y el rojo puño del estoque apenas visible en lo alto del ensangrentado cuello. Cayó a los pocos pasos, y el público púsose de pie a un tiempo, como si formase una sola pieza y lo moviese un resorte poderoso, estallando la granizada de los aplausos y la furia de las aclamaciones. ¡No había un valiente en el mundo igual a Gallardo!... ¿Habría sentido miedo alguna vez aquel mozo?...

El espada saludó ante el palco abriendo los brazos con el estoque y la muleta, mientras las manos de doña Sol, enguantadas de blanco, chocaban con la fiebre del aplauso.

Luego, un objeto rodó de espectador en espectador desde el palco hasta la barrera. Era un pañuelo de la dama, el mismo que llevaba en la mano, oloroso y diminuto rectángulo de batista y blondas, metido en una sortija de brillantes que regalaba al torero a cambio de su brindis.

Volvieron a estallar los aplausos con motivo de este regalo, y la atención del público, fija hasta entonces en el matador, se distrajo, volviendo muchos la espalda al redondel para mirar a doña Sol, elogiando su belleza a gritos, con la familiaridad de la galantería andaluza. Un pequeño triángulo peludo y todavía caliente subió de mano en mano desde la barrera al palco. Era una oreja del toro, que enviaba el matador como testimonio de su brindis.

Al terminar la fiesta se había esparcido ya por la ciudad la noticia del gran éxito de Gallardo. Cuando el espada llegó a su casa le esperaban los vecinos frente a la puerta, aplaudiéndole como si realmente hubiesen presenciado la corrida.

El talabartero, olvidando su enfado con el espada, admiraba a éste, más que por sus éxitos toreros, por sus valiosas relaciones de amistad. Tenía puesto el ojo hacía tiempo a cierto empleo, y no dudaba de conseguirlo ahora que su cuñado era amigo de lo mejor de Sevilla.

—Enséñales la sortija. Mia, Encarnación, qué regalito. ¡Ni er propio Roger de Flor!

Y la sortija pasaba entre las manos de las mujeres, admirándola éstas con exclamaciones de entusiasmo. Sólo Carmen hizo una mueca al verla. «Sí; muy bonita.» Y la pasó a su cuñada con presteza, como si le quemase las manos.

Después de esta corrida empezó para Gallardo la temporada de los viajes. Tenía más ajustes que en ninguno de los años anteriores. Luego de las corridas de Madrid debía torear en todas las plazas de España. Su apoderado estudiaba los horarios de los ferrocarriles, entregándose a interminables cálculos que habían de servir de guía a su matador.

Gallardo marchaba de éxito en éxito. Nunca se había sentido tan animoso. Parecía que llevaba dentro de él una nueva fuerza. Antes de las corridas acometíanle dudas crueles, incertidumbres semejantes al miedo, que no había conocido en su mala época, cuando empezaba a crearse un nombre; pero apenas se veía en la arena desvanecíanse estos temores y mostraba una audacia bárbara, acompañada siempre de buen éxito.

Después de su trabajo en cualquier plaza de provincias, volvía al hotel seguido de su cuadrilla, pues todos vivían juntos. Sentábase sudoroso, con la grata fatiga del triunfo, sin quitarse el traje de luces, y acudían los «inteligentes» de la localidad a felicitarle. Había estado «colosal». Era el primer torero del mundo. ¡Aquella estocada del cuarto toro!...

—¿Verdá que sí?—preguntaba Gallardo con orgullo infantil—. De veras que no estuvo malo aquéyo.

Y en la interminable verbosidad de toda conversación sobre toros transcurría el tiempo, sin que el espada y sus admiradores se fatigasen de hablar de la corrida de la tarde y de otras que se habían celebrado algunos años antes. Cerraba la noche, encendíanse luces, y los aficionados no se iban. La cuadrilla, siguiendo la disciplina torera, aguantaba silenciosa esta charla en un extremo de la habitación. Mientras el maestro no diese su permiso, los «chicos» no podían ir a desnudarse y a comer. Los picadores, fatigados por la armadura de hierro de sus piernas y las moledoras caídas del caballo, movían el recio castoreño entre sus rodillas; los banderilleros, presos en sus trajes de seda mojados de sudor, sentían hambre después de una tarde de violento ejercicio. Todos pensaban lo mismo, lanzando terribles ojeadas a los entusiastas: «Pero ¿cuándo se marcharán estos tíos «lateros»? ¡Mardita sea su arma!... »

Al fin, el matador se fijaba en ellos: «Pueen ustés retirarse.» Y la cuadrilla salía empujándose, como una escuela en libertad, mientras el maestro continuaba escuchando los elogios de los «inteligentes», sin acordarse de *Garabato*, que aguardaba silencioso el momento de desnudarlo.

En los días de descanso, el maestro, libre de las excitaciones del peligro y de la gloria, volvía su recuerdo a Sevilla. De tarde en tarde llegaba para él alguna de aquellas cartitas breves y perfumadas felicitándole por sus triunfos. ¡Ay, si tuviese con él a doña Sol!...

En esta continua correría de un público a otro, adorado por los entusiastas, que ansiaban hacerle grata la vida en la población, conocía mujeres y asistía a juergas organizadas en su honor. De estas fiestas salía siempre con el pensamiento turbado por el vino y una tristeza feroz que le hacía intratable. Sentía crueles deseos de maltratar a las hembras. Era un impulso irresistible de vengarse de la acometividad y los caprichos de la otra en personas de su mismo sexo.

Había momentos en que le era necesario confiar sus tristezas al *Nacional*, con ese impulso irresistible de confesión de todos los que llevan en el pensamiento un peso excesivo.

Además, el banderillero le inspiraba, lejos de Sevilla, un afecto mayor, una ternura refleja. Sebastián conocía sus amores con doña Sol, la había visto, aunque de lejos, y ella había reído muchas veces oyéndole relatar las originalidades del banderillero.

Este acogía con un gesto de austeridad las confidencias del maestro.

—Lo que tú debe hacé, Juan, es orviarte de esa señora. Mia que la paz de la familia vale más que too para los que vamos por er mundo, expuestos a gorver a casa inútiles pa siempre. Mia que Carmen sabe más de lo que tú crees. Ya está enterá de too. A mí mismo me ha sortao indiretas sobre lo tuyo con la sobrina del marqué... ¡La pobresita! ¡Es pecao que la hagas sufrir!... Ella tiene su genio, y si se suerta os dará un disgusto.

Pero Gallardo, lejos de la familia, con el pensamiento dominado por el recuerdo de doña Sol, parecía no comprender los peligros de que le hablaba el *Nacional*, y levantaba los hombros ante sus escrúpulos sentimentales. Necesitaba exteriorizar sus recuerdos, hacer partícipe al amigo de su pasada felicidad, con un impudor de amante satisfecho que desea ser admirado en su dicha.

—¡Es que tú no sabes lo que es esa mujer! Tú, Sebastián, eres un infeliz que no conoses lo que es güeno. ¿Ves juntas toas las mujeres de Seviya? Pues na. ¿Ves las de toos los pueblos donde hemos estao? Na tampoco. No hay mas que doña Zol. Cuando se conose una señora como esa, no quean ganas pa más... ¡Si la conosieses como yo, gachó! Las mujeres de nuestro brazo huelen a carne limpia, a ropa blanca. Pero ésta, Sebastián, ¡ésta!... Figúrate juntas toas las rosas de los jardines del Alcázar... No, es argo mejor: es jazmín, madreserva, perfume de enreaeras como las que habría en el huerto del Paraíso; y estos güenos olores vienen de aentro, como si no se los pusiera, como si fuesen de su propia sangre. Y aemás, no es una panoli de las que vistas una vez ya está visto too. Con ella siempre quea argo que desear, argo que se espera y no yega... En fin, Sebastián, no pueo explicarme bien... Pero tú no sabes lo que es una señora; así es que no me prediques y sierra el pico.

Gallardo ya no recibía cartas de Sevilla. Doña Sol estaba en el extranjero. La vio una vez, al torear en San Sebastián. La hermosa dama estaba en Biarritz, y vino en compañía de unas señoras francesas que deseaban conocer al torero. La vio una tarde. Se fue, y sólo supo de ella vagas noticias durante el verano, por las pocas cartas que recibió y por las nuevas que le comunicaba su apoderado luego de oír al marqués de Moraima.

Estaba en playas elegantes, cuyos nombres oía por primera vez el torero, siendo para él de imposible pronunciación; luego se enteró de que viajaba por Inglaterra; después, que había pasado a Alemania para oír unas óperas cantadas en un teatro maravilloso que sólo abría sus puertas unas cuantas semanas en el año. Gallardo desconfiaba de verla. Era un ave de paso, aventurera e inquieta, y no había que esperar que buscase otra vez su nido en Sevilla al volver el invierno.

Esta posibilidad de no encontrarla más entristecía al torero, revelando el imperio que aquella mujer había tomado sobre su carne y su voluntad. ¡No verla más! ¿Para qué, entonces, exponer la vida y ser célebre? ¿De qué servían los aplausos de las muchedumbres?...

El apoderado le tranquilizaba. Volvería: estaba seguro. Volvería, aunque sólo fuese por un año. Doña Sol, con todos sus caprichos de loca, era una mujer «práctica», que sabía cuidar de lo suyo. Necesitaba la ayuda del marqués para desenredar los enmarañados asuntos de su propia fortuna y la que su marido le había dejado, quebrantadas ambas por una larga y fastuosa permanencia lejos del país.

El espada volvió a Sevilla al finalizar el verano. Aún le quedaban un buen número de corridas que torear en el otoño, pero quiso aprovechar un descanso de cerca de un mes. La familia del espada estaba en la playa de Sanlúcar por la salud de dos de los sobrinillos, cuyas escrófulas necesitaban la cura del mar.

Gallardo se estremeció de emoción al anunciarle un día su apoderado que doña Sol acababa de llegar sin que nadie la esperase.

El espada fue a verla inmediatamente, y a las pocas palabras sintiose intimidado por su fría amabilidad y la expresión de sus ojos.

Le contemplaba como si fuese otro. Adivinábase en su mirada cierta extrañeza por el rudo exterior del torero, por la diferencia entre ella y aquel mocetón matador de bestias.

El también adivinaba este vacío que parecía abrirse entre los dos. La veía como si fuese distinta mujer: una gran dama de otro país y otra raza.

Hablaron tranquilamente. Ella parecía haber olvidado el pasado, y Gallardo no se atrevía a recordarlo ni osaba el menor avance, temiendo una de sus explosiones de cólera.

—¡Sevilla!—decía doña Sol—. Muy bonita... muy agradable. ¡Pero en el mundo hay más! Le advierto a usted, Gallardo, que el mejor día levanto el vuelo para siempre. Adivino que voy a aburrirme mucho. Me parece que me han cambiado mi Sevilla.

Ya no le tuteaba. Transcurrieron varios días sin que el torero se atreviese en sus visitas a recordar el pasado. Limitábase a contemplarla en silencio con sus ojos africanos, adorantes y lacrimosos.

—Me aburro... Voy a marcharme cualquier día—exclamaba la dama en todas las entrevistas.

Volvió otra vez el criado de gesto imponente a recibir al torero en la cancela, para decirle que la señora había salido, cuando él sabía ciertamente que estaba en casa.

Gallardo la habló una tarde de una breve excursión que debía hacer a su cortijo de *La Rinconada*. Necesitaba ver unos olivares que su apoderado había comprado durante su ausencia, uniéndolos a la finca. Debía también enterarse de la marcha de los trabajos.

La idea de acompañar al espada en esta excursión hizo sonreír a doña Sol por lo absurda y atrevida. ¡Ir a aquel cortijo donde pasaba la familia de Gallardo una parte del año! ¡Entrar, con el estruendo escandaloso de la irregularidad y del pecado, en aquel ambiente tranquilo de casero corral, donde vivía con los suyos el pobre mozo!...

Lo absurdo del deseo la decidió. Ella iría también: le interesaba ver *La Rinconada*.

Gallardo sintió miedo. Pensó en las gentes del cortijo, en los habladores, que podrían comunicar a la familia este viaje. Pero la mirada de doña Sol abatió todos sus escrúpulos. ¡Quién sabe!... Tal vez este viaje le devolviera a su antigua situación.

Quiso, sin embargo, oponer un último obstáculo a este deseo.

—¿Y el *Plumitas*?... Mie usté que ahora, según paece, anda por cerca de *La Rinconá*.

¡Ah, el *Plumitas*! El rostro de doña Sol, obscurecido por el aburrimiento, pareció aclararse con una llamarada interior.

—¡Muy curioso! Me alegraría de que usted pudiera presentármelo.

Gallardo arregló el viaje. Pensaba ir solo, pero la compañía de doña Sol le obligó a buscar un refuerzo, temiendo un mal encuentro en el camino.

Buscó a *Potaje*, el picador. Era muy bruto y no temía en el mundo mas que a la gitana de su mujer, que cuando se cansaba de recibir palizas intentaba morderle. A éste no había que darle explicaciones, sino vino en abundancia. El alcohol y las atroces caídas en el redondel le mantenían en perpetuo aturdimiento, como si la cabeza le zumbase, no permitiéndole mas que lentas palabras y una visión turbia de las cosas.

Ordenó también al *Nacional* que fuese con ellos: uno más, y de discreción a toda prueba.

El banderillero obedeció por subordinación, pero rezongando al saber que iba con ellos doña Sol.

—¡Por vía e la paloma azul!... ¡Y que un pare de familia se vea metío en estas cosas feas!... ¿Qué dirán de mí Carmen y la seña Angustias si yegan a enterarse?...

Cuando se vio en pleno campo, sentado al lado de *Potaje* en la banqueta de un automóvil, frente al espada y la gran señora, fue desvaneciéndose poco a poco su enfado.

No la veía bien, envuelta como iba en un gran velo azul que descendía de su gorra de viaje, anudándose sobre el gabán de seda amarilla; pero era muy hermosa... ¡Y qué conversación! ¡Y qué saber de cosas!...

Antes de la mitad del viaje, el *Nacional*, con sus veinticinco años de fidelidad casera, excusaba las debilidades del matador, explicándose sus entusiasmos. ¡El que se viera en el propio caso, y haría lo mismo!...

¡La instrucción!... Una gran cosa, capaz de infundir respetabilidad hasta a los mayores pecados.

Capítulo 5

—Que te iga quién es, o que se lo yeven los demonios. ¡Mardita sea la suerte!... ¿Es que no podrá uno dormir?...

El *Nacional* escuchó esta contestación al través de la puerta del cuarto de su maestro, y la transmitió a un peón del cortijo que aguardaba en la escalera.

—Que te iga quién es. Sin eso, el amo no se levanta.

Eran las ocho. El banderillero se asomó a una ventana, siguiendo con la vista al peón, que corría por un camino frente al cortijo, hasta llegar al lejano término del alambrado que circuía la finca. Junto a la entrada de esta valla vio un jinete empequeñecido por la distancia: un hombre y un caballo que parecían salidos de una caja de juguetes.

Al poco rato volvió el jornalero, luego de hablar con el jinete.

El *Nacional*, interesado por estas idas y venidas, le recibió al pie de la escalera.

—Ice que nesesita ve al amo—masculló atropelladamente el gañán—. Paece hombre de malas purgas. Ha icho que quié que baje en seguía, pues tié una rasón que darle.

Volvió el banderillero a aporrear la puerta del espada, sin hacer caso de las protestas de éste. Debía levantarse; para el campo era una hora avanzada, y aquel hombre podía traer un recado interesante.

—¡Ya voy!—contestó Gallardo con mal humor, sin moverse de la cama.

Volvió a asomarse el *Nacional*, y vio que el jinete avanzaba por el camino hacia el cortijo.

El peón salió a su encuentro con la respuesta. El pobre hombre parecía intranquilo, y en sus dos diálogos con el banderillero balbuceaba con una expresión de espasmo y de duda, no atreviéndose a manifestar su pensamiento.

Al unirse con el jinete, le escuchó breves momentos y volvió a desandar su camino, corriendo hacia el cortijo, pero esta vez con más precipitación.

El *Nacional* le oyó subir la escalera con no menos velocidad, presentándose ante él tembloroso y pálido.

—¡Es er *Plumitas*, señó Sebastián! Ice que es er *Plumitas*, y que nesesita hablá con el amo... Me lo dio er corasón denque le vi.

¡El *Plumitas*!... La voz del peón, a pesar de ser balbuciente y sofocada por la fatiga, pareció esparcirse por todas las habitaciones al pronunciar este nombre.

El banderillero quedó mudo por la sorpresa. En el cuarto del espada sonaron unos cuantos juramentos acompañados de roce de ropas y el golpe de un cuerpo que rudamente se echaba fuera del lecho. En el que ocupaba doña Sol notose también cierto movimiento que parecía responder a la estupenda noticia.

—Pero ¡mardita sea! ¿Qué me quié ese hombre? ¿Por qué se mete en *La Rinconá*? ¡Y justamente ahora!...

Era Gallardo, que salía con precipitación de su cuarto, sin más que unos pantalones y un chaquetón, puestos a toda prisa sobre sus ropas interiores. Pasó corriendo ante el banderillero, con la ciega vehemencia de su carácter impulsivo, y se echó escalera abajo, más bien que descendió, seguido del *Nacional*.

En la entrada del cortijo desmontábase el jinete. Un gañán sostenía las riendas de la jaca y los demás trabajadores formaban un grupo a corta distancia, contemplando al recién venido con curiosidad y respeto.

Era un hombre de mediana estatura, más bien bajo que alto, carilleno, rubio y de miembros cortos y fuertes. Vestía una blusa gris adornada de trencillas negras, calzones obscuros y raídos, con grueso refuerzo de paño en la entrepierna, y unas polainas de cuero resquebrajado por el sol, la lluvia y el lodo. Bajo la blusa, el vientre parecía hinchado por los aditamentos de una gruesa faja y una canana de cartuchos, a la que se añadían los volúmenes de un revólver y un cuchillo atravesados en el cinto. En la diestra llevaba una carabina de repetición. Cubría su cabeza un sombrero que había sido blanco, con los bordes desmayados y roídos por las inclemencias del aire libre. Un pañuelo rojo anudado al cuello era el adorno más vistoso de su persona.

Su rostro, ancho y mofletudo, tenía una placidez de luna llena. Sobre las mejillas, que delataban su blancura al través de la pátina del soleamiento, avanzaban las púas de una barba rubia no afeitada en algunos días, tomando a la luz una transparencia de oro viejo. Los ojos eran lo único inquietante en aquella cara bondadosa de sacristán de aldea: unos ojos pequeños y triangulares sumidos entre bullones de grasa; unos ojillos estirados, que recordaban los de los cerdos, con una pupila maligna de azul sombrío.

Al aparecer Gallardo en la puerta del cortijo lo reconoció inmediatamente y levantó su sombrero sobre la redonda cabeza.

—Güenos días nos dé Dió, señó Juan—dijo con la grave cortesía del campesino andaluz.

—Güenos días.

—¿La familia güena, señó Juan?

—Güena, grasias. ¿Y la de usté?—preguntó el espada, con el automatismo de la costumbre.

—Creo que güena también. Hase tiempo que no la veo.

Los dos hombres se habían aproximado, examinándose de cerca con la mayor naturalidad, como si fuesen dos caminantes que se encontraban en pleno campo. El torero estaba pálido y apretaba los labios para ocultar sus impresiones. ¡Si creía el bandolero que iba a intimidarle!... En otra ocasión tal vez le habría dado miedo esta visita; pero ahora, teniendo arriba lo que tenía, sentíase capaz de pelear con él, como si fuese un toro, tan pronto como anunciase malos propósitos.

Transcurrieron algunos instantes de silencio. Todos los hombres del cortijo que no habían salido a los trabajos de campo—más de una docena— contemplaban con un asombro que tenía algo de infantil a aquel personaje terrible, obsesionados por la tétrica fama de su nombre.

—¿Pueen yevar la jaca a la cuadra pa que descanse un poco?—preguntó el bandido.

Gallardo hizo una seña, y un mozo tiró de las riendas del animal, llevándoselo.

—Cuíala bien—dijo el *Plumitas*—. Mia que es lo mejor que tengo en er mundo, y la quiero más que a la mujer y a los chiquiyos.

Un nuevo personaje se unió al grupo que formaban el espada y el bandido en medio de la gente absorta.

Era *Potaje*, el picador, que salía despechugado, desperezándose con toda la brutal grandeza de su cuerpo atlético. Se frotó los ojos, siempre sanguinolentos e inflamados por el abuso de la bebida, y aproximándose al bandido, dejó caer una manaza sobre uno de sus hombros con estudiada familiaridad, como gozándose en hacerle estremecer bajo su garra y expresándole al mismo tiempo su bárbara simpatía.

—¿Cómo estás, *Plumitas*?

Le veía por primera vez. El bandido se encogió como si fuese a saltar bajo esta caricia ruda e irreverente y su diestra levantó el rifle. Pero los azules ojillos, fijándose en el picador, parecieron reconocerle.

—Tú eres *Potaje*, si no me engaño. Te he visto picá en Seviya en la otra feria. ¡Camará, qué caías! ¡Qué bruto eres!... ¡Ni que fueras de jierro durse!

Y como para devolverle el saludo, agarró con su mano callosa un brazo del picador, apretándole el bíceps con sonrisa de admiración. Quedaron los dos contemplándose con ojos afectuosos. El picador reía sonoramente.

—¡Jo! ¡jo! Yo te creía más grande, *Plumitas*... Pero no le hase; así y too, eres un güen mozo.

El bandido se dirigió al espada:

—¿Pueo almorzar aquí?

Gallardo tuvo un gesto de gran señor.

—Nadie que viene a *La Rinconá* se va sin almorzar.

Entraron todos en la cocina del cortijo, vasta pieza con chimenea de campana, que era el sitio habitual de reunión.

El espada se sentó en una silla de brazos, y una muchacha, hija del aperador, se ocupó en calzarle, pues en la precipitación de la sorpresa había bajado con sólo unas babuchas.

El *Nacional*, queriendo dar señales de existencia, tranquilizado ya por el aspecto cortés de esta visita, apareció con una botella de vino de la tierra y vasos.

—A ti también te conosco—dijo el bandido, tratándole con igual llaneza que al picador—. Te he visto clavar banderiyas. Cuando quieres lo hases bien; pero hay que arrimarse más...

Potaje y el maestro rieron de este consejo. Al ir a tomar el vaso, *Plumitas* se vio embarazado por la carabina, que conservaba entre las rodillas.

—Eja eso, hombre—dijo el picador—. ¿Es que guardas er chisme hasta cuando vas de visita?

El bandido se puso serio. Bien estaba así: era su costumbre. El rifle le acompañaba siempre, hasta cuando dormía. Y esta alusión al arma, que era como un nuevo miembro siempre unido a su cuerpo, le devolvía su gravedad. Miraba a todos lados con cierto azoramiento. Notábase en su cara el recelo, la costumbre de vivir alerta, sin fiarse de nadie, sin otra confianza que la del propio esfuerzo, presintiendo a todas horas el peligro en torno de su persona.

Un gañán atravesó la cocina marchando hacia la puerta.

—¿Aónde va ese hombre?

Y al decir esto se incorporó en el asiento, atrayendo con las rodillas hacia su pecho el ladeado rifle.

Iba a un gran campo vecino, donde trabajaban los jornaleros del cortijo. El *Plumitas* se tranquilizó.

—Oiga usté, señó Juan. Yo he venío por er gusto de verle y porque sé que es usté un cabayero, incapaz de enviar soplos... Aemás, usté habrá oído hablar der *Plumitas*. No es fácil cogerle, y er que se la hase se la paga.

El picador intervino antes de que hablase su maestro.

—*Plumitas*, no seas bruto. Aquí estás entre camarás, mientras te portes bien y haiga desensia.

Y súbitamente tranquilizado, el bandido habló de su jaca al picador, encareciendo sus méritos. Los dos hombres se enfrascaron en su entusiasmo de jinetes montaraces, que les hacía mirar al caballo con más amor que a las personas.

Gallardo, algo inquieto aún, andaba por la cocina, mientras las mujeres del cortijo, morenas y hombrunas, atizaban el fuego y preparaban el almuerzo, mirando de reojo al célebre *Plumitas*.

El espada, en una de sus evoluciones, se acercó al *Nacional*. Debía ir al cuarto de doña Sol y rogarla que no bajase. El bandido se marcharía seguramente después del almuerzo. ¿Para qué dejarse ver de este triste personaje?...

Desapareció el banderillero, y el *Plumitas*, viendo al maestro apartado de la conversación, se dirigió a él, preguntando con interés por las corridas que aún le quedaban en el año.

—Yo soy «gallardista», ¿sabe usté?... Yo le he aplaudió más veses que usté pué figurarse. Le he visto en Seviya, en Jaén, en Córdoba... en muchos sitios.

Gallardo se asombró de esto. Pero ¿cómo podía él, que llevaba a sus talones un verdadero ejército de perseguidores, asistir tranquilamente a las corridas de toros?... El *Plumitas* sonrió con expresión de superioridad.

—¡Bah! Yo voy aonde quiero. Yo estoy en toas partes.

Después habló de las ocasiones en que había visto al espada camino del cortijo, unas veces acompañado, otras solo, pasando junto a él en la carretera sin reparar en su persona, como si fuese un misero gañán montado en su jaca para llevar un aviso a cualquier choza cercana.

—Cuando usté vino de Seviya a comprá los dos molinos que tié abajo, le encontré en er camino. Yevaba usté sinco mil duros. ¿No es así? Iga la verdá. Ya ve que estaba bien enterao... Otra ves le vi en un animal de esos que yaman otomóviles, con otro señó de Seviya que creo es su apoderao. Iba usté a firmar la escritura del Olivar del Cura, y yevaba una porrá de dinero aún más grande.

Gallardo recordaba poco a poco la exactitud de estos hechos, mirando con asombro a aquel hombre enterado de todo. Y el bandido, para demostrar su generosidad con el torero, habló del escaso respeto que le inspiraban los obstáculos.

—¿Ve usté eso de los otomóviles? ¡Pamplina! A esos bichos los paro yo na más que con esto—y mostraba su rifle—. En Córdoba tuve cuentas que arreglar con un señó rico que era mi enemigo. Planté mi jaca a un lao de la carretera, y cuando yegó er bicho levantando porvo y hediendo a petróleo, di el ¡alto! No quiso pararse, y le metí una bala al que iba en la rueda. Pa abreviá: que el otomóvil se etuvo un poco más ayá, y yo di una galopá pa reunirme con er señó y ajustar las cuentas. Un hombre que pué meter la bala aonde quiere, lo para too en er camino.

Gallardo escuchaba asombrado al *Plumitas* hablar de sus hazañas de carretera con una naturalidad profesional.

—A usté no tenía por qué detenerle. Usté no es de los ricos. Usté es un probe como yo, pero con más suerte, con más aquel en su ofisio, y si ha hecho dinero, bien se lo yeva ganao. Yo le tengo mucha ley, señó Juan. Le quiero porque es un mataor de vergüensa, y yo tengo debiliá por los hombres valientes. Los dos somos casi camarás; los dos vivimos de exponer la vida. Por eso, aunque usté no me conosía, yo estaba allí, viéndole pasar, sin pedirle ni un pitiyo, pa que nadie le tocase ni una uña, pa cuidá de que algún sinvergüensa no se aprovechase saliéndole al camino y disiendo que él era el *Plumitas*, pues cosas más raras se han visto...

Una inesperada aparición cortó la palabra al bandido y movió el rostro del torero con un gesto de contrariedad. ¡Maldita sea! ¡Doña Sol! Pero ¿no le había dado su aviso el *Nacional*?... El banderillero venía detrás de la dama, y desde la puerta de la cocina hizo varios ademanes de desaliento para indicar al maestro que habían sido inútiles sus ruegos y consejos.

Venía doña Sol con su gabán de viaje, al aire la cabellera de oro, peinada y anudada a toda prisa. ¡El *Plumitas* en el cortijo! ¡Qué felicidad! Una parte de la noche había pensado en él, con dulces estremecimientos de terror, proponiéndose a la mañana siguiente recorrer a caballo las soledades inmediatas a *La Rinconada*, esperando que su buena suerte le hiciera tropezarse con el interesante bandido. Y como si sus pensamientos ejerciesen influencia a larga distancia, atrayendo a las personas, el bandolero obedecía a sus deseos presentándose de buena mañana en el cortijo.

¡El *Plumitas*! Este nombre evocaba en su imaginación la figura completa del bandido. Casi no necesitaba conocerlo: apenas iba a experimentar sorpresa. Le veía alto, esbelto, de un moreno pálido, con el calañés sobre un pañuelo rojo, por debajo del cual se escapaban bucles de pelo color de azabache, el cuerpo ágil vestido de terciopelo negro, la cintura cimbreante ceñida por una faja de seda purpúrea, las piernas enfundadas en polainas de cuero color de dátil: un caballero andante de las estepas andaluzas, casi igual a los apuestos tenores que ella había visto en *Carmen* abandonar el uniforme de soldado, víctimas del amor, para convertirse en contrabandistas.

Sus ojos, agrandados por la emoción, vagaron por la cocina, sin encontrar un sombrero calañés ni un trabuco. Vio un hombre desconocido que se ponía de pie: una especie de guarda de campo con carabina, igual a los que había encontrado muchas veces en las propiedades de su familia.

—Güenos días, señora marquesa... Y su señó tío el marqué, ¿sigue güeno?

Las miradas de todos convergiendo hacia aquel hombre le hicieron adivinar la verdad. ¡Ay! ¿Este era el *Plumitas*?...

Se había despojado de su sombrero con torpe cortesía, intimidado por la presencia de la señora, y continuaba de pie, con la carabina en una mano y el viejo fieltro en la otra.

Gallardo se asombró de las palabras del bandido. Aquel hombre conocía a todo el mundo. Sabía quién era doña Sol, y por un exceso de respeto hacía extensivos a ella los títulos de la familia.

La dama, repuesta de su sorpresa, le hizo seña para que se sentase y cubriese; pero él, aunque la obedeció en lo primero, dejó el fieltro en una silla inmediata.

Como si adivinase una pregunta en los ojos de doña Sol fijos en él, añadió:

—No extrañe la señora marquesa que la conosca; la he visto muchas veses con el marqué y otros señores cuando iban a las tientas de beserros. He visto también de lejos cómo la señora acosaba con la garrocha a los bichos. La señora es muy valiente y la más güena moza que se ha visto en esta tierra de Dió. Es gloria pura verla a cabayo, con su calañé, su corbata y su faja. Los hombres debían ir a puñalás por sus ojitos de sielo.

El bandido dejábase arrastrar por su entusiasmo meridional con la mayor naturalidad, buscando nuevas expresiones de elogio para la señora.

Esta palidecía y agrandaba sus ojos con grato terror, comenzando a encontrar interesante al bandolero. ¿Si habría venido al cortijo sólo por ella?... ¿Si se propondría robarla, llevándosela a sus escondrijos del monte, con la rapacidad hambrienta de un pájaro de presa que vuelve del llano a su nido de las alturas?...

El torero también se alarmó escuchando estos elogios de ruda admiración. ¡Maldita sea! ¡En su cortijo... y en su misma cara! Si continuaba así, iba a subir en busca de la escopeta, y por más *Plumitas* que fuese el otro, ya se vería quién se la llevaba.

El bandido pareció comprender de pronto la molestia que causaban sus palabras, y adoptó una actitud respetuosa.

—Usté perdone, señora marquesa. Es cháchara, y na más. Tengo mujer y cuatro hijos, y la probesita llora por mi causa más que la Virgen de las Angustias. Yo soy moro de paz. Un desgrasio, que es como es porque le persigue la mala sombra.

Y como si tuviese empeño en hacerse agradable a doña Sol, rompió en entusiastas elogios a su familia. El marqués de Moraima era uno de los hombres que más respetaba en el mundo.

—Toos los ricos que juesen así. Mi pare trabajó pa él, y nos hablaba de su cariá. Yo he pasao unas calenturas en un chozo de pastores de una dehesa suya. Lo ha sabío él, y no ha dicho na. En sus cortijos hay orden pa que me den lo que pía y me dejen en paz... Esas cosas no se orvían nunca. ¡Con tanto rico pillo que hay en er mundo!... A lo mejor lo encuentro solo, montao en su cabayo lo mismo que un chaval, como si por él no pasasen años. «Vaya usté con Dió, señó marqué.» «Salú, muchacho.» No me conose, no adivina quién soy, porque yevo mi compañera—y señalaba a la carabina—metía bajo la manta. Y a mí me dan ganas de pararlo y pedirle la mano, no pa chocarla, eso no (¡cómo va un señó tan güeno a chocarla conmigo, que yevo sobre el arma tantas muertes y estropisios!), sino pa besársela como si fuese mi pare, pa arrodiyarme y darle grasia por lo que jase conmigo.

La vehemencia con que hablaba de su agradecimiento no conmovía a doña Sol. ¿Y aquél era el famoso *Plumitas*?... Un pobre hombre, un buen conejo del campo, que todos miraban como lobo, engañados por la fama.

—Hay ricos muy malos—prosiguió el bandido—. ¡Lo que argunos jasen sufrí a los probes!... Serca de mi pueblo hay uno que da dinero a rédito y es más perverso que Judas. Le envié una rasón pa que no hisiese pená a la gente, y el muy ladrón, en vez de haserme caso, avisó a la Guardia siví pa que me persiguiera. Totá: que le quemé un pajar, jice contra él otras cosiyas, y yeva más de medio año sin ir a Seviya, sin salí der pueblo, por mieo a encontrarse con el *Plumitas*. Otro iba a desahuciar a una probe viejesita porque yevaba un año sin pagá el alquiler de una casucha en la que vive desde tiempo de sus pares. Me fui a ve al señó un anocheser, cuando iba a sentarse a cená con la familia. «Mi amo, yo soy el *Plumitas*, y nesesito sien duros.» Me los dio, y me fui con ellos a la vieja. «Abuela, tome: páguele a ese judío, y lo que sobre pa usté y que de salú le sirva.»

Doña Sol contempló con más interés al bandido.

—¿Y muertes?—preguntó—. ¿Cuántos ha matado usted?

—Señora, no hablemos de eso—dijo el bandolero con gravedad—. Me tomaría usté repugnansia, y yo no soy mas que un infeliz, un desgrasiao a quien acorralan y se defiende como puee...

Transcurrió un largo silencio.

—Usté no sabe cómo vivo, señora marquesa—continuó—. Las fieras lo pasan mejor que yo. Duermo donde pueo o no duermo. Amanesco en un lao de la provinsia pa acostarme en el otro. Hay que tené el ojo bien abierto y la mano dura, pa que le respeten a uno y no lo vendan. Los probes son güenos, pero la miseria es una cosa fea que güerve malo al mejor. Si no me tuvian mieo, ya me habrían entregao a los siviles muchas veses. No tengo más amigos de verdá que mi jaca y ésta—y mostró la carabina—. A lo mejor me entra la murria de ver a mi hembra y a mis pequeños, y entro por la noche en mi pueblo, y toos los vesinos, que me apresian, jasen la vista gorda. Pero esto cualquier día acabará mal... Hay veses que me jarto de la soleá y nesesito ver gente. Hase tiempo que quería venir a *La Rinconá*. «¿Por qué no he de ver de serca al señó Juan Gallardo, yo que le apresio y le he tocao parmas?» Pero le veía a usté siempre con muchos amigos, o estaban en el cortijo su señora y su mare con chiquillos. Yo sé lo que es eso: se habrían asustao a morir sólo con ver al *Plumitas*... Pero ahora es diferente. Ahora venía usté con la señora marquesa, y me he dicho: «Vamos ayá a saluar a esos señores y platicá un rato con eyos.»

Y la fina sonrisa con que acompañaba estas palabras establecía una diferencia entre la familia del torero y aquella señora, dando a entender que no eran un secreto para él las relaciones de Gallardo y doña Sol. Perduraba en su alma de hombre del campo el respeto a la legitimidad del matrimonio, creyéndose autorizado a mayores libertades con la aristocrática amiga del torero que con las pobres mujeres que formaban la familia de éste.

Pasó por alto doña Sol estas palabras y acosó con sus preguntas al bandolero, queriendo saber cómo había llegado a su estado actual.

—Na, señora marquesa: una injustisia; una desgrasia de esas que caen sobre nosotros los probes. Yo era de los más listos de mi pueblo, y los trabajaores me tomaban siempre por pregonero cuando había que pedir algo a los ricos. Sé leé y escribí; de muchacho fui sacristán, y me sacaron el mote de *Plumitas* porque andaba tras de las gallinas arrancándolas plumas del rabo pa mis escrituras.

Una manotada de *Potaje* le interrumpió.

—Compare, ya había yo camelao denque te vi que eres rata de iglesia o argo paresío.

El *Nacional* callaba, sin atreverse a estas confianzas, pero sonreía levemente. ¡Un sacristán convertido en bandido! ¡Qué cosas diría don Joselito cuando él le contase eso!...

—Me casé con la mía, y tuvimos el primer chiquiyo. Una noche yama en casa la pareja de los siviles y se me yeva fuera del pueblo, a las eras. Habían disparao unos tiros en la puerta de un rico, y aqueyos güenos señores empeñaos en que era yo... Negué y me pegaron con los fusiles. Gorví a negar y gorvieron a pegarme. Pa abreviá: que me tuvieron hasta la aurora gorpeándome en todo er cuerpo, unas veses con las baquetas, otras con las culatas, hasta que se cansaron, y yo queé en er suelo sin conosimiento. Me tenían atao de pies y manos, gorpeándome como si fuese un fardo, y entoavía me desían: «¿No eres tú el más valiente del pueblo? Anda, defiéndete; a ver hasta dónde yegan tus reaños.» Esto fue lo que más sentí: la burla. La probesita de mi mujer me curó como pudo, y yo no descansaba, no podía viví acordándome de los golpes y la burla... Pa abreviá otra vez: un día aparesió uno de los siviles muerto en las eras, y yo, pa evitarme un disgusto, me fui ar monte... y hasta ahora.

—¡Gachó, buena mano tiés!—dijo *Potaje* con admiración—. ¿Y el otro?

—No sé; debe andá po er mundo. Se fue der pueblo, pidió ser trasladao con toa su valentía; pero yo no le orvío. Tengo que darle una razón. A lo mejor, me disen que está al otro lao de España, y allá voy, aunque estuviera en er mismo infierno. Dejo la yegua y la carabina a cualquier amigo pa que me las guarde, y tomo el tren como un señor. He estao en Barselona, en Valladolí, en muchas siudades. Me pongo serca del cuartel y veo a los siviles que entran y salen. «Este no es mi hombre; este tampoco.» Se equivocan al darme informes; pero no importa. Lo busco hace años y yo lo encontraré. A no ser que se haya muerto, lo que sería una lástima.

Doña Sol seguía con interés este relato. ¡Una figura original el tal *Plumitas*! Se había equivocado al creerle un conejo.

El bandido callaba, frunciendo las cejas, como si temiera haber dicho demasiado y quisiera evitar una nueva expansión de confianza.

—Con su permiso—dijo al espada—voy a la cuadra a ver cómo han tratao a la jaca... ¿Vienes, camará?... Verás cosa güena.

Y *Potaje*, aceptando la invitación, salió con él de la cocina.

Al quedar solos el torero y la dama, aquél mostró su mal humor. ¿Por qué había bajado? Era una temeridad mostrarse a un hombre como aquel; un bandido cuyo nombre era el espanto de las gentes.

Pero doña Sol, satisfecha del buen éxito de su presentación, reía del miedo del espada. Parecíale el bandido un buen hombre, un desgraciado cuyas maldades exageraba la fantasía popular. Casi era un servidor de su familia.

—Yo le creía otro; pero de todos modos, celebro haberle visto. Le daremos una limosna cuando se vaya. ¡Qué tierra ésta tan original! ¡Qué tipos!... ¡Y qué interesante su caza del guardia civil a través de toda España!... Con eso cualquiera podía escribir un folletón de gran interés.

Las mujeres del cortijo retiraron de las llamas del hogar dos grandes sartenes que esparcían un agradable olor de chorizo.

—¡A almorzar, cabayeros!—gritó el *Nacional*, que se atribuía funciones de mayordomo en el cortijo de su matador.

En el centro de la cocina había una gran mesa cubierta de manteles, con redondos panes y numerosas botellas de vino.

Acudieron al llamamiento el *Plumitas* y *Potaje* y varios de los empleados del cortijo: el mayoral, el aperador, todos los que desempeñaban las funciones de mayor confianza. Iban sentándose en dos bancos colocados a lo largo de la mesa, mientras Gallardo miraba indeciso a doña Sol. Debía comer arriba, en las habitaciones de la familia. Pero la dama, riendo de esta indicación, fue a sentarse en la cabecera de la mesa. Gustábale la vida rústica, y le parecía muy interesante comer con aquellas gentes. Ella había nacido para soldado... Y con varonil ademán invitó al espada a que se sentase, ensanchando con voluptuoso husmeo su graciosa nariz, que admiraba el suculento tufillo de los chorizos. Una comida riquísima. ¡Qué hambre tenía!...

—Eso está bien—dijo sentenciosamente el *Plumitas* al mirar la mesa—. Los amos y los criaos comiendo juntos, como disen que hasían en los tiempos antiguos. Es la primera vez que lo veo.

Y se sentó junto al picador, sin soltar la carabina, que conservaba entre las rodillas.

—Hazte pa allá, guasón—dijo empujando a *Potaje* con su cuerpo.

El picador, que le trataba con ruda camaradería, contestole con otro empellón, y los dos hombretones rieron al empujarse, regocijando a todos los de la mesa con estos jugueteos brutales.

—Pero ¡mardita sea!—dijo el picador—. ¡Quítate ese chisme de entre las roíllas! ¿No ves que me está apuntando y que puee ocurrí una desgrasia?

La carabina del bandido, ladeada entre sus piernas, dirigía su negro agujero hacia el picador.

—¡Cuerga eso, malaje!—insistió éste—. ¿Es que lo nesesitas pa comé?

—Bien está así. No hay cuidao—contestó el bandido brevemente, poniéndose fosco, como si no quisiera admitir indicación alguna sobre sus precauciones.

Cogió la cuchara, requirió un gran pedazo de pan y miró a los demás, a impulsos de su cortesía rural, para convencerse de si había llegado el momento de comer.

—¡Salú, señores!

Acometió el enorme plato que habían colocado en el centro de la mesa para él y los dos toreros. Otro plato igual humeaba más allá para la gente del cortijo.

Su voracidad pareció avergonzarle de pronto, y a las pocas cucharadas se detuvo, creyendo necesaria una explicación.

—Dende ayer mañana que no he probao mas que un mendrugo y un poco de leche que me dieron en un chozo de pastor.
¡Güen apetito!...

Y volvió a acometer el plato, acogiendo con guiños de ojos y un continuo mover de mandíbulas las bromas de *Potaje* sobre su voracidad.

El picador quería hacerle beber. Intimidado en presencia del maestro, que temía sus borracheras, miraba con ansiedad los frascos de vino puestos al alcance de su mano.

—Bebe, *Plumitas*. El pasto en seco es mu malo. Hay que remojarlo.

Y antes de que el bandido aceptara su invitación, el picador bebía y bebía apresuradamente. *Plumitas* sólo de tarde en tarde tocaba su vaso, luego de vacilar mucho. Le tenía miedo al vino: había perdido la costumbre de beberlo. En el campo no siempre lo encontraba. Además, el vino era el peor enemigo para un hombre como él, que necesitaba vivir muy despierto y en guardia.

—Pero aquí estás entre amigos—decía el picador—. Haste cuenta, *Plumitas*, que estás en Seviya bajo el mismísimo manto de la Virgen de la Macarena. No hay quien te toque... Y si vinieran por una casualiá los siviles, yo me pongo a tu lao, agarro una garrocha y no dejamos vivo a uno de esos gandules. ¡Y poco que me gustaría haserme caballista der monte!... Siempre me ha tirao eso.

—¡*Potaje*!—dijo el espada desde el extremo de la mesa, temiendo la locuacidad del picador y su vecindad con las botellas.

El bandido, a pesar de beber poco, tenía el rostro coloreado y sus ojillos azules brillaban con una luz de alegría. Había escogido su sitio frente a la puerta de la cocina, en un lugar desde el cual enfilaba la entrada del cortijo, viendo una parte del camino solitario. De vez en cuando pasaba por esta cinta de terreno una vaca, un cerdo, una cabra, y la sombra de sus cuerpos, proyectada por el sol sobre el suelo amarillo, bastaba para que *Plumitas* se estremeciese, pronto a dejar la cuchara y empuñar el rifle.

Hablaba con sus compañeros de mesa, pero sin apartar la atención del exterior, con el hábito de vivir a todas horas pronta a la resistencia o a la fuga, cifrando su honra en no ser sorprendido nunca.

Cuando acabó de comer aceptó de *Potaje* un vaso más, el último, y quedó con una mano bajo la mandíbula, mirando hacia afuera, entorpecido y silencioso por la digestión. Era una digestión de boa, de estómago acostumbrado a nutrirse irregularmente, con prodigiosos atracones y largas épocas de ayuno.

Gallardo le ofreció un cigarro habano.

—Grasias, señó Juan. No fumo, pero me lo guardaré pa un compañerito que anda por er monte, y el probe apresia más esto der fumá que la misma comía. Es un mozo que tuvo una desgrasia, y me ayuda cuando hay trabajo pa dos.

Se guardó el cigarro bajo la blusa, y el recuerdo de este compañero, que a aquellas horas vagaba seguramente muy lejos de allí, le hizo sonreír con una alegría feroz. El vino había animado a *Plumitas*. Era otra su cara. Los ojos tenían unos reflejos metálicos de luz inquietante. El rostro mofletudo contraíase con un rictus que parecía repeler su habitual aspecto de bondad. Adivinábase en él un deseo de hablar, de alabarse de sus hazañas, de pagar la hospitalidad asombrando a sus bienhechores.

—Ustés habrán oído hablá de lo que hise el mes pasao en er camino de Fregenal. ¿De veras que no saben na de eso?... Me puse en er camino con er compañerito, pues había que parar la diligensia y darle una razón a un riço que se acordaba de mí a toas horas. Un metementoo er tal hombre, acostumbrao a mover a su gusto alcardes, personas y hasta siviles. Eso que yaman en los papeles un casique. Le envié una razón pidiéndole sien duros pa un apuro, y lo que hizo fue escribir al gobernaor de Seviya, armar un escándalo ayá en Madrí y haser que me persiguiesen más que nunca. Por curpa de él tuve un fuego con los siviles, der que salí tocao en una pierna; y entoavía no contento, pidió que metieran presa a mi mujer, como si la probesita pudiera sabé dónde pillarían a su marío... El Judas no se atrevía a salir de su pueblo por mieo al *Plumitas*; pero en esto desaparecí yo; me fui de viaje, uno de esos viajes que les he contao, y nuestro hombre tomó confianza y fue un día a Seviya por sus negosios y pa azuzar contra mí a las autoridaes. Esperamos al coche que volvía de Seviya, y el coche yegó. El compañerito, que tié unas manos de oro pa pará a cualquiera en er camino, le dio el alto al mayoral. Yo metí la cabesa y la carabina por la portesuela. Gritos de mujeres, yoros de niños, hombres que na desían, pero que paresían jechos de sera. Y yo dije a los viajeros: «Con ustés no va na. Cálmense, señoras; salú, cabayeros, y buen viaje... A ve, que eche pie a tierra ese gordo.» Y nuestro hombre, que se encogía como si fuese a esconderse bajo las faldas de las mujeres, tuvo que bajar, too blanco como si se le hubiese ido la sangre, hasiendo eses lo mismo que si estuviera borracho. Se fue el coche, y quedamos solos en medio der camino. «Oye, yo soy el *Plumitas*, y te voy a dar argo para que te acuerdes.» Y le di. Pero no lo maté en seguía. Le di en sierto sitio que me sé yo, pa que viviese aún veinticuatro horas y cuando lo recogiesen los siviles pudiera desir que era el *Plumitas* quien le había matao. Así no había equivocasión ni podían otros darse importansia.

Doña Sol escuchaba, intensamente pálida, con los labios apretados por el terror y en los ojos el extraño brillo que acompañaba a sus misteriosos pensamientos.

Gallardo contraía el rostro, molestado por este relato feroz.

—Ca uno sabe su ofisio, señó Juan—dijo el *Plumitas*, como si adivinase lo que pensaba—. Los dos vivimos de matá: usté mata toros y yo personas. No hay mas que usté es rico y se yeva las parmas y las buenas jembras, y yo rabio muchas veses de hambre, y acabaré, si me descuío, hecho una criba en medio der campo, pa que se me coman los cuervos. ¡Pero a saber el ofisio no me gana, señó Juan! Usté sabe dónde debe darle al toro pa que venga al suelo en seguía. Yo sé dónde darle a un cristiano pa que caiga reondo, pa que dure algo entoavía, y pa que pase rabiando unas cuantas semanas acordándose der *Plumitas*, que no quié meterse con nadie, pero que sabe sacudirse a los que se meten con él.

Doña Sol sintió otra vez la curiosidad de conocer el número de sus crímenes.

—¿Y muertos?... ¿Cuántas personas ha matado usted?

—Me va usté a tomar antipatía, señora marquesa; pero ¡ya que se empeña!... Crea que no me acuerdo de toos, por más que quiero haser memoria. Tal vez irán pa los treinta o los treinta y sinco: no lo sé bien. Con esta vía tan arrastrá, ¿quién piensa en yevar cuentas?... Pero yo soy un infeliz, señora marquesa, un desgrasiao. La curpa fue de aqueyos que me hisieron malo. Esto de las muertes es como las cerezas. Se tira de una y las otras vienen detrás a ocenas. Hay que matar pa seguir viviendo, y si uno siente lástima, se lo comen.

Hubo un largo silencio. La dama contemplaba las manos cortas y gruesas del bandido, con sus uñas roídas. Pero el *Plumitas* no se fijaba en la «señora marquesa». Toda su atención era para el espada, queriendo manifestarle su agradecimiento por haberle recibido a su mesa y desvanecer el mal efecto que parecían causarle sus palabras.

—Yo le respeto a usté, señó Juan—añadió—. Denque le vi torear por primera vez, me dije: «Eso es un mozo valiente.» Usté tiene muchos afisionaos que le quieren, ¡pero como yo...! Figúrese que pa verle me he disfrasao muchas veses y he entrao en las siudades, expuesto a que me echen el guante. ¿Es eso afisión?

Gallardo sonreía, con movimientos afirmativos de cabeza, halagado ahora en su orgullo de artista.

—Aemás—continuó el bandido—, nadie dirá que yo he venío a *La Rinconá* a pedí ni un pedaso de pan. Muchas veces he tenío hambre o me han hecho farta sinco duros andando por serca de aquí, y entoavía hasta hoy se me ocurrió pasar el alambrao der cortijo. «El señó Juan es sagrao pa mí (me dije siempre). Gana el dinero lo mismo que yo: exponiendo la vía. Hay que tené compañerismo...» Porque usté no negará, señó Juan, que aunque usté sea un presonaje y yo un desgrasiao de lo peorsito, los dos somos iguales, los dos vivimos de jugar con la muerte. Ahora estamos aquí tranquilos comiendo, pero el mejor día, si Dió nos deja de la mano y se cansa de nosotros, a mí me recogen al lao de un camino, como un perro rabioso, hecho peazos, y a usté, con toos sus capitales, le sacan de una plaza con los pies pa alante, y aunque hablen cuatro semanas los papeles de su desgrasia, mardito lo que usté lo agradeserá estando en el otro mundo.

—Es verdad... es verdad—dijo Gallardo con súbita palidez por estas palabras del bandido.

Reflejábase en su rostro el temor supersticioso que le acometía al aproximarse los momentos de peligro. Su destino le parecía igual al de aquel vagabundo terrible, que forzosamente un día u otro había de caer en su lucha desigual.

—Pero ¿usté cree que yo pienso en la muerte?—continuó el *Plumitas*—. No me arrepiento de na y sigo mi camino. Yo también tengo mis gustos y mis orgullitos, lo mismo que usté cuando lee en los papeles que estuvo muy bien en tal toro y que le dieron la oreja. Figúrese usté que toa España habla der *Plumitas*, que los periódicos cuentan las mayores mentiras sobre mi persona, que hasta, según disen, van a sacarme en los teatros, y que en Madrí, en ese palasio donde se reunen los diputaos a platicar, hablan de mi persona casi toas las semanas. Ensima de eso, el orguyo de yevar un ejérsito detrás de mis pasos, de verme yo, un hombre solito, gorviendo locos a mil que cobran del gobierno y gastan espada. El otro día, un domingo, entré en un pueblo a la hora de misa y detuve la yegua en la plaza, junto a unos ciegos que cantaban y tocaban la guitarra. La gente miraba boba un cartelón que yevaban los cantores representando un güen mozo de calañé y patiyas, vestido de lo más fino, montao en un cabayo magnífico, con el trabuco en el arzón y una gachí de buenas carnes a la grupa. Tardé en enterarme que aquer güen mozo era el retrato der *Plumitas*... Eso da gusto. Ya que uno anda roto y hecho un Adán, pasando hambres, güeno es que la gente se lo figure de otro modo. Les compré el papel con lo que cantaban, y aquí lo yevo: la vía completa der *Plumitas*, con muchas mentiras, pero toda ella puesta en versos. Cosa güena. Cuando me tiendo en el monte, la leo pa aprendérmela de memoria. Debe haberla escrito algún señó que sabe mucho.

El temible *Plumitas* mostraba un orgullo infantil al hablar de sus glorias. Repelía ahora la modestia silenciosa con que había entrado en el cortijo, aquel deseo de que olvidasen su persona, para no ver en él mas que un pobre viandante empujado por el hambre. Se enardecía al pensar que su nombre era famoso y sus actos alcanzaban inmediatamente los honores de la publicidad.

—¿Quién me conosería—continuó—si hubiese seguío viviendo en mi pueblo?... Yo he pensao mucho sobre esto. A los de abajo no nos quea otro recurso que rabiar trabajando pa otros o seguir la única carrera que da dinero y nombre: matá. Yo no servía pa matá toros. Mi pueblo es de la sierra y no tiene reses bravas. Aemás, soy pesao y poco habilioso... Por eso maté personas. Es lo mejor que puee haser un probe pa que le respeten y abrirse camino.

El *Nacional*, que había escuchado hasta entonces con muda gravedad las palabras del bandido, creyó necesario intervenir. —El probe lo que nesesita es instrucsión: sabé leé y escribí.

Provocaron estas palabras del *Nacional* las risas de todos los que conocían su manía.

—Ya sortaste la tuya, camará—dijo *Potaje*—. Deja que *Plumitas* siga explicándose, que lo que él dise es mu güeno.

El bandido acogió con desprecio la interrupción del banderillero, al que tenía en poco por su prudencia en el redondel.

—Yo sé leé y escribí. ¿Y pa qué sirve eso? Cuando vivía en el pueblo, me servía pa hacerme señalá y pa que mi suerte me paeciese más dura... Lo que el probe necesita es justisia, que le den lo suyo; y si no se lo dan, que se lo tome. Hay que ser lobo y meté mieo. Los otros lobos le respetan a uno y las reses hasta se dejan comer, agradesías. Que te vean cobarde y sin fuerzas, y hasta las ovejas harán aguas en tu cara.

Potaje, que estaba ya borracho, asentía con entusiasmo a todo lo dicho por el *Plumitas*. No entendía bien sus palabras, pero al través de la neblina opaca de su embriaguez creía distinguir un resplandor de suprema sabiduría.

—Esa es la verdá, camará. Palo a too er mundo. Sigue, que estás mu güeno.

—Yo he visto lo que es la gente—continuó el bandido—. El mundo está dividío en dos familias: esquilaos y esquillaores. Yo no quiero que me esquilen; yo he nasío pa esquilaor, porque soy muy hombre y no tengo mieo a nadie. A usté, señó Juan, le ha pasao lo mismo. Por riñones se ha salío der ganao de abajo; pero su camino es mejó que el mío.

Permaneció un rato contemplando al espada, y luego añadió con acento de convicción:

—Creo, señó Juan, que hemos venío al mundo argo tarde. ¡Las cosas que hubiésemos hecho en otros tiempos unos mozos como nosotros, de valor y de vergüenza! Ni usté mataría toros ni yo andaría por los campos perseguío como una mala bestia. Seríamos virreyes, archipámpanos, cuarquier cosa grande, al otro lao de los mares. ¿Usté no ha oído hablar de un tal Pizarro, señó Juan?...

El señor Juan hizo un gesto indefinible, no queriendo revelar su ignorancia ante este nombre misterioso que oía por vez primera.

—La señora marquesa sí que sabe quién es mejor que yo, y me perdonará si igo barbariaes. Yo me enteré de esa historia cuando era sacristán y me sortaba a leer en los romances viejos que guardaba el cura... Pues Pizarro era un probe como nosotros, que pasó el mar, y con doce o trece gachós tan pelaos como él se metió en una tierra que ni el propio Paraíso... un reino donde está el Potosí: no igo más. Tuvieron no sé cuántas batallas con las gentes de las Américas, que yevan plumas y flechas, y al fin se hisieron los amos, y apandaron los tesoros de los reyes de allá, y el que menos llenó su casa hasta el tejao, toa de moneas de

oro, y no quedó uno que no lo hisiesen marqués, general o presonaje de justisia. Y como éstos, otros muchos. Figúrese usté, señó Juan, si llegamos a vivir entonses... Lo que nos habría costao a usté y a mí, con algunos de estos güenos mozos que me oyen, haser tanto o más que ese
Pizarro...

Y los hombres del cortijo, siempre silenciosos, pero brillándoles los ojos de emoción por esta historia maravillosa, asentían con la cabeza a las ideas del bandido.

—Repito que hemos nasío tarde, señó Juan. El güen camino está cerrao a los probes. El español no sabe qué haser. No queda ya aónde ir. Lo que había en er mundo por repartirse se lo han apropiao los ingleses y otros extranjis. La puerta está cerrá, y los hombres de corazón tenemos que pudrirnos dentro de este corral, oyendo malas palabras porque no nos conformamos con nuestra suerte. Yo, que tal vez hubiera llegao a rey en las Américas o en cualquier otro sitio, voy pregonao por los caminos y hasta me llaman ladrón. Usté, que es un valiente, mata animales y se lleva parmas; pero yo sé que muchos señores miran lo del toreo como ofisio bajo.

Doña Sol intervino para dar un consejo al bandolero. ¿Por qué no se hacía soldado? Podía huir a lejanos países, adonde hubiese guerras, y utilizar sus fuerzas noblemente.

—Sí que sirvo pa eso, señora marquesa. Lo he pensao muchas veses. Cuando duermo en algún cortijo o me escondo en mi casa por unos días, la primera vez que me meto en cama como cualquier cristiano y como de caliente en una mesa como ésta, me lo agradese el cuerpo; pero endispués me canso y paese que me tira el monte con sus miserias, y que me hase farta dormir al raso envuelto en la manta y con una piedra de cabesera... Sí; yo sirvo pa sordao; yo sería un güen sordao... Pero ¿aónde ir?... Se acabaron las guerras de verdad, donde ca uno, con un puñao de camarás, hacía lo que le aconsejaba su caletre. Hoy no hay mas que ganaerías de hombres, toos con el mismo color y la misma marca, que sirven y mueren como payasos. Ocurre lo mismo que en el mundo: esquilaos y esquilaores. Hace usté una gran cosa, y se la apropia el coronel; riñe usté como una fiera, y le dan el premio al general... No: también he nasío tarde pa sordao.

Y *Plumitas* bajó los ojos, quedando un buen rato como absorto en la interna contemplación de su desgracia, viéndose sin lugar en la época presente.

De pronto requirió la carabina, intentando ponerse de pie.

—Me voy... Muchas grasias, señó Juan, por sus atensiones. Salú, señora marquesa.

—Pero ¿aónde vas?—dijo *Potaje* tirando de él—. ¡Siéntate, malaje! En ningún sitio estarás mejor que aquí.

EL picador deseaba prolongar la estancia del bandolero, satisfecho de hablar con él como con un amigo de toda la vida y poder contar luego en la ciudad su interesante encuentro.

—Yevo tres horas aquí; debo irme. Nunca paso tanto tiempo en un sitio descubierto y llano como *La Rinconá*. Tal vez a estas horas hayan ido con er soplo de que estoy aquí.

—¿Ties mieo a los siviles?—preguntó *Potaje*—. No vendrán; y si vienen, yo estoy contigo.

Plumitas hizo un gesto despectivo. ¡Los civiles! Eran hombres como los demás; los había valientes, pero todos ellos padres de familia, que procuraban no verle y llegaban tarde al saber que estaba en un sitio. Unicamente iban contra él cuando la casualidad los ponía frente a frente, sin medio de evadirse.

—El mes pasao estaba yo en el cortijo de las *Sinco chimeneas* almorzando como estoy aquí, aunque sin tan güena compaña, cuando vi venir seis siviles de a pie. Estoy sierto de que no sabían que estaba yo allí y que venían sólo por refrescá. Una mala casualiá; pero ni ellos ni yo podíamos huir el bulto en presensia de toa la gente der cortijo. Eso se cuenta endispués, y las malas lenguas pierden el respeto y disen que si toos somos unos cobardes. El cortijero cerró la puerta, y los guardias comenzaron a dar culatazos pa que abriese. Yo le mandé que él y un gañán se colocasen tras las dos hojas. «Cuando os diga «¡ahora!», abrís de par en par.» Monté en la jaca y me puse el revólver en la mano. «¡Ahora!» Se abrió la puerta, y yo salí echando demonios. Ustés no saben lo que es la probesita de mi jaca. Me sortaron no sé cuántos tiros, pero ¡na! Yo también sorté lo mío al salir, y, según disen, toqué a dos guardias... Pa abreviá: que me fui agarrao al cuello de la jaca pa que no me hisieran blanco, y los siviles se la vengaron dándoles una paliza a los del cortijo. Por eso lo mejor es no decir na de mis visitas, señó Juan. Después vienen los del tricornio y lo marean a usté a preguntas y declaraciones, como si con esto fuesen a cogerme.

Los de *La Rinconada* asentían mudamente. Ya lo sabían ellos. Había que callar la visita, para evitarse molestias, como lo hacían en todos los cortijos y ranchos de pastores. Este silencio general era el auxiliar más poderoso del bandido. Además, todos estos hombres del campo eran admiradores del *Plumitas*. Su rudo entusiasmo lo contemplaba como un héroe vengador. Nada malo debían temer de él. Sus amenazas sólo pesaban sobre los ricos.

—No les tengo mieo a los siviles—continuó el bandido—. A quien temo es a los probes. Toos son güenos; pero ¡qué cosa tan fea es la miseria! Yo sé que no me matarán los del tricornio: no tién balas pa mí. Si alguien me mata, será algún probe. Les deja uno aserarse sin mieo, porque son del brazo de uno, y entonses se aprovechan del descuío. Yo tengo enemigos: gente que me la tié jurá. A veses hay charranes que yevan el soplo con la esperansa de unas pesetas, o descastaos que se les manda una cosa y no la hasen; y pa que toos respeten a uno, hay que tené la mano dura. Si uno les pincha de verdá, quea la familia pa vengarse. Si uno es bueno y se contenta con bajarles los calzones y haserles una carisia con un puñao de ortigas y cardos, se acuerdan de esta broma toa su vía... A los probes, a los de mi brazo, es a los que tengo mieo.

Detúvose *Plumitas*, y mirando al espada añadió:

—Aemás, están los afisionaos, los discipuliyos, la gente joven, que viene detrás arreando. Señó Juan, diga la verdá: ¿quién le da a usté más fatigas, los toros, o toos esos novilleros que salen empujaos por el hambre y quieren quitar los moños a los maestros?... Lo mismo me pasa a mí. ¡Cuando igo que somos iguales!... En ca pueblo hay un güen mozo que sueña con ser mi hereero y espera pillarme un día durmiendo a la sombra de un árbol y haserme volar la cabesa a boca de jarro. ¡Menúo
cartel que se gana el que se cargue al *Plumitas*!...

Luego de esto se fue a la cuadra, seguido de *Potaje*, y un cuarto de hora después sacó al patio del cortijo la fuerte jaca, inseparable compañera de sus andanzas. El huesudo animal parecía más grande y lucido tras las breves horas de abundancia en los pesebres de *La Rinconada*.

Plumitas le acarició los flancos, interrumpiéndose en el arreglo de la manta sobre el arzón. Podía estar contenta. Pocas veces se vería tan bien tratada como en el cortijo del señor Juan
Gallardo. Ahora a portarse bien, que la jornada iba a ser larga.

—¿Y aónde vás, camará?—dijo *Potaje*.

—Eso no se pregunta... ¡Por er mundo! Ni yo mismo lo sé...
¡A lo que se presente!

Y poniendo la punta de un pie en uno de los estribos oxidados y manchados de barro, dio un salto, quedando erguido sobre la silla.

Gallardo se separó de doña Sol, que contemplaba los preparativos de marcha del bandido con sus ojos indefinibles y la boca pálida, apretada por la emoción.

El torero rebuscó en el bolsillo interior de su chaqueta y avanzó hacia el jinete, tendiéndole con disimulo unos papeles arrugados dentro de su mano.

—¿Qué es eso?—dijo el bandido—. ¿Dinero?... Grasias, señó Juan. A usté le han dicho que hay que darme argo cuando me voy de un cortijo; pero eso es pa los otros, pa los ricos que ganan er dinero de rositas. Usté lo gana exponiendo la vía. Somos compañeros. Guárdeselo, señó Juan.

El señor Juan se guardó los billetes, algo contrariado por esta negativa del bandido, que se empeñaba en tratarle como a un compañero.

—Ya me brindará usté un toro si arguna vez nos vemos en la plaza—añadió el *Plumitas*—. Eso vale más que too el oro der mundo.

Avanzó doña Sol hasta colocarse junto a una pierna del jinete, y quitándose una rosa de otoño que llevaba en el pecho, se la ofreció mudamente, mirándolo con sus ojos verdes y dorados.

—¿Es pa mí?—preguntó el bandido con una entonación de sorpresa y asombro—. ¿Pa mí, señora marquesa?

Al ver el movimiento afirmativo de la señora, tomó la flor con embarazo, manejándola torpemente, como si fuese de abrumadora pesadez, no sabiendo dónde colocarla, hasta que al fin la introdujo en un ojal de su blusa, entre los dos extremos del pañuelo rojo que llevaba al cuello.

—¡Esto sí que es güeno!—exclamaba, ensanchando con una sonrisa su faz carillena—. En la vía me ha pasao na igual.

El rudo jinete parecía conmovido y turbado al mismo tiempo por el carácter femenil del presente. ¡Rositas a él!... Tiró de las riendas de la jaca.

—Salú a toos, cabayeros. Hasta que nos gorvamos a ve... Salú, güen mozo. Arguna vez te echaré un cigarro si pones una güena vara.

Se despidió dando un rudo manotón al picador, y el centauro le contestó con un puñetazo en un muslo que hizo temblar la recia musculatura del bandido. ¡Qué *Plumitas* tan simpático!... *Potaje*, en la ternura de su embriaguez, quería irse al monte con él.

—¡Adió! ¡adió!

Y picando espuelas a la jaca, salió a trote largo del cortijo.

Gallardo mostrábase satisfecho al ver que se alejaba. Después miró a doña Sol, que permanecía inmóvil, siguiendo con los ojos al jinete, el cual se empequeñecía en lontananza.

—¡Qué mujer!—murmuró el espada con desaliento—. ¡Qué señora tan loca!... Suerte que el *Plumitas* era feo y andaba haraposo y sucio como un vagabundo. Si no, se va con él.

Capítulo 6

—Paece mentira, Sebastián. Un hombre como tú, con mujer y con hijos, prestarte a esas alcahueterías... ¡Yo que te creía otro y tenía la confiansa en ti cuando salías de viaje con Juaniyo! ¡Yo que me queaba tranquila porque iba con una persona de carácter!... ¿Aónde están toas esas cosas de tus ideas y tu religión? ¿Es que eso lo manda la reunión de judíos que os juntáis en casa de don Joselito el maestro?

El *Nacional*, asustado por la indignación de la madre de Gallardo y conmovido por las lágrimas de Carmen, que lloraba silenciosa, ocultando su cara tras un pañuelo, se defendía torpemente. Pero al escuchar las últimas palabras, se irguió con gravedad sacerdotal.

—Señá Angustias, no me toque usté las ideas y deje en paz si quiere a don Joselito, que na tié que ver en too esto. ¡Por vía e la paloma azul! Yo fui a *La Rinconá* porque me lo mandó mi mataor. ¿Usté sabe lo que es una cuadrilla? Pues lo mismo que el ejérsito: disiplina y servilismo. El mataor manda, y hay que obedeser. Como que esto de los toros es de los tiempos de la Inquisisión, y no hay ofisio más reasionario.

—¡Payaso!—gritó la señora Angustias—. ¡Güeno estás tú con toas esas fábulas de Inquisisión y reasiones! Entre toos estáis matando a esta probesita, que se pasa el día sortando lágrimas como la Dolorosa. Tú lo que quieres es tapá las charranás de mi hijo, porque te da a comé.

—Usté lo ha dicho, señá Angustias; Juaniyo me da a comé, eso es. Y como me da a comé, tengo que obedeserle... Pero venga usté aquí, señora: póngase en mi caso. Que me dise mi mataor que hay que ir a *La Rinconá*... Güeno. Que a la hora de dirnos me encuentro en el otomóvil con una señorona mu guapa... ¿Qué vamos a haserle? El mataor manda. Aemás, no iba yo solo. También iba *Potaje*, que es persona de arguna edá y de respeto, aunque sea un bruto. Nunca se ríe.

La madre del torero se indignó con esta excusa.

—¡*Potaje*! Un mal hombre, que Juaniyo no debía yevar en su cuadrilla si tuviese vergüensa. No me hables de ese borracho, que le pega a su mujer y tiene muertos de hambre a los chicos.

—Güeno: fuera *Potaje*... Digo que vi aqueya señorona, ¿y qué iba a hasé? No era una pelandusca; es la sobrina der marqués, una partidaria del maestro, y los toreros ya sabe usté que han de estar bien con la gente que puede. Hay que vivir der público. ¿Qué mal hay en esto?... Aluego, en er cortijo, ¡na! Se lo juro a usté por los míos: ¡na! ¡Güeno soy yo pa aguantar ese mochuelo, aunque me lo mandase mi mataor! Yo soy una persona desente, señá Angustias, y hase usté mal en yamarme eso feo que me ha yamao endenantes. ¡Por vía e la paloma!... Cuando se es del comité y vienen a consultarle a uno en día de elecsiones, y concejales y diputaos han chocao esta mano que usté ve aquí, ¿se pueden haser siertos papeles?... Repito que na. Se hablaban de usté, lo mismo que usté y yo; ca uno pasó la noche por su lao; ni una mala mirada, ni una palabra fea. Desensia a

toas horas... Y si usté quisiera que viniese *Potaje*, él le diría...

Pero Carmen le interrumpió con una voz quejumbrosa cortada por suspiros.

—¡En mi casa!—gemía con expresión de asombro—. ¡En el cortijo!... ¡Y eya se acostó en mi cama!... Yo lo sabía too, y cayaba, ¡cayaba!... ¡Pero esto! ¡Josú! ¡Esto, que no hay en toa Seviya un hombre que se atreva a tanto!...

El *Nacional* intervino bondadosamente. Calma, señora Carmen. ¡Si aquello no tenía importancia! Una visita al cortijo de una mujer entusiasta del maestro, que deseaba ver de cerca cómo vivía en el campo. Estas señoras medio extranjeras son siempre caprichosas y raras. ¡Pues si ella hubiese visto a las francesas, cuando fue la cuadrilla a torear en Nimes y Arlés!...

—Total, na. ¡Too... «líquido»! Hombre, ¡por la paloma azul! Tendría gusto en conosé al desahogao que ha venío con el soplo. Yo de Juaniyo, si era arguien der cortijo, lo ponía en la puerta; y si de fuera, yamaba al jues pa que lo metiera en la cársel por embustero y mal enemigo.

Seguía llorando Carmen, sin escuchar las indignadas expresiones del banderillero, mientras la señora Angustias, sentada en una silla de brazos, contra los cuales se apelotonaba su desbordante obesidad, fruncía el ceño y apretaba la boca velluda y rugosa.

—Caya, Sebastián, y no mientas—dijo la vieja—. Lo sé too. Una juerga indesente el tal viaje al cortijo; una fiesta de gitanos. Hasta disen que estuvo con vosotros *Plumitas* el ladrón.

Aquí dio un salto el *Nacional*, a impulsos de la sorpresa y la inquietud. Le pareció que entraba en el patio, hollando las losas de mármol, un jinete mal pergeñado, con sombrero mugriento, y se apeaba de su jaca, apuntándole con una carabina por hablador y miedoso. Luego le pareció ver tricornios, muchos tricornios de brillante hule, bocas bigotudas y preguntonas, manos que escribían, y toda la cuadrilla, vestida con trajes de luces, atada codo con codo, camino de la cárcel. Aquí sí que había que negar enérgicamente.

—«¡Líquido!» ¡Too «líquido»! ¿Qué habla usté de *Plumitas*? Allí no hubo mas que desensia. ¡Hombre, no fartaba más sino que a un siudadano como yo, que yevo a las urnias más de cien votos de mi barrio, le acumulasen que es amigote der *Plumitas*!

La señora Angustias, vencida por las protestas del *Nacional* y poco segura de esta última noticia, acabó por no creerla. Bueno; nada del *Plumitas*. ¡Pero lo otro!

¡La ida al cortijo con aquella... hembra! Y firme en su ceguera de madre, que hacía caer toda la responsabilidad de los actos del espada sobre sus acompañantes, siguió increpando al *Nacional*.

—Ya le diré a tu mujer quién eres. La probesita matándose en su tienda, del amaneser a la noche, y tú yéndote de juerga, como un chaval. Debías tener vergüensa... ¡a tus años! ¡con tanto chiquiyo!...

El banderillero acabó por marcharse, huyendo de la señora Angustias, que, a impulsos de la indignación, mostraba la misma ligereza de lengua de los tiempos en que trabajaba en la Fábrica de Tabacos. Proponíase no volver más a la casa de su maestro.

Encontraba a Gallardo en la calle. Parecía malhumorado, pero al ver a su banderillero fingíase sonriente y animoso, como si no hiciesen mella en él los disgustos domésticos.

—Aqueyo está mal, Juaniyo. No güervo a tu casa aunque me yeven arrastrando. Tu mare me insulta como si fuese yo un gitano de Triana. Tu mujer yora y me mira, como si tuviese yo también la curpa de too. Hombre, otra vez haz el favor de no acordarte de mí. Toma a otro de socio cuando vayas con hembras.

Gallardo sonrió satisfecho. No sería nada; aquello pasaba pronto. Tormentas mayores había afrontado.

—Lo que debes asé es vení por casa. Así, con mucha gente, no hay bronca.

—¿Yo?—exclamaba el *Nacional*—. Primero cura.

Tras estas palabras, el espada creía inútil insistir. Pasaba gran parte del día fuera de su casa, lejos del silencio huraño de las mujeres, interrumpido muchas veces con lagrimeos, y cuando volvía era con escolta, amparándose en su apoderado y otros amigos.

El talabartero fue también un gran auxiliar para Gallardo. Por primera vez miró éste a su cuñado como un hombre simpático, notable por su buen seso, y digno de mejor suerte. El era quien durante las ausencias del matador se encargaba de apaciguar a las mujeres, incluso a la suya, dejándolas como furias cansadas.

—Vamos a ve—decía—, ¿qué es too? Una niñá sin importancia. Ca uno es quien es, y Juaniyo es un presonaje, y nesesita tratarse con gentes de poer. ¡Que esa señora fue al cortijo! ¿y qué?... Hay que orsequiar a las güenas amistades; así se pueen pedir favores y ayudar después a los de la familia. Na malo pasó: too calumnias. Estaba allí el *Nacional*, que es un hombre de carácter. Le conozco mucho.

Y por primera vez en su vida alababa al banderillero. Metido a todas horas en la casa, su auxilio era de gran valía para Gallardo. El solo bastábase para aplacar a las mujeres, aturdiéndolas con su charla continua. El torero no le regateaba su gratitud. Había dejado la tienda de talabartero porque los negocios iban mal, y aguardaba un empleo de su cuñado. Mientras tanto, el espada atendía a todas las necesidades de la familia, y al fin acabó rogando a él y a su hermana que se instalasen en la casa. Así, la pobre Carmen se aburriría menos; no estaría tan sola.

Un día, el *Nacional* recibió un aviso de la esposa de su matador para que fuese a verla. La misma mujer del banderillero le dio el recado.

—La he visto esta mañana. Venía de San Gil. La probe tiene los ojos como si yorase a toas horas. Ve a verla... ¡Ay, los hombres guapos! ¡Qué castigo!

Carmen recibió al *Nacional* en el despacho del espada. Allí estarían solos, sin miedo a que entrase la señora Angustias con sus vehemencias, o los cuñados, que se habían instalado en la casa con toda su prole, abusando de la superioridad que les proporcionaban las disensiones de la familia. Gallardo estaba en el club de la calle de las Sierpes. Huía de la casa, y muchos días, para evitar el encontrarse con su mujer, comía fuera, yendo con amigos a la venta de Eritaña.

El *Nacional*, sentado en un diván, quedó con la cabeza baja y el sombrero entre las manos, no queriendo mirar a la esposa de su maestro. ¡Cómo se había desmejorado! Sus ojos estaban enrojecidos y con profundos cercos obscuros. Las mejillas morenas y el filo de su nariz tenían una brillantez de color sonrosado que delataba el frote del pañuelo.

—Sebastián, va usté a decirme toíta la verdá. Usté es bueno, usté es el mejor amigo de Juan. Lo de la mamita, el otro día, fueron cosas de su carácter. Usté conoce lo buena que es. Un pronto, y después na. No haga caso.

El banderillero asentía con movimientos de cabeza, aguardando la pregunta. ¿Qué deseaba saber la señora Carmen?...

—Que me diga usté lo que pasó en *La Rinconá*, lo que usté vio y lo que usté se figura.

¡Ah, buen *Nacional*! ¡Con qué noble arrogancia irguió la cabeza, contento de poder hacer el bien, dando consuelo a aquella infeliz!... ¿Ver? El no había visto nada malo.

—Se lo juro por mi pare, se lo juro... por mis ideas.

Y apoyaba sin miedo su juramento en el testimonio sacrosanto de sus ideas, pues en realidad no había visto nada, y no viéndolo, creía él lógicamente, con el orgullo de su perspicacia y sabiduría, que nada malo podía haber ocurrido.

—Yo me figuro que no son mas que amigos... Ahora, si ha habío argo endenantes, no sé. Disen las gentes por ahí... hablan... ¡se inventan tantas mentiras! Usté no haga caso, señá Carmen.

¡Alegría, y a vivir, que eso e la verdá!

Ella volvió a insistir. Pero ¿qué había pasado en el cortijo?... El cortijo era su casa, y esto la indignaba, viendo unido a la infidelidad algo que le parecía un sacrilegio, un insulto directo a su persona.

—¿Usté cree que soy tonta, Sebastián? Yo lo veo too. Denque empezó a fijarse en esa señora... o lo que sea, que yo le conocí a Juan lo que pensaba. El día que le brindó un toro y vino él con aquella sortija de brillantes, yo adiviné lo que había entre los dos, y me dieron ganas de coger el anillo y patearlo... Luego lo he sabio too, ¡too! Siempre hay gentes que se encargan de yevar soplos, porque esto hace mal a las personas. Ellos, además, no se han recatao; han ido a toas partes como si fuesen marío y mujé, a la vista de too er mundo, a cabayo, lo mismo que los gitanos que van de feria en feria. Cuando estábamos en el cortijo me yegaban noticias de too lo que hacía Juan; y luego, estando en Sanlúcar, también.

El *Nacional* creyó necesario intervenir, viendo que Carmen se conmovía con estos recuerdos e iba a llorar.

—¿Y usté cree esos embustes, criatura? ¿No ve que son invensiones de gentes que la quieren mal?... Envidias na más.

—No; conozco a Juan. ¿Usté cree que esto es lo primero?... El es como es, y no puee ser de otro modo. ¡Mardito ofisio, que paece volver locos a los hombres! A los dos años de casado ya tuvo amores con una güena moza del Mercado, una carnicera. ¡Lo que yo sufrí al saberlo!... Pero ni una palabra de mi parte. El cree aún que no sé na. Luego, ¡cuántas ha tenío! Bailaoras de tablao en los cafés, pelanduscas de esas que van por los colmaos, hasta perdidas de las que viven en casas públicas... No sé cuántas han sío, ¡docenas! y yo cayaba, queriendo conservar la paz de mi casa. Pero esta mujer de ahora no es igual que las otras. Juan anda chalao tras ella; está tonto; sé que ha hecho mil bajesas pa que ella, acordándose de que es una señorona, no le eche a la calle, avergonzada de tené relaciones con un torero... Ahora se ha ido. ¿No lo sabía usté? Se ha ido porque se aburría en Seviya. Yo tengo gentes que me lo cuentan too. Se ha ido sin despedirse de Juan, y cuando éste fue a verla el otro día, se encontró con la puerta cerrá. Y ahí le tiene usté, triste como un cabayo enfermo, y anda con los amigos con cara de entierro, y bebe pa alegrarse, y cuando vuelve a casa paece que le han dao cañaso. No; él no olvida a esa mujer. El señor estaba orgulloso de que le quisiera una hembra de esa clase, y padece en su orgullito al ver que le dejan. ¡Ay, qué asco le tengo! Ya no es mi marío: me paece otro. Apenas nos hablamos, como no sea pa reñí. Lo mismo que si no nos conociéramos. Yo estoy sola arriba y él duerme abajo, en una pieza der patio. No nos juntaremos más, ¡lo juro! Antes se lo pasaba too: eran malas costumbres del ofisio; la manía de los toreros, que se creen irresistibles pa las mujeres... pero ahora no quiero verlo; le he tomao repugnansia.

Hablaba con energía, brillando en sus ojos un fulgor de odio.

—¡Ay, esa mujer! ¡Cómo lo ha cambiao!... ¡Es otro! Sólo quiere ir con los señoritos ricos, y las gentes del barrio y toos los probes de Seviya que eran sus amigos y le ayudaron cuando empezó se quejan de él, y el mejor día le van a armar una bronca en la plaza por desagradesío. Aquí entra el dinero a espuertas y no es fácil contarlo. Ni él mismo sabe nunca lo que tiene; pero yo lo veo too. Juega mucho, pa que lo apresien sus nuevos amigos; pierde mucho también, y el dinero entra por una puerta y se va por otra. Na le digo. Al fin, él es quien lo gana. Pero ha tenío que pedir prestao a don José pa cosas del cortijo, y unos olivares que compró este año pa unirlos a la finca fue con dinero de otros. Casi too lo que gane en la temporá próxima será pa pagar deudas. ¿Y si tuviese una desgrasia? ¿Y si se viera en la nesesiá de retirarse, como otros?... Hasta a mí ha querío cambiarme, lo mismo que él se ha cambiao. Se conose que el señó, al gorver a casa luego de visitar a su doña Sol o doña Demonios, nos encontraba muy fachas a su mamita y a mí con nuestros mantones y nuestras batas, como toas las hijas de la tierra. El es quien me ha obligao a ponerme esos gorros traíos de Madrí, con los que estoy muy mal, lo conozco, hecha una mona de las que bailan en los organillos. ¡Con tan rica que es la mantilla!... El también el que ha comprao ese carro del infierno, el otomóvil, en el que voy siempre con miedo y que huele a demonios. Si le dejásemos, hasta le pondría sombrero con rabos de gallo a la pobre mamita. Es un fachendoso, que piensa en la otra y quiere hacernos lo mismo que ella, pa no avergonzarse de nosotras.

El banderillero prorrumpió en protestas. Eso no. Juan era bueno, y hacía todo esto porque quería mucho a la familia y deseaba para ella lujos y comodidades.

—Será Juaniyo como usté quiera, señá Carmen, pero argo hay que dispensarle... ¡Vamo, que muchas se mueren de envidia viéndola a usté! ¡Ahí es na: ser la señora del más valiente de los toreros, con el dinero a puñaos, y una casa que es una maraviya, y dueña arsoluta de too, porque el maestro deja que usté disponga toas las cosas!

Los ojos de Carmen se humedecieron y se llevó el pañuelo a ellos para contener las lágrimas.

—Mejó quisiera ser la mujé de un zapatero. ¡Cuántas veces lo he pensao! ¡Si Juan hubiese seguío en su ofisio, en vez de coger este mardesío de la torería!... Más feliz sería yo con un pobre mantón yendo a llevarle la comía al portal donde trabajase, como trabajaba su pare. No habría güenas mozas que me lo quitasen; sería mío; pasaríamos nesesiá; pero los domingos, muy apañaos, nos iríamos a una venta a merendar. Aemás, ¡los sustos que paso con los marditos toros! ¡Esto no es viví! Mucho dinero, ¡mucho! pero crea usté, Sebastián, que pa mí es como si fuese veneno, y cuanto más entra en casa, peor estoy y más se me pudre la sangre. ¿Pa qué quiero los gorros y too este lujo?... La gente cree que soy la mar de feliz y me envidia, y a mí se me van los ojos tras las mujeres pobres que pasan nesesiá pero van con su chiquiyo al brazo, y cuando sienten penas las olvían mirando al pequeño y riéndose con él... ¡Ay, los chiquiyos! Yo sé cuál es mi desgrasia... ¡Si tuviéramos uno!... ¡Si Juan viese un pequeño en casa que fuera suyo, suyo too él, argo más que son los sobriniyos!...

Lloró Carmen, pero con lágrimas continuas que se escapaban entre los pliegues del pañuelo, bañando sus mejillas coloreadas por el llanto. Era el dolor de la mujer infecunda envidiando a todas horas la suerte de las madres; la desesperación de la esposa que al ver apartarse al marido finge creer en diversas causas, pero en el fondo del pensamiento atribuye esta desgracia a su esterilidad. ¡Un hijo que los uniese!... Y Carmen, convencida por el paso de los años de lo inútil de este deseo, desesperábase contra su destino, mirando con envidia a su silencioso oyente, en el cual la Naturaleza había prodigado lo que ella tanto ansiaba.

El banderillero salió cabizbajo de esta entrevista y se fue en busca del maestro, encontrándolo a la puerta de los *Cuarenta y cinco*.

—Juan, he visto a tu mujer. Aqueyo está cada vez peor. Veas de amansarla, de ponerte bien.

—¡Mardita sea! ¡Así acabe una enfermeá con ella, contigo y con mí mesmo! Esto no es viví. ¡Premita Dió que el domingo me agarre un toro, y ya hemos concluío! ¡Pa lo que vale la vía!...

Estaba algo borracho. Desesperábale el mutismo ceñudo que encontraba en su casa, y más todavía—aunque él no lo confesaba a nadie—aquella fuga de doña Sol sin dejar para él una palabra, un papel con cuatro líneas de despedida. Le habían puesto en la puerta, peor que a un sirviente. Ni siquiera sabía dónde estaba aquella mujer. El marqués no se había interesado gran cosa por el viaje de su sobrina. ¡Muchacha más loca! Tampoco le había avisado a él al marcharse, pero no por esto iba a creerla perdida en el mundo. Ya daría señales de existencia desde algún país «raro», adonde habría ido empujada por sus caprichos.

Gallardo no ocultaba su desesperación en la propia casa. Ante el silencio de su mujer, que permanecía con los ojos bajos o le miraba ceñuda, resistiéndose a contestar a sus preguntas para no entablar conversación, el espada prorrumpía en deseos mortales.

—¡Mardita sea mi suerte! ¡Ojalá me enganche un miura el domingo y me campanee, y me traigan a casa en una espuerta!

—¡No digas eso, malaje!—clamaba la señora Angustias—. No tientes a Dió; mia que eso trae mala suerte.

Pero el cuñado intervenía con su aire sentencioso, aprovechando la ocasión para halagar al espada.

—No haga usté caso, mamita. A éste no hay toro que lo toque. ¡Como no le arroje un cuerno!...

El domingo era la última corrida del año que iba a torear Gallardo. Pasó la mañana sin los vagos temores y las preocupaciones supersticiosas de otras veces. Se vistió alegremente, con una excitación nerviosa que parecía aumentar el vigor de sus brazos y sus piernas. ¡Qué gozo poder correr por la arena amarilla, asombrando con sus gallardías y atrevimientos a una docena de miles de espectadores!... Su arte solo era verdad: lo que proporciona entusiasmos de muchedumbres y dinero a granel. Lo demás, familia y amoríos, sólo servía para complicar la existencia y dar disgustos. ¡Ay, qué estocadas iba a soltar!... Sentíase con la fuerza de un gigante, era otro hombre: ni miedo ni peocupaciones. Hasta mostraba impaciencia por no ser aún la hora de ir a la plaza, muy al contrario de otras veces, en que iba retardando el temido momento. Su ira por los disgustos domésticos y por aquella fuga que lastimaba su vanidad ansiaba descargarla sobre los toros.

Cuando llegó el carruaje, atravesó Gallardo el patio, sin fijarse, como otras veces, en la emoción de las mujeres. Carmen no apareció. ¡Bah, las hembras!... Sólo servían para amargar la vida. En los hombres se encontraban únicamente los afectos durables y la alegre compañía. Allí estaba su cuñado, admirándose a sí mismo antes de ir a la plaza, satisfecho de un terno de calle del espada que se había arreglado a su medida antes de que lo usase el dueño. Con ser un ridículo charlatán, valía más que toda la familia. Este no le abandonaba nunca.

—Vas más hermoso que er propio Roger de Flor—le dijo el espada alegremente—. Sube al coche y te yevaré a la plaza.

El cuñado se sentó junto al grande hombre, trémulo de orgullo al pasar por las calles de Sevilla y que todos le viesen metido entre las capas de seda y los gruesos bordados de oro de los toreros.

La plaza estaba llena. Esta corrida importante al final de otoño había atraído gran público, no sólo de la ciudad, sino del campo. En los tendidos de sol veíase mucha gente de los pueblos.

Gallardo mostró desde el primer instante la nerviosa actividad que le poseía. Veíasele lejos de la barrera, saliendo al encuentro del toro, entreteniéndole con sus lances de capa mientras los picadores aguardaban el momento en que acometiese éste a sus míseros caballos.

Notábase en el público cierta predisposición contra el torero. Le aplaudían como siempre, pero las demostraciones de entusiasmo eran más nutridas y calurosas en la parte de la sombra, donde los tendidos ofrecían filas simétricas de blancos sombreros, que en la parte del sol, viva y abigarrada, donde quedaban muchos en mangas de camisa bajo el chicharreo del calor solar.

Gallardo adivinaba el peligro. Que tuviese mala suerte, y una mitad del circo se levantaría vociferante contra él, llamándole desagradecido e ingrato con los que le «levantaron». Mató su primer toro con mediana fortuna. Se arrojó, audaz como siempre, entre los cuernos, pero la espada tropezó en hueso. Los entusiastas le aplaudieron. La estocada estaba bien marcada, y de la inutilidad de su esfuerzo no tenía él la culpa. Volvió por segunda vez a entrar a matar; la espada quedó en el mismo sitio, y el toro, al moverse tras la muleta, la despidió de la herida, arrojándola a alguna distancia. Entonces, tomando de manos de *Garabato* un estoque nuevo, volvió hacia la fiera, que le aguardaba aplomada sobre sus patas, con el cuello chorreando sangre y el hocico baboso casi tocando la arena.

El maestro, plantando su muleta ante los ojos del toro, fue echando atrás tranquilamente con la punta de la espada los palos de las banderillas que le caían sobre el testuz. Iba a «descabellarlo». Apoyó la punta del acero en lo alto de la cabeza, buscando entre los dos cuernos el sitio sensible. Hizo un esfuerzo para clavar la espada, y el toro se estremeció dolorosamente, pero siguió en pie, rechazando el acero con un rudo cabezazo.

—¡Una!—clamó con vocerío burlesco el público de los tendidos de sol.

«¡Mardita sea!... » ¿Por qué le atacaba esta gente con tanta injusticia?

Volvió a apoyar la espada y pinchó, acertando a dar esta vez en el punto vulnerable. El toro cayó instantáneamente, como si lo hubiese tocado un rayo, hiriéndole en el centro nervioso de su vida, y quedó con los cuernos clavados en el suelo y el vientre en alto entre las patas rígidas.

Aplaudieron las gentes de la sombra con un entusiasmo de clase, mientras el público del sol prorrumpía en silbidos e improperios.

—¡Niño litri!... ¡Aristócrata!

Gallardo, vuelto de espaldas a estas protestas, saludaba con la muleta y la espada a sus entusiastas. Los insultos del populacho, que siempre había sido su amigo, le dolían, haciéndole cerrar los puños.

—Pero ¿qué quié esa gente? El toro no daba más de sí. ¡Mardita sea! Esto son cosas de los enemigos.

Y pasó gran parte de la corrida junto a la barrera, mirando desdeñosamente lo que hacían los compañeros, acusándolos en su pensamiento de haber preparado contra él las muestras de desagrado.

Igualmente prorrumpía en maldiciones contra el toro y el pastor que lo crió. ¡Tan bien preparado que venía para hacer grandes cosas, y tropezarse con aquella bestia que no le había permitido lucirse! Debían fusilar a los ganaderos que soltaban tales animales.

Cuando tomó por segunda vez los trastos de matar, dio una orden al *Nacional* y a otro de sus peones para que se llevasen con la capa el toro hacia la parte de la plaza donde estaba el populacho.

Conocía al público. Había que halagar a los «ciudadanos» del sol, tumultuosa y terrible demagogia que llevaba a la plaza los odios de clase, pero con la mayor facilidad convertía los silbidos en aplausos así que una leve muestra de consideración acariciaba su orgullo.

Los peones, arrojando sus capas al toro, emprendieron carrera para llevarlo al lado del redondel caldeado por el sol. Un movimiento de alegre sorpresa del populacho acogió esta maniobra. El momento supremo, la muerte del toro, iba a desarrollarse bajo sus ojos, y no a gran distancia, como ocurría casi siempre, para comodidad de los ricos que se sentaban en la sombra.

La fiera, al quedar sola en este lado de la plaza, acometió el cadáver de un caballo. Hundió la cabeza en el vientre abierto, levantando sobre sus cuernos, como un harapo flácido, la mísera carroña, que esparcía en torno entrañas sueltas y excrementos. Cayó en el suelo el cadáver, quedando casi doblado, y el toro fue alejándose con paso indeciso. Otra vez volvió a olisquearlo, dando sonoros bufidos y hundiendo sus cuernos en la cavidad del vientre, mientras el público reía de esta tenacidad estúpida, de este rebusque de vida en el cuerpo inánime.

—¡Duro ahí!... ¡Qué poer tienes, hijo!... ¡Sigue, que ahora güervo!

Pero la atención de todos se apartó de este ensañamiento de la bestia, para fijarse en Gallardo, que atravesaba la plaza con menudo paso, cimbreante el talle, en una mano la plegada muleta y moviendo con la otra la espada cual si fuese un bastoncillo.

Todo el público del sol aplaudió, agradecido por esta aproximación del espada.

—Te los has metió en er borsiyo—dijo el *Nacional*, que estaba con el capote preparado cerca del toro.

La muchedumbre manoteaba llamando al torero. «¡Aquí, aquí!» Cada uno quería que matase al toro frente a su tendido, para no perder ni un detalle, y el espada vacilaba entre los llamamientos contradictorios de miles de bocas.

Con un pie en el estribo de la barrera, calculaba el lugar mejor para dar muerte al toro. Había que llevarlo más allá. Al torero le estorbaba el cadáver del caballo, que parecía llenar con su despanzurrada miseria todo aquel lado de la plaza.

Iba a llamar al *Nacional* para darle orden de que se llevase la bestia, cuando oyó a sus espaldas una voz conocida, una voz que no adivinó de quién era, pero que le hizo volverse rápidamente.

—Güenas tardes, señó Juan... ¡Vamo a aplaudí la verdá!

Vio en primera fila, bajo la maroma de la contrabarrera, un chaquetón plegado en el filo de la valla, cruzados sobre él unos brazos en mangas de camisa y apoyada en las manos una cara ancha, afeitada recientemente, con un sombrero metido hasta las orejas. Parecía un rústico bonachón venido de su pueblo para presenciar la corrida.

Gallardo le reconoció. Era *Plumitas*.

Cumplía su promesa, y allí estaba, audazmente, entre doce mil personas que no podían reconocerle, saludando al espada, que sintió cierto agradecimiento por esta muestra de confianza.

Gallardo se asombraba de su temeridad. Bajar a Sevilla, meterse en la plaza, lejos de los montes y los desiertos, donde le era fácil la defensa, sin el auxilio de sus dos compañeras, la jaca y la carabina, ¡y todo por verle matar toros!... De los dos, aquel hombre era el valiente.

Pensó además en su cortijo, que estaba a merced del *Plumitas*, en la vida campestre, que sólo era posible guardando buenas relaciones con aquel personaje extraordinario.

Para él debía ser el toro.

Sonrió al bandido, que seguía contemplándole con rostro plácido, se quitó la montera, y gritó dirigiéndose a la revuelta muchedumbre, aunque con los ojos fijos en *Plumitas*.

—¡Vaya por ustés!

Arrojó la montera al tendido, y las manos se abalanzaron unas contra otras, luchando por atrapar el sagrado depósito.

Gallardo hizo seña al *Nacional* para que con un capeo oportuno trajese el toro hacia él.

Extendió su muleta el espada, y la bestia acometió con sonoro bufido, pasando bajo el trapo rojo. «¡Olé!», rugió la muchedumbre, familiarizada ya con su antiguo ídolo y dispuesta a encontrar admirable todo cuanto hiciese.

Siguió dando pases al toro, entre las aclamaciones de la gente que estaba a pocos pasos de él y viéndole de cerca le daba consejos. ¡Cuidado, Gallardo! El toro estaba muy entero. No debía meterse entre él y la barrera. Convenía que guardase franca la salida.

Otros, más entusiastas, excitaban su atrevimiento con audaces consejos.

—Suértale una de las tuyas... ¡Zas! Estocá, y te lo metes en er borsiyo.

Era demasiado grande y receloso el animal para que se lo pudiera meter en el bolsillo. Excitado por la vecindad del caballo muerto, tenía la tendencia de volver a él, como si le embriagase el hedor de su vientre.

En una de las evoluciones, el toro, fatigado por la muleta, quedó inmóvil sobre sus patas. Gallardo tenía detrás de él el caballo muerto. Era una mala situación, pero de peores había salido victorioso.

Quiso aprovechar la posición de la bestia. El público le excitaba a ello. Entre los hombres puestos de pie en la contrabarrera, con el cuerpo echado adelante para no perder un detalle del momento decisivo, reconoció a muchos aficionados populares que comenzaban a apartarse de él y volvían ahora a aplaudirle, conmovidos por su muestra de consideración al «pueblo».

—¡Aprovéchate, güen mozo!... ¡Vamo a ve la verdá!... ¡Tírate de veras!

Gallardo volvió un poco la cabeza para saludar a *Plumitas*, que permanecía sonriente, con la cara de luna asomada sobre los brazos y el chaquetón.

—¡Por usté, camará!...

Se perfiló con la espada al frente para entrar a matar, pero en el mismo instante creyó que la tierra temblaba, despidiéndolo a gran distancia, que la plaza se venía abajo, que todo se volvía negro y soplaba un vendaval de feroz bramido. Vibró dolorosamente su cuerpo de pies a cabeza, próximo a estallar; le zumbó el cráneo cual si reventase; una mortal angustia contrajo su pecho... y cayó en un vacío lóbrego e interminable, con la inconsciencia del no ser.

El toro, en el mismo instante en que él se disponía a entrar a matar, había arrancado inesperadamente contra él, atraído por la «querencia» del caballo que estaba a sus espaldas. Fue un encontronazo brutal, que hizo rodar y desaparecer entre sus patas aquel cuerpo forrado de seda y oro. No lo enganchó con los pitones, pero el golpe fue horrible, demoledor, y testuz y cuernos, toda la defensa frontal de la fiera, abatió al hombre como una maza de hueso.

El toro, que sólo veía al caballo, sintió entre sus patas un obstáculo, y despreciando el cadáver de la bestia, se revolvió para atacar de nuevo al brillante monigote que yacía inmóvil en la arena. Lo levantó con un cuerno, arrojándolo a algunos pasos de distancia tras breve zarandeo, y quiso volver sobre él por tercera vez.

La muchedumbre, aturdida por la velocidad con que había ocurrido todo esto, permanecía silenciosa, con el pecho oprimido. ¡Lo iba a matar! ¡Tal vez lo había matado ya!... De pronto, un alarido de todo el público rompió este silencio angustioso. Una capa se tendió entre la fiera y la víctima, un trapo casi pegado al testuz por unos brazos vigorosos que pretendían cegar a la bestia. Era el *Nacional*, que, a impulsos de la desesperación, se arrojaba sobre el toro, queriendo ser cogido por éste para librar al maestro. La bestia, aturdida por el nuevo obstáculo, se lanzó contra él, volviendo el rabo al caído. El banderillero, metido entre los cuernos, corrió de espaldas agitando la capa, no sabiendo cómo librarse de esta situación peligrosa, pero satisfecho al ver que alejaba al toro del herido.

El público casi olvidó al espada, impresionado por este nuevo incidente. El *Nacional* iba a caer también; no podía salirse de entre los cuernos: la fiera le llevaba ya casi enganchado... Gritaban los hombres, como si sus gritos pudieran servir de auxilio al perseguido; suspiraban de angustia las mujeres, volviendo la cara y agarrándose convulsas las manos; hasta que el banderillero, aprovechando un momento en que la fiera bajaba la cabeza para engancharle, se salió de entre los cuernos, quedando a un lado, mientras aquélla corría ciegamente conservando el capote desgarrado entre las astas.

La emoción estalló en un aplauso ensordecedor. La muchedumbre, tornadiza, impresionada únicamente por el peligro del momento, aclamaba al *Nacional*. Fue uno de los mejores momentos de su vida. El público, ocupado en aplaudirle, apenas se fijó en el cuerpo inánime de Gallardo, que era sacado del redondel, con la cabeza caída, entre toreros y empleados de la plaza.

Al anochecer, sólo se habló en la ciudad de la cogida de Gallardo: la más terrible de su vida. A aquellas horas se estaban publicando hojas extraordinarias en muchas ciudades, y los periódicos de toda España daban cuenta del suceso con extensos comentarios. Funcionaba el telégrafo lo mismo que si un personaje político acabase de ser víctima de un atentado.

Circulaban por la calle de las Sierpes noticias aterradoras, exageradas por el hiperbólico comentario meridional. Acababa de morir el pobre Gallardo. El que daba el triste aviso le había visto en una cama de la enfermería de la plaza blanco como el papel y con una cruz entre las manos. Otro se presentaba con noticias menos lúgubres. Aún no había muerto, pero moriría de un momento a otro.

—Lo tié suerto too: er corazón, los reaños, ¡too! Ar probesito lo ha dejao er bicho como una criba.

Habíanse establecido guardias en los alrededores de la plaza, para que la gente ansiosa de noticias no asaltase la enfermería. Fuera del circo agolpábase la muchedumbre, preguntando a los que entraban y salían por el estado del espada.

El *Nacional*, vestido aún con el traje de lidia, se asomó varias veces, malhumorado y ceñudo, dando gritos y enfadándose porque no estaba dispuesto lo necesario para la traslación del maestro a su casa.

La gente, al ver al banderillero, olvidaba al herido para felicitarle.

—Señó Sebastián, ha estao usté mu güeno. ¡Si no es por usté!...

Pero él rehusaba estas felicitaciones. ¿Qué importaba lo que él hubiese hecho? ¡Todo... «líquido»! Lo interesante era el pobre Juan, que estaba en la enfermería luchando con la muerte. —¿Y cómo está, señó Sebastián?— preguntaba la gente, volviendo a su primer interés.

—Muy malito. Ahora acaba de gorverle el conosimiento. Tiene una pierna hecha porvo, un puntaso bajo el brazo, ¡y qué sé yo!... El probe está como mi santo... Vamo a yevarlo a casa.

Cerrada la noche, salió Gallardo del circo tendido en una camilla. La multitud marchaba silenciosa detrás de él. El viaje fue largo. A cada momento, el *Nacional*, que iba con la capa al brazo, confundiendo su traje vistoso de torero con los vulgares de la muchedumbre, inclinábase sobre el hule de la cubierta de la camilla y mandaba descansar a los portadores.

Los médicos de la plaza caminaban detrás, y con ellos el marqués de Moraima y don José el apoderado, que parecía próximo a desmayarse en los brazos de algunos compañeros de los *Cuarenta y cinco*, todos confundidos y revueltos por la común emoción con las gentes desarrapadas que seguían al torero.

La muchedumbre estaba consternada. Era un desfile triste, como si acabase de ocurrir uno de esos desastres nacionales que suprimen las diferencias de clases y nivelan a todos los hombres bajo el infortunio general.

—¡Qué desgrasia, señó marqué!—dijo al de Moraima un rústico mofletudo y rubio llevando el chaquetón sobre un hombro.

Por dos veces había apartado rudamente a uno de los portadores de la camilla, queriendo ayudar a su conducción. El marqués le miró con simpatía. Debía ser alguno de aquellos hombres del campo que estaban acostumbrados a saludarle en los caminos.

—Sí; una desgrasia grande, muchacho.

—¿Y cree usté que morirá, señó marqué?...

—Eso se teme, a menos que no lo salve un milagro. Está hecho porvo.

Y el marqués, poniendo su diestra en un hombro del desconocido, parecía agradecer la tristeza que se reflejaba en su rostro.

La llegada a la casa de Gallardo fue penosa. Sonaron adentro, en el patio, alaridos de desesperación. En la calle gritaban y se mesaban los pelos otras mujeres vecinas y amigas de la familia, que creían ya muerto a Juanillo.

Potaje, con otros camaradas, tuvo que oponer en la puerta el obstáculo de su cuerpo, repartiendo empellones y golpes para que la multitud no asaltase la casa en seguimiento de la camilla. La calle quedó repleta de una muchedumbre que zumbaba comentando el suceso. Todos miraban la casa, con la ansiedad de adivinar algo al través de las paredes.

La camilla penetró en una habitación inmediata al patio, y el espada, con minuciosas precauciones, fue trasladado a la cama. Estaba envuelto en trapos y vendajes sanguinolentos que olían a fuertes antisépticos. De su traje de lidia sólo conservaba una media de color rosa. Las ropas interiores estaban rotas en unos sitios y cortadas en otros por tijeras.

La coleta pendía deshecha y enmarañada sobre su cuello; el rostro tenía una palidez de hostia. Abrió los ojos al sentir una mano en las suyas, y sonrió levemente viendo a Carmen, pero una Carmen tan blanca como él, con los ojos secos, la boca lívida y una expresión de espanto, como si fuese aquel su último instante.

Los graves señores amigos del espada intervinieron prudentemente. Aquello no podía continuar: Carmen debía retirarse. Aún no se había hecho al herido mas que la primera cura, y quedaba mucho trabajo para los médicos.

La esposa acabó por salir de la habitación, empujada por los amigos de la casa. El herido hizo una seña con los ojos al *Nacional*, y éste se inclinó, esforzándose por comprender su ligero susurro.

—Dice Juan—murmuró saliendo al patio—que telegrafíen en seguida al doctó Ruiz.

El apoderado le contestó, satisfecho de su previsión. Ya había telegrafiado él a media tarde, al convencerse de la importancia de la desgracia. Era casi seguro que el doctor estaría a aquellas horas en camino, para llegar a la mañana siguiente.

Después de esto, don José siguió preguntando a los médicos que habían hecho la cura en la plaza. Pasado su primer aturdimiento, mostrábanse éstos más optimistas. Era posible que no muriese. ¡Tenía aquel organismo tales energías!... Lo temible era la conmoción que había sufrido, el sacudimiento, capaz de matar a otros instantáneamente; pero ya había salido del colapso y recobrado sus sentidos, aunque la debilidad era grande... Cuanto a las heridas, no las consideraban de peligro. Lo del brazo era poca cosa; tal vez quedase menos ágil que antes.

Lo de la pierna no ofrecía iguales esperanzas. El hueso estaba fracturado: Gallardo podía quedar cojo.

Don José, que había hecho esfuerzos para mostrarse impasible cuando horas antes consideraban todos inevitable la muerte del espada, se conmovió al oír esto. ¡Cojo su matador!... ¿Entonces no podría torear?...

Indignábase ante la calma con que hablaban los médicos de la posibilidad de que Gallardo quedase inútil para el toreo.

—Eso no puede ser. ¿Ustedes creen lógico que Juan viva y no toree?... ¿Quién ocuparía su puesto? ¡Que no puede ser digo! El primer hombre del mundo... ¡y quieren que se retire!

Pasó la noche en vela con los individuos de la cuadrilla y el cuñado de Gallardo. Este, tan pronto estaba en la habitación del herido como subía al piso superior para consolar a las mujeres, oponiéndose a su propósito de ver al torero. Debían obedecer a los médicos y evitar emociones al enfermo. Juan estaba muy débil, y esta debilidad inspiraba más cuidado a los doctores que las heridas.

A la mañana siguiente, el apoderado corrió a la estación. Llegó el expreso de Madrid, y en él el doctor Ruiz. Venía sin equipaje, vestido con el abandono de siempre, sonriendo bajo su barba de un blanco amarillento, bailoteándole en el suelto chaleco, con el vaivén de sus piernas cortas, el grueso abdomen, semejante al de un Buda. Había recibido la noticia en Madrid al salir de una corrida de novillos organizada para dar a conocer a cierto «niño» de las Ventas. Una payasada que le había divertido mucho... Y reía, tras una noche de cansancio en el tren, recordando esta corrida grotesca, como si hubiese olvidado el objeto de su viaje.

Al entrar en la habitación del torero, éste, que parecía sumido en el limbo de su debilidad, abrió los ojos y le reconoció, animándose con una sonrisa de confianza. Ruiz, luego de escuchar en un rincón los susurros de los médicos que habían hecho la primera cura, se aproximó al enfermo con aire resuelto.

—¡Animo, buen mozo, que de ésta no acabas! ¡Tienes una suerte!...

Y luego añadió, dirigiéndose a sus colegas:

—Pero ¡qué magnífico animal este Juanillo! Otro, a estas horas, no nos daría ningún trabajo.

Le reconoció con gran atención. Una cogida de cuidado; pero ¡había visto tantas!... En los casos de enfermedades que llamaba «corrientes», vacilaba indeciso, no atreviéndose a sostener una opinión. Pero las cogidas de toro eran su especialidad, y en ellas aguardaba siempre las más estupendas curaciones, como si los cuernos diesen al mismo tiempo la herida y el remedio.

—El que no muere en la misma plaza—decía—casi puede decir que se ha salvado. La curación no es mas que asunto de tiempo.

Durante tres días permaneció Gallardo sometido a operaciones atroces, rugiendo de dolor, pues su estado de debilidad no le permitía ser anestesiado. De una pierna le extrajo el doctor Ruiz varias esquirlas de hueso, fragmentos de la tibia fracturada.

—¿Quién ha dicho que ibas a quedar inútil para la lidia?—exclamó el doctor, satisfecho de su habilidad—. Torearás, hijo; aún te ha de aplaudir mucho el público.

El apoderado asentía a estas palabras. Lo mismo había creído él. ¿Así podía acabar su vida aquel mozo, que era el primer hombre del mundo?...

Por mandato del doctor Ruiz, la familia del torero se había trasladado a la casa de don José. Estorbaban las mujeres: su proximidad era intolerable en las horas de operación. Bastaba un quejido del torero, para que al momento respondiesen desde todos los extremos de la casa, como ecos dolorosos, los alaridos de la madre y la hermana, y hubiera que contener a Carmen, que se debatía como una loca, queriendo ir al lado de su marido.

El dolor había trastornado a la esposa, haciéndola olvidar sus rencores. Muchas veces su llanto era de remordimiento, pues se creía autora inconsciente de aquella desgracia.

—¡Yo tengo la curpa, lo sé!—decía con desesperación al *Nacional*—. Repitió muchas veces que ¡ojalá lo cogiese un toro, pa acabar de una vez! He sido muy mala: le he amargao la vida.

En vano el banderillero hacía memoria del suceso, con toda clase de detalles, para convencerla de que la desgracia había sido casual. No; Gallardo, según ella, había querido acabar para siempre, y a no ser por el banderillero, le habrían sacado muerto del redondel.

Cuando terminaron las operaciones, la familia volvió a la casa.

Entraba Carmen en la habitación del herido con leve paso, bajos los ojos, como avergonzada de su anterior hostilidad.

—¿Cómo estás?—preguntaba cogiendo entre sus dos manos una de Juan.

Y así permanecía, silenciosa y tímida, en presencia de Ruiz y otros amigos que no se apartaban de la cama del herido.

De estar sola, tal vez se habría arrodillado ante su esposo, pidiéndole perdón. ¡Pobrecito! Lo había desesperado con sus crueldades, impulsándolo a la muerte. Había que olvidarlo todo. Y su alma sencilla asomaba a los ojos con una expresión abnegada y cariñosa, mezcla de amor y ternura maternal.

Gallardo parecía empequeñecido por el dolor, flaco, pálido, con un encogimiento infantil. Nada quedaba del mozo arrogante que enardecía a los públicos con sus audacias. Quejábase de su quietismo, de aquella pierna sometida a la inmovilidad, con un peso abrumador, como si fuese de plomo. Parecía acobardado por las terribles operaciones sufridas en pleno conocimiento. Su antigua dureza para el dolor había desaparecido, y gemía a la más leve molestia.

Su cuarto era a modo de un lugar de reunión, por donde pasaban durante el día los aficionados más célebres de la ciudad. El humo de los cigarros mezclábase al hedor del yodoformo y otros olores fuertes. En las mesas asomaban entre los frascos de medicamentos y los paquetes de algodones y vendajes las botellas de vino con que eran obsequiados los visitantes.

—Eso no es nada—gritaban los amigos, queriendo animar al torero con su ruidoso optimismo—. Dentro de un par de meses ya estás toreando. En buenas manos has caído. El doctor Ruiz hace milagros.

El doctor se mostraba igualmente alegre.

—Ya tenemos hombre. Mírenlo ustedes: ya fuma. ¡Y enfermo que fuma... !

Hasta altas horas de la noche acompañaban al herido el doctor, el apoderado y algunos individuos de la cuadrilla. Cuando llegaba *Potaje*, quedábase cerca de una mesa, procurando tener las botellas al alcance de la mano.

La conversación entre Ruiz, el apoderado y el *Nacional* era siempre sobre los toros. Imposible juntarse con don José para hablar de otra cosa. Comentaban los defectos de todos los espadas, discutían sus méritos y el dinero que ganaban, mientras el enfermo escuchábales en forzosa inmovilidad o caía en una torpeza soñolienta, mecido por el susurro de la conversación.

Las más de las veces era el doctor el único que hablaba, seguido en el curso de sus palabras por los ojos admirativos y graves del *Nacional*. ¡Lo que sabía aquel hombre!... El banderillero, a impulsos de la fe, retiraba a don Joselito, al maestro, una parte de su confianza, y preguntaba al doctor cuándo sería la revolución.

—¿Y a ti qué te importa? Tú lo que debes desear es conocer a los toros para librarte de una desgracia, y torear mucho para llevar dinero a la familia.

El *Nacional* protestaba de esta humillación que pretendía imponerle por su carácter de torero. El era un ciudadano como los demás, un elector al que buscaban los personajes políticos en días de elecciones.

—Yo creo que tengo derecho a opinar. Digo, ¡me paece!... Yo soy del comité de mi partido: eso es... ¿Que soy torero? Ya sé que es un ofisio bajo y reasionario, pero eso no quita que tenga mis ideas.

Insistía en lo de la reacción, sin hacer caso de las burlas de don José, pues él, aun respetando mucho a éste, sólo hablaba para el doctor Ruiz. La culpa de todo la tenía Fernando VII, sí señor; un tirano que al cerrar las universidades y abrir la Escuela de Tauromaquia de Sevilla había hecho odioso este arte, poniendo en ridículo al toreo.

—¡Mardito sea el tirano, dotor!

El *Nacional* conocía la historia política del país en relación con la tauromaquia, y a la par que execraba al *Sombrerero* y otros lidiadores partidarios del rey absoluto, hacía memoria del arrogante Juan León, desafiador de los públicos durante la época del absolutismo, el cual se presentaba a torear en traje negro, ya que a los liberales les llamaban «negros», y tenía que salir de la plaza entre las amenazas del populacho, afrontando impávido sus iras. El *Nacional* insistía en sus creencias. El toreo era arte de otros tiempos, oficio de bárbaros, pero también tenía sus hombres dignos de iguales consideraciones que los demás.

—¿Y de dónde sacas eso de reaccionario?—dijo el doctor—. Tú eres una buena persona, *Nacional*, con los mejores deseos del mundo, pero también eres un ignorante.

—Eso—exclamó don José—, eso es la verdad. En el comité lo han vuelto medio tonto con sermones y soflamas.

—El toreo es un progreso—continuó el doctor, sonriendo—, ¿te enteras, Sebastián? un progreso de las costumbres de nuestro país, una dulcificación de las diversiones populares a que se entregaban los españoles de otros tiempos; esos tiempos de que te habrá hablado muchas veces tu don Joselito.

Y Ruiz, con una copa en la mano, hablaba y hablaba, deteniéndose solamente para beber un sorbo.

—Eso de que el toreo es antiquísimo no pasa de ser una enorme mentira. Se mataban fieras en España para diversión de la gente, pero no existía el toreo tal como hoy se conoce. El Cid alanceaba toros, conforme; los caballeros moros y cristianos se entretenían en los cosos; pero ni existía el torero de profesión, ni a los animales se les daba una muerte noble y conforme a reglas.

El doctor evocaba el pasado de la fiesta nacional durante siglos. Sólo en muy contadas circunstancias, cuando se casaban los reyes, se firmaba una paz o se inauguraba una capilla en una catedral, celebrábanse tales sucesos con corridas de toros. Ni había regularidad en la repetición de estas fiestas, ni se conocía el lidiador profesional. Los apuestos caballeros, vestidos de brillantes sedas, salían al coso, jinetes en sus corceles, para alancear la bestia o rejonearla ante los ojos de las damas. Si el toro llegaba a desmontarlos, tiraban de la espada, y con ayuda de los lacayos daban muerte a la bestia, hiriéndola donde podían, sin ajustarse a regla alguna. Cuando la corrida era popular, bajaba a la arena la muchedumbre, atacando en masa al toro, hasta que conseguía derribarlo, rematándole a puñaladas.

—No existían las corridas de toros—continuaba el doctor—. Aquello eran cacerías de reses bravas... Bien considerado, la gente tenía otras ocupaciones y contaba con otras fiestas propias de la época, no necesitando perfeccionar esta diversión.

El español belicoso tenía como medio seguro de abrirse paso las guerras incesantes en diversos territorios de Europa y el embarcarse para las Américas, siempre necesitadas de hombres valerosos. Además, la religión daba con frecuencia espectáculos emocionantes, en los cuales sentíase el escalofrío que proporciona el peligro ajeno y se ganaban indulgencias para el alma. Los autos de fe, seguidos de quemas de hombres, eran espectáculos fuertes que quitaban interés a unos juegos con simples animales montaraces. La Inquisición resultaba la gran fiesta nacional.

—Pero llegó un día—siguió diciendo Ruiz con fina sonrisa—en que la Inquisición comenzó a debilitarse. Todo se gasta en este mundo. Al fin se murió de vieja, mucho antes de que la suprimiesen las leyes revolucionarias. Estaba cansada de existir; el mundo había cambiado, y sus fiestas resultaban algo semejante a lo que sería una corrida de toros en Noruega, entre hielos y con cielo obscuro. Le faltaba ambiente. Comenzó a sentir vergüenza de quemar hombres, con todo su aparato de sermones, vestiduras ridículas, abjuraciones, etc. Ya no se atrevió a dar autos de fe. Cuando le era necesario revelar que aún existía, contentábase con unos azotes dados a puerta cerrada. Al mismo tiempo, los españoles, cansados de andar por el mundo en busca de aventuras, nos metimos en casa: ya no hubo más guerras en Flandes ni en Italia; se terminó la conquista de América con el continuo embarque de aventureros, y entonces fue cuando comenzó el arte del toreo, y se construyeron plazas permanentes, y se formaron cuadrillas de toreros de profesión, y se ajustó la lidia a reglas, y se crearon tal como hoy las conocemos las suertes de banderillas y de matar. La muchedumbre encontró la fiesta muy de su gusto. El toreo se hizo democrático al convertirse en una profesión. Los caballeros fueron sustituidos por plebeyos, que cobraban al exponer su vida, y el pueblo entró en masa en las plazas como único señor, dueño de sus actos, pudiendo insultar desde las gradas a la misma autoridad que le inspiraba terror en la calle. Los hijos de los que asistían con religioso y concentrado entusiasmo al achicharramiento de herejes y judaizantes se dedicaron a presenciar con ruidosa algazara la lucha del hombre con el toro, en la que sólo de tarde en tarde llega la muerte para el lidiador. ¿No es esto un progreso?...

Ruiz insistía en su idea. A mediados del siglo XVIII, cuando España se metía en su caparazón, renunciando a lejanas guerras y nuevas colonizaciones, y se extinguía por falta de ambiente la fría crueldad religiosa, era cuando florecía el torero. El heroísmo popular necesitaba nuevos caminos para subir hasta la notoriedad y la fortuna. La ferocidad de la muchedumbre, habituada a fiestas de muerte, necesitaba una válvula de escape para dar expansión a su alma, educada durante siglos en la contemplación de suplicios. El auto de fe era sustituido por la corrida de toros. El que un siglo antes hubiese sido soldado en Flandes o colonizador militar de las soledades del Nuevo Mundo, convertíase en torero. El pueblo, al ver cerradas sus fuentes de expansión, labraba con la nueva fiesta nacional una salida gloriosa para todos los ambiciosos que tenían valor y audacia.

—Un progreso—continuó el doctor—. Me parece que está claro. Por eso yo, que soy revolucionario en todo, no me avergüenzo de decir que me gustan los toros... El hombre necesita el picante de la maldad para alegrar la monotonía de su existencia. También es malo el alcohol y sabemos que nos hace daño, pero casi todos lo bebemos. Un poco de salvajismo de vez en cuando da nuevas energías para continuar la existencia. Todos gustamos de volver la vista atrás, de tarde en tarde, y vivir un poco la vida de nuestros remotos abuelos. La brutalidad hace renacer en nuestro interior fuerzas misteriosas que no es conveniente dejar morir. ¿Que las corridas de toros son bárbaras? Conforme; pero no son la única fiesta bárbara del mundo. La vuelta a los placeres violentos y salvajes es una enfermedad humana que todos los pueblos sufren por igual. Por eso yo me indigno cuando veo a los extranjeros fijar sus ojos en España, como si sólo aquí existiesen fiestas de violencia.

Y el doctor clamaba contra las inútiles carreras de caballos, en las cuales mueren muchos más hombres que en las corridas de toros; contra las cacerías de ratas por perros amaestrados, presenciadas por públicos cultos; contra los juegos del *sport* moderno, de los que salen los campeones con las piernas rotas, el cráneo fracturado o las narices aplastadas; contra el duelo, las más de las veces sin otra causa que un deseo malsano de publicidad.

—El toro y el caballo—clamaba Ruiz—hacen llorar de pena a esas gentes que no gritan en sus países al ver cómo cae en el hipódromo un animal de carreras reventado, con las patas rotas, y que consideran como complemento de la belleza de toda gran ciudad el establecimiento de un jardín zoológico.

El doctor Ruiz se indignaba de que en nombre de la civilización se anatematizase por bárbara y sangrienta la corrida de toros, y en nombre de la misma civilización se alojasen en un jardín los animales más dañinos e inútiles de la tierra, manteniéndolos y calentándolos con un lujo principesco. ¿Para qué esto? La ciencia los conocía perfectamente y los tenía ya catalogados. Si el exterminio repugnaba a ciertas almas, ¿por qué no clamar contra las obscuras tragedias que todos los días se desarrollaban en las jaulas de los parques zoológicos? La cabra de trémulo balido y cuernos inútiles veíase metida sin defensa en el antro de la pantera, y allí sufría la arremetida que quebraba sus huesos con espeluznante crujido, hundiendo la bestia sus zarpas en las entrañas de la víctima y el hocico en su sangre humeante. Los míseros conejos arrancados a la paz olorosa del monte temblaban de miedo al sentir erizarse su pelaje bajo el soplo de la boa, que parecía hipnotizarlos con sus ojos y avanzaba traidora las revueltas de sus pintarrajeados anillos para ahogarlos con glacial presión... Cientos de pobres animales respetables por su debilidad morían para el sustento de bestias feroces completamente inútiles, guardadas y festejadas en ciudades que se creían de la mayor civilización; y de esas mismas ciudades salían insultos para la barbarie española, porque hombres valerosos y ágiles, siguiendo reglas de indiscutible sabiduría, mataban frente a frente a una fiera arrogante y temible, en pleno sol, bajo el cielo azul, ante una muchedumbre ruidosa y multicolor, uniendo a la emoción del peligro el encanto de la belleza pintoresca... ¡Vive Dios!...

—Nos insultan porque somos ahora poca cosa—decía Ruiz, indignándose contra lo que consideraba una injusticia universal—. Nuestro mundo es como un mono, que imita los gestos y placeres de aquel a quien acata como amo. Ahora manda Inglaterra, y en uno y otro hemisferio privan las carreras de caballos, y la gente se aburre viendo correr unos jacos por una pista, espectáculo que no puede ser más soso. Las verdaderas corridas de toros llegaron muy tarde, cuando ya íbamos de capa caída. Si en tiempos de Felipe II hubiesen tenido la misma importancia que hoy, aún quedarían plazas abiertas en muchos países de Europa... ¡Que no me hablen de los extranjeros! Yo los admiro porque han hecho revoluciones, y mucho de lo que pensamos se lo debemos a ellos; pero en esto de los toros, ¡vamos, hombre... que no dicen mas que disparates!

Y el vehemente doctor, con ceguera de fanático, confundía en su execración a todos los pueblos del planeta que abominan de la fiesta española, manteniendo al mismo tiempo otras diversiones sanguinarias que no pueden siquiera justificarse con el pretexto de su hermosura.

A los diez días de permanencia en Sevilla, el doctor regresó a Madrid.

—Vaya, buen mozo—dijo al enfermo—. Tú no me necesitas, y yo tengo mucho que hacer. Nada de imprudencias. Pasados dos meses, estarás sano y fuerte. Es posible que quedes algo resentido de la pierna, pero tienes una naturaleza de hierro y saldrás adelante.

La curación de Gallardo siguió los términos anunciados por Ruiz. Cuando, pasado un mes, la pierna fue libertada de su forzado quietismo, el torero, débil y cojeando un poco, pudo ir a sentarse en un sillón del patio, lugar donde recibía a sus amigos.

Durante su enfermedad, cuando la fiebre le acometía, sumiéndole en lóbregas pesadillas, un pensamiento, siempre el mismo, manteníase firme en medio de sus desvaríos imaginativos. Se acordaba de doña Sol. ¿Conocería aquella mujer su desgracia?...

Estando aún en la cama se atrevió a preguntar a su apoderado por ella, un día en que quedaron solos.

—Sí, hombre—dijo don José—. Se ha acordado de ti. Me envió un telegrama desde Niza preguntando por tu salud a los tres días de la desgracia. Indudablemente se enteró por los periódicos. Han hablado de ti en todas partes, como si fueses un rey.

El apoderado había contestado al telegrama, no sabiendo después nada de ella.

Quedó Gallardo satisfecho por esta noticia durante algunos días, pero luego volvió a preguntar, con la insistencia del enfermo que cree pendiente a todo el mundo del estado de su salud. ¿No había escrito? ¿No había preguntado más por él?... El apoderado intentaba excusar el silencio de doña Sol, consolando de este modo al espada. Debía pensar que aquella señora estaba siempre viajando. ¡A saber dónde se hallaría en aquel momento!...

Pero la tristeza del torero al creerse olvidado obligó a don José a mentir piadosamente. Días antes había recibido una breve carta de Italia, en la que doña Sol le pedía noticias del herido.

—¡A verla!—dijo con ansiedad el espada.

Y como el apoderado se excusase pretextando haberla olvidado en su casa, Gallardo imploró este consuelo. «Tráigala usté. ¡Me gustaría tanto ver su letra, convencerme de que se acuerda de mí!... »

Para evitar nuevas complicaciones en sus embustes, don José siguió inventando una correspondencia que nunca llegaba a sus manos, por ir dirigida a otro. Doña Sol escribía, según él, al marqués por los asuntos de su fortuna, y al final de todas las cartas preguntaba por la salud de Gallardo. Otras veces eran las cartas a un primo suyo, y en ellas había iguales recuerdos para el torero.

Gallardo escuchaba complacido estas noticias, pero al mismo tiempo movía la cabeza con expresión de duda. ¡Cuándo volvería a verla!... ¿La vería alguna vez?...

¡Ay, aquella mujer caprichosa, que había huido sin motivo, a impulsos de su extraño carácter!

—Lo que tú debes hacer—decía el apoderado—es olvidarte del mujerío, para pensar un poco en los negocios. Ya no estás en la cama, ya estás casi bueno. ¿Cómo te sientes de fuerzas? Di: ¿toreamos o no? Tienes todo lo que queda de invierno para ponerte fuerte. ¿Se admiten contratas o renuncias este año a torear?...

Gallardo levantó la cabeza con arrogancia, como si le propusieran algo deshonroso. ¿Renunciar al toreo? ¿Pasar un año sin que le viesen en el redondel?... ¿Es que los públicos podrían resignarse a esta ausencia?

—Admita usté, don José. De aquí a la primavera hay tiempo pa ponerse fuerte. Yo toreo lo que me pongan delante. Puee usté comprometerse pa la corría de Pascua de Resurrecsión. Me paece que esta pierna va a darme mucho que hacé, pero pa entonces, si quiere Dió, estaré como si fuese de jierro.

Dos meses tardó el torero en sentirse fuerte. Cojeaba ligeramente y sentía menos agilidad en los brazos; pero estas molestias despreciábalas como insignificantes al sentir que las fuerzas de la salud volvían a animar su cuerpo vigoroso.

Viéndose a solas en la habitación conyugal—pues había vuelto a ella al abandonar su cuarto de enfermo—, plantábase frente a un espejo y se perfilaba lo mismo que si estuviese ante un toro, poniendo un brazo sobre otro en forma de cruz, cual si tuviera en sus manos la espada y la muleta. ¡Zas! Estocada al toro invisible. ¡Hasta el mismo puño!... Y sonreía satisfecho pensando en la decepción que iban a sufrir sus enemigos, los cuales profetizaban su inmediata decadencia siempre que sufría una cogida.

Le faltaba el tiempo para verse en el redondel. Ansiaba la gloria de los aplausos, la aclamación de las muchedumbres, con el anhelo de un principiante; como si la reciente cogida hubiese desdoblado su existencia; como si el Gallardo de antes fuese otro, y él tuviera que comenzar de nuevo su carrera.

Para fortalecerse, decidió pasar el resto del invierno con su familia en *La Rinconada*. La caza y las marchas largas fortalecerían su pierna quebrantada. Además, montaría a caballo para vigilar los trabajos, visitaría los ganados de cabras, las piaras de cerdos, la vacada y las jacas que pastaban en los prados. La administración del cortijo no marchaba bien. Todo le costaba más que a los otros propietarios, y los productos resultaban menores. Era una hacienda de torero habituado a la generosidad, a ganar gruesas cantidades, sin conocer las restricciones de la economía. Sus viajes durante una parte del año y aquella desgracia, que había traído a su casa el aturdimiento y el desorden, hacían que los negocios no marchasen bien.

Antonio su cuñado, que se había establecido por una temporada en el cortijo con aires de dictador, queriendo ponerlo todo en orden, sólo había servido para embrollar la marcha de los trabajos y provocar la ira de los jornaleros. Gracias que Gallardo contaba con el ingreso seguro de las corridas, riqueza inagotable que reparaba con exceso sus despilfarros y torpezas.

Antes de salir para *La Rinconada*, la señora Angustias quiso que su hijo fuese a arrodillarse ante la Virgen de la Esperanza. Era una promesa que había hecho en aquel anochecer lúgubre, cuando le vio llegar tendido en la camilla, pálido e inmóvil como un muerto. ¡Las veces que había llorado a la Macarena, la hermosa reina de los cielos, de largas pestañas y mejillas morenas, pidiéndola que no olvidase a su pobre Juanillo!

La fiesta fue un acontecimiento popular.

Los jardineros del barrio de la Macarena fueron llamados por la madre del espada, y el templo de San Gil se llenó de flores, formando altos ramos como pirámides en los altares, esparciéndose en guirnaldas entre los arcos, pendiendo en gruesos ramilletes de las lámparas.

Fue una mañana de sol cuando se verificó la santa ceremonia. A pesar de que el día era de trabajo, se llenó el templo de lo mejorcito de los barrios inmediatos: gruesas mujeres de ojos negros y cuello corto, con el corpiño y la falda hinchados por abultadas curvas, vistiendo trajes negros de seda y con mantillas de blonda sobre el rostro pálido; menestrales recién afeitados, con terno nuevo, sombrero redondo y gran cadena de oro en el chaleco. Acudían a bandadas los mendigos, como si se celebrase una boda, formando en doble fila a las puertas del templo. Las comadres del barrio, despeluznadas y con niños al brazo, agrupábanse, esperando con impaciencia la llegada de Gallardo y su familia.

Iba a cantarse una misa con acompañamiento de orquesta y de voces: algo extraordinario, como la ópera, del Teatro de San Fernando cuando llegaban las Pascuas. Luego entonarían los sacerdotes el *Te Deum* en acción de gracias por la salvación del señor Juan Gallardo, lo mismo que cuando el rey entraba en Sevilla.

Se presentó la comitiva abriéndose paso en el gentío. La madre y la esposa del torero, entre parientas y amigas, marchaban al frente, haciendo crujir a su paso la gruesa seda de las faldas negras y sonriendo dulcemente bajo sus mantillas. Detrás venía Gallardo, seguido de una escolta interminable de toreros y amigos, todos vestidos de colores claros, con cadenas y sortijas de escandaloso brillo, llevando en las cabezas fieltros blancos, que contrastaban con la negrura de los trajes femeninos.

Gallardo mostrábase grave. Era un buen creyente. Se acordaba poco de Dios y blasfemaba de él en los momentos difíciles, con el automatismo de la costumbre; pero ahora era otra cosa: iba a darle gracias a la Santísima Macarena, y penetró en el templo con aire compungido.

Todos entraron, menos el *Nacional*, que abandonó a su mujer y a la prole, quedándose en la plazoleta.

—Yo soy librepensaor—creyó del caso afirmar ante un grupo de amigos—. Yo respeto toas las creencias; pero lo de ahí dentro, pa mí, es... «líquido». No quiero faltarle a la Macarena ni quitarle lo suyo; pero camará, ¡si mangue no acude a tiempo a llevarse al toro cuando Juaniyo estaba en el suelo... !

Por las puertas abiertas llegaban hasta la plaza los gemidos de los instrumentos, las voces de los cantores, una melodía dulzona y voluptuosa acompañada de las bocanadas de perfume de las flores y el olor de la cera.

Fumaron cigarro tras cigarro los toreros y aficionados que se agrupaban fuera del templo. De vez en cuando se desprendían algunos para ir a entretener la espera en la taberna más cercana.

Cuando volvió a salir la comitiva, los pobres se abalanzaron, riñendo y manoteando bajo los puñados de monedas. Para todos había. El maestro Gallardo era rumboso.

La señora Angustias lloraba, con la cabeza apoyada en el hombro de una amiga.

En la puerta de la iglesia apareció el espada, sonriente y magnífico, dando el brazo a su mujer, que iba trémula de emoción y bajaba los ojos, temblándole una lágrima entre sus pestañas.

Carmen creyó que acababa de casarse por segunda vez.

Capítulo 7

Al llegar Semana Santa, Gallardo dio una gran alegría a su madre.

En años anteriores salía el espada en la procesión de la parroquia de San Lorenzo, como devoto de Nuestro Padre Jesús del Gran Poder, vistiendo túnica negra de alta caperuza con una máscara que sólo dejaba visible los ojos.

Era la cofradía de los señores, y el torero, al verse camino de la fortuna, ingresó en ella, huyendo de las cofradías populares, en las que la devoción iba acompañada de embriaguez y escándalo.

Gallardo hablaba con orgullo de la seriedad de esta asociación religiosa. Todo puntual y bien disciplinado, lo mismo que en el ejército. Cuando, en la noche del Jueves Santo, el reloj de San Lorenzo daba el segundo golpe de las dos de la madrugada, abríanse instantáneamente las puertas y aparecía ante los ojos de la muchedumbre agolpada en la obscuridad de la plaza todo el interior del templo lleno de luces y con la cofradía formada.

Los negros encapuchados, silenciosos y lúgubres, sin otra vida que el brillo de los ojos al través de la sombría máscara, avanzaban de dos en dos con lento paso, guardando un ancho espacio entre pareja y pareja, empuñando el hachón de lívida llama y arrastrando por el suelo la larga cola de sus túnicas.

La multitud, con esa impresionabilidad fácil de los pueblos meridionales, contemplaba absorta el paso de los encapuchados, a los que llamaba «nazarenos», máscaras misteriosas que eran tal vez grandes señores, llevados por la devoción tradicional a figurar en este desfile nocturno que acababa luego de salido el sol.

Era una cofradía de silencio. Los «nazarenos» no podían hablar, y marchaban escoltados por guardias municipales, cuidadosos de que los importunos no se llegasen a ellos para molestarles. Abundaban los borrachos en la multitud. Vagaban por las calles devotos incansables que, en memoria de la Pasión del Señor, comenzaban a pasear su religiosidad de taberna en taberna el Miércoles Santo, y no terminaban sus estaciones hasta el sábado, en que los recogían definitivamente, después de haber dado innumerables caídas en todas las callejuelas, que eran para ellos otras tantas calles de Amargura.

Cuando los cofrades, obligados al silencio bajo pena de pecado, marchaban solos en la procesión, estos impíos, a quienes el vino quitaba todo escrúpulo moral, colocábanse junto a ellos, murmurando en sus oídos las más atroces injurias contra sus incógnitas personas y contra sus familias, que no conocían. El «nazareno» callaba y sufría, devorando los insultos y ofreciéndolos como un sacrificio al Señor del Gran Poder. Pero el moscón, enardecido por esta mansedumbre, redoblaba su zumbido injurioso; hasta que al fin la sagrada máscara pensaba que, aunque el silencio era obligatorio, no lo era la acción, y sin hablar palabra levantaba el cirio, dando con él varios golpes al borracho que turbaba el santo recogimiento de la ceremonia.

En el curso de la procesión, cuando los portadores de los «pasos» necesitaban descanso y quedaban inmóviles las pesadas plataformas de las imágenes cargadas de faroles, bastaba un leve siseo para que los encapuchados se detuviesen, permaneciendo las parejas frente a frente, con el blandón apoyado en un pie, mirando al gentío con sus ojos misteriosos al través del antifaz. Eran tétricos personajes escapados de un auto de fe, mascarones cuyas colas negras parecían esparcir en su arrastre perfumes de incienso y hedor de hoguera. Sonaban los lamentos de cobre de las largas trompetas, rasgando el silencio de la noche. Sobre las puntas de las caperuzas movíanse con la brisa los pendoncillos de la cofradía, rectángulos de terciopelo negro con franjas de oro y bordado en ellos el anagrama romano S. P. Q. R., para recordar la intervención del Procurador de Judea en la muerte del Justo.

Avanzaba el «paso» de Nuestro Padre Jesús del Gran Poder, una pesada plataforma de labrado metal, con faldas de terciopelo negro que rozaban el suelo, ocultando los pies de los veinte hombres sudorosos y casi desnudos que marchaban debajo sosteniéndola. Cuatro grupos de faroles con ángeles de oro brillaban en los ángulos, y en su centro encogíase Jesús, un Jesús trágico, doloroso, sanguinolento, coronado de espinas, agobiado bajo el peso de la cruz, la faz cadavérica y los ojos lacrimosos, vestido con amplia túnica de terciopelo cubierta de flores de oro, hasta el punto de que la rica tela apenas se distinguía como débil arabesco entre las complicadas revueltas del bordado.

La presencia del Señor del Gran Poder provocaba un suspiro de centenares de pechos.

—¡Pare Josú!—murmuraban las viejas, fijos los ojos en la imagen con hipnótica inmovilidad—. ¡Señó der Gran Poer! ¡Acuérdate de nosotros!

Deteníase el «paso» en mitad de la plaza, con su escolta de inquisitoriales encapuchados, y la devoción del pueblo andaluz, que confía al canto todos los estados de su alma, saludaba a la imagen con trinos de pájaro y lamentos interminables.

Una voz infantil de temblona dulzura cortaba el silencio. Era una mozuela que, avanzando entre la muchedumbre hasta colocarse en primera fila, lanzaba una «saeta» a Jesús. Los tres versos del canto eran para el Señor del Gran Poder, «la escultura más divina», y para el escultor Montañés, compañero de los grandes artistas españoles de la edad de oro.

Esta «saeta» equivalía al primer tiro de un combate, que desata un estallido interminable de explosiones. Aún no había acabado, y ya comenzaba a sonar otra en diverso sitio, y otra y otra, como si la plaza fuese una gran jaula de pájaros locos que, al despertar con la voz de un compañero, se lanzasen todos a cantar a la vez, en confuso desorden. Las voces de varón, graves y roncas, unían su sombrío tono a los gorgoritos femeniles. Todos cantaban con los ojos fijos en la imagen, como si estuviesen solos ante ella, olvidados de la muchedumbre que los rodeaba, sordos a las otras voces, sin perderse ni vacilar en los complicados gorjeos de la «saeta», que cortaban y confundían desarmónicamente las vocalizaciones de los demás. Escuchaban inmóviles los encapuchados, mirando a Jesús, que acogía estos trinos sin dejar de lagrimear bajo el peso del madero y el punzante dolor de las espinas; hasta que el conductor del «paso», dando por terminada la detención, golpeaba un timbre de plata en la delantera de la plataforma. «¡Arriba!» El Señor del Gran Poder, tras algunos vaivenes, se hacía más alto, y comenzaban a moverse como tentáculos, a ras del suelo, los pies de los invisibles portadores.

Después venía la Virgen, Nuestra Señora del Mayor Dolor, pues todas las parroquias sacaban dos «pasos», uno del Hijo de Dios y otro de su Señora Madre. Bajo un palio de terciopelo temblaba la corona de oro de la Señora del Mayor Dolor, rodeada de luces. La cola del manto, con una amplitud de muchos metros, descendía detrás del «paso», abombada por una especie de miriñaque de madera, mostrando el esplendor de sus bordados pesadísimos, deslumbrantes, costosos, en los que se había agotado la habilidad y la paciencia de toda una generación.

Los encapuchados, con sus cirios crepitantes, escoltaban a la Virgen, temblando el reflejo de sus luces en este manto regio que poblaba el ambiente de vivos fulgores. Al compás del redoble de los tamboree, marchaba luego un rebaño de hembras, el cuerpo en la sombra y la cara enrojecida por la llama de las velas que llevaban en las manos. Eran viejas con mantilla y los pies descalzos; mozuelas vistiendo trajes blancos que habían sido destinados a servirlas de mortaja; mujeres que caminaban trabajosamente, como si arrastrasen sus vientres hinchados por ocultos y dolorosos desarreglos; todo un batallón de humanidad doliente escapada de la muerte por bondad del Señor del Gran Poder y su Santísima Madre, caminando detrás de sus imágenes para cumplir una promesa.

La santa cofradía, después de marchar lentamente por las calles, con largas detenciones acompañadas de cánticos, entraba en la catedral, que permanecía toda la noche con las puertas abiertas. El desfile de luces introducíase en las naves gigantescas de este templo, disparatado por su extraordinaria grandeza, y sacaba de la obscuridad las enormes pilastras forradas de terciopelo carmesí con rayas de oro, sin llegar a disipar las compactas tinieblas de las bóvedas. Los encapuchados desfilaban como puntiagudos insectos negros en la rojiza claridad de los hachones a ras del suelo, mientras la noche seguía amasada en lo alto. Salían otra vez a la luz de las estrellas, abandonando esta obscuridad de cripta, y el sol acababa por sorprender a la procesión en plena calle, apagando el resplandor de los cirios, haciendo brillar el oro de las santas vestiduras y las lágrimas y sudores de agonía de las imágenes.

Gallardo era entusiasta del Señor del Gran Poder y del majestuoso silencio de su cofradía. ¡Cosa muy seria! De los otros «pasos» era posible reírse, por la falta de devoción y el desorden de los cofrades; pero de éste... ¡vamos, hombre!... El sentía un escalofrío de emoción al contemplar la imagen poderosa de Jesús, «la primera escultura del mundo», y ver la majestad con que marchaban los encapuchados. Además, en esta cofradía se trataba uno con gente muy buena.

A pesar de esto, el espada decidió abandonar este año a los del Gran Poder, para salir con los de la Macarena, que escoltaban a la milagrosa Virgen de la Esperanza.

La señora Angustias se alegró mucho al conocer su decisión. Bien se lo debía a la Virgen, por haberle salvado de la última cogida. Además, esto halagaba sus sentimientos de plebeya sencillez.

—Ca uno con los suyos, Juaniyo. Güeno que te trates con el señorío, pero piensa que los probes te quisieron siempre, y que ya hablaban contra ti, creyendo que los desprecias.

Demasiado lo sabía el torero. El tumultuoso populacho que ocupaba en la plaza de Toros los tendidos de sol comenzaba a mostrar cierta animosidad contra él, creyéndose olvidado. Le criticaban su trato con las gentes ricas y el apartamiento de los que habían sido sus primeros entusiastas. Para evitar esta animosidad, Gallardo valíase de todos los medios, halagando al populacho con ese servilismo sin escrúpulos de los que necesitan vivir del aplauso público. Había llamado a los cofrades más influyentes de la Macarena para manifestarles que iría en la procesión. Nada de dar la noticia a la gente. El lo hacía como devoto, y quería que su acto quedase en secreto.

Pero a los pocos días, en todo el barrio no se hablaba de otra cosa, con un orgullo de vecindad. ¡Y poco hermosa que iba a salir este año la Macarena!... Despreciaban a los ricos del Gran Poder con su procesión ordenada y sosa, y se fijaban únicamente en sus rivales del otro lado del río, los bullangueros de Triana, que tan satisfechos estaban de su Nuestra Señora del Patrocinio y el Cristo de la Expiración, al que llamaban el «Santísimo Cachorro».

—Habrá que ve a la Macarena—decían en los corrillos comentando la decisión del torero—. La señá Angustias va a llená el «paso» de flores. Lo menos se gasta sien duros. Y Juaniyo va a ponerle a la Virgen toas sus alhajas. ¡Un capitá!...

Así era. Gallardo reunía todas sus joyas y las de su mujer para que las luciese la Macarena. En las orejas le pondrían unos pendientes de Carmen que había comprado el espada en Madrid, invirtiendo en ellos el precio de varias corridas. Al pecho llevaría una cadena de oro doble del torero, y pendiente de ella todas sus sortijas y los gruesos botones de brillantes que se colocaba en la pechera cuando salía a la calle vestido «de corto».

—¡Josú! ¡Y qué reguapa va a salí nuestra morena!—decían las vecinas hablando de la Virgen—. El señó Juan corre con todo. Va a rabiá media Seviya.

El espada, cuando le preguntaban acerca de esto, sonreía modestamente. Él había tenido siempre mucha devoción a la Macarena. Era la Virgen de los barrios en que había nacido, y además su pobre padre no dejaba ningún año de ir en la procesión vestido de «armado». Era un honor que le correspondía a la familia, y a no ser él quien era, se calaría el casco y empuñaría la lanza, yendo de legionario romano, como habían ido muchos Gallardos que estaban pudriendo tierra.

Le halagaba esta popularidad devota; quería que todos supiesen en el barrio su asistencia a la procesión, y al mismo tiempo temía que la noticia se esparciese por la ciudad. Creía en la Virgen y deseaba ponerse bien con ella, para los peligros futuros, con devoto egoísmo; pero temblaba pensando en las burlas de los amigos que se reunían en los cafés y sociedades de la calle de las Sierpes.

—Me van a tomá er pelo si me conosen—decía—. Hay que viví con too er mundo.

El Jueves Santo por la noche fue a la catedral con su mujer, para oír el *Miserere*. El templo, con sus arcos ojivales disparatadamente altos, estaba sin otra luz que la de unos cirios rojizos colocados en las pilastras: la necesaria nada más para que la muchedumbre no marchase a tientas. Tras las rejas de las capillas laterales estaban enjauladas las gentes de buena posición social, huyendo del contacto con la muchedumbre sudorosa que se empujaba en las naves.

En la obscuridad del coro brillaban como una constelación de estrellas rojas las luces destinadas a los músicos y cantores. El *Miserere* de Eslava esparcía sus alegres melodías italianas en este ambiente terrorífico de sombra y misterio. Era un *Miserere* andaluz, algo juguetón y gracioso, como el batir de alas de un pájaro, con romanzas semejantes a serenatas de amor y coros que parecían rondas de bebedores; la alegría de vivir en un país dulce que hace olvidar a la muerte y se rebela contra las lobregueces de la Pasión.

Cuando la voz del tenor terminó la última romanza y sus lamentos se perdieron en las bóvedas apostrofando a la ciudad deicida, «Jerusalén, Jerusalén», la muchedumbre se esparció, deseando cuanto antes volver a las calles, que tenían aspecto de teatro con sus focos eléctricos, sus filas de sillas en las aceras y sus palcos en las plazas.

Gallardo volvió a casa para vestirse de «nazareno». La señora Angustias había cuidado de su traje con una ternura que la volvía a los tiempos de la juventud. ¡Ay, su pobrecito marido, que en esta noche cubríase con sus arreos belicosos, y echándose la lanza al hombro salía a la calle para no volver hasta el día siguiente, con el casco abollado y el tonelete perdido de suciedad, luego de acampar con sus hermanos de armas en todas las tabernas de Sevilla!...

El espada cuidó de sus bajos con una escrupulosidad femenil. Manejaba el traje de «nazareno» con las mismas atenciones que un vestido de lidia en tarde de corrida. Se calzó con medias de seda y zapatos de charol. Púsose el ropón de satén blanco, confeccionado por las manos de su madre, y sobre éste la alta y puntiaguda caperuza de terciopelo verde, que descendía sobre sus hombros formando una máscara y se prolongaba hasta más abajo de las rodillas, a modo de casulla. A un lado del pecho, el escudo de la cofradía estaba bordado con rica y minuciosa profusión de colores. El torero se puso unos guantes blancos y agarró el alto bastón, signo de dignidad en la cofradía: una vara forrada de terciopelo verde, con contera de plata y rematada por un óvalo del mismo metal.

Eran más de las doce cuando el elegante encapuchado se encaminó a San Gil, por las calles llenas de gentío. En las blancas paredes de las casas, las luces de los cirios y las puertas iluminadas de las tabernas trazaban un reflejo temblón de sombras y resplandores de incendio.

Antes de llegar a la iglesia, Gallardo encontró en la estrecha calle por donde iba a marchar la procesión la compañía de los «judíos», la tropa de los «armados», fieros sayones que, impacientes por mostrar su guerrera disciplina, marcaban el paso sin moverse del sitio, al compás de un tambor que redoblaba sin cansarse.

Eran mozos y viejos con el rostro encuadrado por las carrilleras metálicas del casco, un sayo color de vino, las piernas enfundadas en calzas de algodón que imitaban el rosa de la carne femenil, y altas sandalias. Al cinto llevaban la espada romana, y para imitar a los soldados modernos, colgaban de un hombro, a guisa de portafusil, el cordón que sostenía sus lanzas. Al frente de la compañía ondeaba la bandera romana con su inscripción senatorial, meciéndose al compás de los redobles del tamborcillo como todas las filas de legionarios.

Un personaje de suntuosidad imponente contoneábase con la espada en la mano al frente de este ejército. Gallardo lo reconoció al pasar.

—¡Mardita sea!—dijo riendo bajo su máscara—. No me van a hacé caso. Ese gachó se lleva toas las parmas esta noche.

Era el capitán *Chivo*, un gitano *cantaor* que había llegado por la mañana del mismísimo París, fiel a la disciplina militar, para ponerse al frente de sus soldados.

Faltar a este llamamiento del deber era renunciar al título de capitán que ostentaba el *Chivo* en todos los carteles de los *music-halls* de París donde cantaba y bailaba con sus hijas. Eran éstas a modo de graciosas lagartijas, de donosos movimientos, grandes ojos, una delgadez algo subida de color y una diabólica movilidad que trastornaba a los hombres. La mayor había hecho una gran fortuna fugándose con un príncipe ruso, y los periódicos de París hablaron varios días de la desesperación del «bravo oficial del ejército español», que deseaba matar, vengando su honor, y hasta le compararon con Don Quijote. En un teatro del Bulevar habían dado una opereta sobre el rapto de la gitana, con bailes de toreros, coros de frailes y demás escenas de exacto colorido local. El *Chivo* acabó por transigir con este yerno de la mano izquierda, admitiendo sus indemnizaciones, y siguió bailando en París con las niñas, en espera de otro ruso. Su graduación de capitán dejaba pensativos a muchos extranjeros conocedores exactos de todo lo que ocurre en el mundo. «¡Ah, España!... País decaído, que no paga a sus nobles soldados y obliga a los «hidalgos» a exhibir las hijas en las tablas... »

Al aproximarse la Semana Santa, el capitán *Chivo* no podía soportar su alejamiento de Sevilla, y se despedía de las hijas con un gesto de padre intransigente y severo.

—Niñas: me voy. A ve si son güenas ustés. Que haiga formaliá y desensia... La compañía me espera. ¿Qué diría si fartase su capitán?...

Y emprendía el viaje de París a Sevilla, pensando con orgullo en su padre y sus abuelos, que habían sido capitanes de los «judíos» de la Macarena, y en él mismo, que proporcionaba nueva gloria a esta herencia de los antepasados.

En un sorteo de la Lotería Nacional había ganado diez mil pesetas, y toda la cantidad por entero la dedicó a un «uniforme» digno de su graduación. Las comadres del barrio corrían para contemplar de cerca al capitán, deslumbrante de bordados de oro, con un coselete de metal bruñido y un casco del que se derrumbaban en cascada las plumas blancas, reflejando sobre la limpidez de su acero todas las luces de la procesión. Era una fantasía suntuaria de pielroja; un traje principesco tal como lo podría soñar un araucano ebrio. Las mujeres le cogían el faldellín de terciopelo para admirar de cerca los bordados: clavos, martillos, espinas, todos los atributos de la Pasión. Sus botas parecían temblar a cada paso con el brillo de los espejuelos y la pedrería falsa que las cubrían. Bajo las plumas del casco, que aún hacían más obscura su tez africana, destacábanse las patillas grises del gitano. Esto no era militar: el mismo capitán lo confesaba noblemente; pero debía volver a

París, y algo había que concederle al arte.

Torcía la cabeza con belicosa arrogancia, clavando sus ojos de águila en los legionarios.

—¡A ve! ¡que no se iga de la compañía!... ¡Que haiga desensia y disiplina!

Y daba sus órdenes al través de las mellas de la dentadura, con la misma voz ronca y canallesca con que jaleaba el baile de sus niñas en los tablados.

Avanzaba la compañía marcando el paso cadencioso y lento al compás del redoblante. En cada calle había varias tabernas, y a la puerta de ellas alegres compadres con el sombrero echado atrás y el chaleco abierto, que llevaban perdida la cuenta de las cañas bebidas para olvidar el martirio y muerte del Señor.

Al ver al imponente guerrero lo saludaban, ofreciéndole de lejos un vaso lleno de líquido oloroso color de ámbar. El capitán disimulaba su turbación apartando la vista y poniéndose aún más rígido dentro de su metálico coselete. ¡Si no estuviese de servicio!...

Alguno más audaz atravesaba la calle para colocarle el vaso bajo la cascada de plumas, queriendo tentarlo con el perfume; pero el incorruptible centurión se echaba atrás, presentando la punta de su espada. El deber era el deber. Este año no sería como otros, en los que la compañía, a poco de salir, marchaba en desorden, vacilante sobre sus pies y marcando mal el paso.

Las calles no tardaron en convertirse en vías de Amargura para el capitán *Chivo*. Sentía calor bajo sus armas; por un poco de vino no iba a alterarse la disciplina. Y aceptaba una copa, y luego otra, y al poco rato todo el ejército movíase con las filas incompletas, sembrando el camino de rezagados que se retardaban en las tabernas del tránsito.

Marchaba la procesión con una lentitud tradicional, deteniéndose horas enteras en las encrucijadas. No apremiaba el tiempo. Eran las doce de la noche, y la Macarena no volvería a su casa hasta las doce de la mañana siguiente, necesitando para recorrer la ciudad más tiempo que para ir de Sevilla a Madrid.

Primeramente avanzaba el «paso» de la Sentencia de Nuestro Señor Jesucristo, tablado lleno de figuras representando a Pilatos sentado en áureo trono, y alrededor de él sayones de multicolores faldellines y casco empenachado vigilando al triste Jesús, pronto a marchar al suplicio, con túnica de terciopelo morado cargado de bordados y tres plumeros de oro que fingían ser rayos de divinidad sobre su corona de espinas. Con ser este «paso» tan abundante en figuras y prolijo en adornos, avanzaba sin llamar la atención, como humillado por la vecindad del que venía detrás: la reina de los barrios populares, la milagrosa Virgen de la Esperanza, la Macarena.

Cuando salió de San Gil la Virgen de mejillas sonrosadas y largas pestañas, bajo un palio tembloroso de terciopelo, cabeceando con los vaivenes de los ocultos portadores, una aclamación ensordecedora surgió de la muchedumbre que se agolpaba en la plazoleta... Pero ¡qué bonita la gran señora! ¡No pasaban años por ella!

El manto esplendoroso, inmenso, con grueso bordado de oro que imitaba las mallas de una red, extendíase por detrás del «paso» como la cola caída de un gigantesco pavo real. Brillaban sus ojos de vidrio, como si lagrimeasen de emoción contestando a las aclamaciones de los fieles, y a este brillo uníase el centelleo de las joyas que cubrían su cuerpo, formando una nueva armadura de oro y pedrería sobre la de terciopelo bordado. Eran centenares, eran tal vez millares. Parecía mojada por una lluvia de gotas luminosas, en las que flameaban todos los colores del iris. Del cuello pendíanle sartas de perlas, cadenas de oro con docenas de sortijas enhebradas, que esparcían al moverse mágicos resplandores. La túnica y el delantero del manto iban chapados de relojes de oro prendidos con alfileres, pendientes de esmeraldas y brillantes, sortijas con piedras enormes cual guijarros luminosos. Todos los devotos enviaban sus joyas para que las luciese en el paseo la Santísima Macarena. Las mujeres exhibían las manos limpias de adornos en esta noche de religioso dolor, contentas de que la madre de Dios ostentase unas joyas que eran su orgullo. El público las conocía, por verlas todos los años, y llevaba la cuenta, señalando las novedades. Lo que ostentaba la Virgen en el pecho, pendiente de una cadena, era de Gallardo el torero. Pero otros compartían con él la admiración popular. Las miradas femeninas devoraban absortas dos perlas enormes y una hilera de sortijas. Eran de una muchacha del barrio que se había ido a Madrid dos años antes, y, devota de la Macarena, volvía para ver la fiesta con un caballero viejo... ¡La suerte de la niña!...

Gallardo, con la faz cubierta y apoyado en el bastón, signo de autoridad, marchaba ante el «paso» con los dignatarios de la cofradía. Otros encapuchados ostentaban en las manos largas trompetas adornadas con paños verdes de flecos de oro. Llevábanse las boquillas de los instrumentos a un agujero de sus antifaces, y un trompeteo desgarrador, un toque de suplicio, cortaba el silencio. Pero este rugido espeluznante no despertaba eco alguno en las almas haciéndolas pensar en la muerte. Por los callejones transversales, obscuros y solitarios, venían bocanadas de brisa primaveral cargada de perfumes de jardín, de olor de naranjo, de aroma de las flores alineadas en tiestos tras rejas y balcones. Blanqueaba el azul del cielo con la caricia de la luna, que se desperezaba sobre el plumón de las nubes, avanzando el rostro entre dos aleros. El desfile lúgubre parecía marchar contra la corriente de la Naturaleza, perdiendo a cada paso su fúnebre gravedad. En vano gemían las trompetas lamentos de muerte, y lloraban los cantores al entonar sagradas coplas, y marcaban el paso con ceño de verdugos los espantables sayones. La noche primaveral reía, esparciendo su respiración de perfumes. Nadie podía acordarse de la muerte.

En torno de la Virgen iban como revuelta tropa los entusiastas «macarenos», hortelanos de las afueras, con sus mujeres desgreñadas que arrastraban de la mano una fila de niños, llevándolos de excursión hasta el amanecer. Mocitos del barrio, con fieltro nuevo y los bucles alisados sobre las orejas, blandían garrotes con belicoso fervor, como si alguien se propusiese faltarle al respeto a la hermosa señora y fuera preciso el auxilio de sus brazos. Iban todos confundidos, aplastándose en las calles estrechas entre el «paso» enorme y las paredes, pero con los ojos fijos en los de la imagen, hablándola, lanzando piropos a su hermosura y su milagroso poder, con la inconsciencia del vino y de su ligero pensamiento de pájaro.

—¡Olé la Macarena!... ¡La primé Virgen der mundo!... ¡La que le da por el... pelo a toas la Vírgenes!...

Cada cincuenta pasos deteníase la sagrada plataforma. No había prisa; la jornada era larga. En muchas casas exigían que se detuviese la Virgen para verla con detención. Todo tabernero pedía igualmente un descanso a la puerta del establecimiento, alegando sus derechos de vecino del barrio.

Un hombre atravesaba la calle dirigiéndose a los encapuchados de los bastones que iban ante el «paso».

—¡A ve! ¡que paren... que ahí está el primé cantaor der mundo, que quié echarle una «saeta» a la Virgen!

El primer *cantaor* del mundo, apoyado en un amigo, con las piernas temblonas y pasando a otro su vaso, avanzaba hasta la imagen, y luego de toser, soltaba el torrente de su voz ronca, en la que los gorgoritos borraban toda claridad a las palabras. Sólo se entendía que cantaba a «la mare», la madre de Dios, y al frasear esta palabra, su voz adquiría temblores de emoción, con esa sensibilidad de la poesía popular, que encuentra sus más sinceras inspiraciones en el amor maternal.

Aún no había llegado el *cantaor* a mitad de su lenta copla, cuando sonaba otra voz, y luego otra, como si se entablase un pugilato musical, y la calle se poblaba de invisibles pájaros, unos roncos, con estremecimientos de pulmón quebrantado, otros chillones, con alarido perforante que hacía pensar en un cuello rojo e hinchado próximo a desgarrarse. Los más de los cantores permanecían ocultos en la muchedumbre, con la simpleza de una devoción que no necesita ser vista en sus expansiones; otros, orgullosos de su voz y de su «estilo», ansiaban exhibirse, plantándose en mitad del arroyo ante la santa Macarena.

Muchachas flacas, de lacias faldas y pelo cargado de aceite, cruzaban las manos sobre el hundido vientre, y fijando sus ojos en los de la gran señora, cantaban con un hilillo de voz las angustias de la madre al ver a su hijo chorreando sangre y tropezando en las piedras bajo el peso de la cruz.

A los pocos pasos, un gitano joven, bronceado, con las mejillas roídas, oliendo a ropa sucia y a viruelas, quedaba como en éxtasis, con el sombrero pendiente de las dos manos, y rompía a cantar también a «la mare», «maresita der arma», «maresita e Dió», admirado por un grupo de camaradas que aprobaban con la cabeza las bellezas de su «estilo».

Y los tambores seguían redoblando detrás de la imagen, y las trompetas lanzaban su lamento, y todos cantaban a la vez, mezclando sus voces discordantes, sin que nadie se confundiese, comenzando y acabando cada uno su «saeta» sin tropiezo, como si todos fuesen sordos, como si el fervor religioso los aislase, sin otra vida exterior que la voz de temblona adoración y los ojos fijos en la imagen con una tenacidad hipnótica.

Cuando acababan los cantos, prorrumpía el público en aclamaciones de entusiasmo obsceno, y otra vez era glorificada la Macarena, la hermosa, la única, la que daba... disgustos a todas las Vírgenes; y el vino circulaba en vasos a los pies de la imagen, y los más vehementes le arrojaban el sombrero como si fuese una moza guapa; y no se sabía ya qué era lo cierto, si el fervor de iluminados con que cantaban a la Virgen o la orgía ambulante y pagana que acompañaba su tránsito por las calles.

Delante del «paso» iba un mocetón vestido con túnica morada y coronado de espinas. Sus pies hollaban descalzos las azuladas piedras de las callejuelas. Marchaba encorvado bajo la pesadumbre de una cruz dos veces más grande que él, y cuando tras larga detención reanudaba el paso, las buenas almas ayudábanle a tirar de su carga.

Las mujeres gimoteaban al verle, con una ternura compasiva. ¡Pobrecito! ¡Y con qué santo fervor cumplía su penitencia!... Todos recordaban en el barrio su crimen sacrílego. ¡El maldito vino, que vuelve locos a los hombres! Tres años antes, en la mañana del Viernes Santo, cuando ya se retiraba la Macarena a su iglesia luego de vagar toda la noche por las calles de Sevilla, este pecador, que era un buen muchacho y andaba desde el día antes de juerga con los amigos, había hecho detener el «paso» ante una taberna de la plaza del Mercado. Le cantó a la Virgen, y luego, poseído de santo entusiasmo, prorrumpió en requiebros. ¡Olé la Macarena bonita! ¡La quería más que a su novia! Para expresar mejor su fe, quiso arrojar a sus pies lo que llevaba en la mano, creyendo que era el sombrero, y un vaso fue a estrellarse en la hermosa faz de la gran señora. Le llevaron lloriqueando a la cárcel... ¡Si él amaba a la Macarena como si fuese su madre! ¡Si era el vino maldito, que deja a los hombres sin saber lo que hacen! Tembló de miedo ante los años de presidio que le esperaban por desacato a la religión; lloró de arrepentimiento por su sacrilegio, y al fin, los más indignados acabaron por influir en su favor, y se arregló todo mediante la promesa de dar ejemplo a los pecadores con una penitencia extraordinaria.

Arrastraba la cruz sudoroso y jadeante, cambiando la carga de lugar cuando sentía uno de sus hombros entumecido por la dolorosa pesadumbre. Las mujeres lloraban con la vehemencia meridional, dramática en sus manifestaciones. Los camaradas le tenían lástima, y sin osar reírse de su penitencia, le ofrecían por compasión vasos de vino. Iba a reventarse de fatiga; necesitaba refrescar; no era por burla, sino por compañerismo.

Pero él huía los ojos del ofrecimiento, volviéndolos a la Virgen para tomarla por testigo de su martirio. Ya bebería al día siguiente, sin miedo alguno, cuando dejase a la Macarena segura en su iglesia.

Estaba el «paso» detenido en una calle del barrio de la Feria, y ya la cabeza de la procesión había llegado al centro de Sevilla. Los encapuchados verdes y la compañía de «armados» avanzaban con belicosa astucia, como un ejército que marcha al asalto. Querían ganar La Campana, apoderándose con ella de la entrada de la calle de las Sierpes, antes de que se presentase otra cofradía. Una vez dueña la vanguardia de esta posición, podría esperar tranquilamente a que llegase la Virgen. Los «macarenos» todos los años se hacían señores de la famosa calle, y necesitaban horas enteras para recorrerla, gozándose en las protestas impacientes de los cofrades de otros barrios, gente inferior, cuyas imágenes no podían compararse con la de la Macarena, y que por su insignificancia vivían condenados a aguardar humildemente detrás de ellos.

Sonó el redoblante de las tropas del capitán *Chivo* a la entrada de la calle de la Campana, al mismo tiempo que asomaban por distinto lado los encapuchados negros de otra cofradía, deseosos igualmente de ganar la prioridad en el paso. La muchedumbre, curiosa, se agitó entre las cabezas de las dos procesiones. ¡Bronca!... Los encapuchados negros no respetaban gran cosa a los «judíos» y a su espantable capitán. Este, por su parte, tampoco quería salir de su fría altivez. La fuerza armada no debe mezclarse en las reyertas entre paisanos. Fueron los «macarenos» que escoltaban a la procesión los que, en nombre de la gloria del barrio, acometieron a los «nazarenos» negros, chocando palos y cirios. Corrieron los polizontes, llevándose presos por un lado a dos mozos que se lamentaban de haber perdido sombreros y bastones, mientras por otro eran conducidos a una farmacia varios «nazarenos» sin capucha, que se llevaban las manos a la cabeza con ademán doloroso.

Mientras tanto, el capitán *Chivo*, astuto como un conquistador, realizaba un movimiento estratégico con sus tropas, ocupando La Campana hasta la entrada de la calle de las Sierpes, acompañado por el redoblante, que aceleraba su baqueteo con una alegría ruidosa y triunfal, entre las aclamaciones de los bravos auxiliares del barrio. «¡Aquí no ha pasao na! ¡Viva la Virgen de la Macarena!... »

La calle de las Sierpes estaba convertida en un salón, con los balcones repletos de gentío, focos eléctricos pendientes de cables entre pared y pared y todos los cafés y tiendas iluminados, con las ventanas obstruidas de cabezas, y filas de sillas junto a los muros, en los que se agolpaba la gente subiendo sobre los asientos cada vez que el lejano trompeteo y el redoblar de los tambores anunciaba la proximidad de un «paso».

Aquella noche no se dormía en la ciudad. Hasta las viejas de timoratas costumbres, recluidas siempre en sus viviendas a la hora del rosario, velaban ahora para contemplar, cerca de la madrugada, el paso de las innumerables procesiones.

Eran las tres de la mañana y nada indicaba lo avanzado de la hora. La gente comía en cafés y tabernas. Por las puertas de las freidurías de pescado se escapaba el tufillo suculento del aceite. En el centro de la calle estacionábanse los vendedores ambulantes pregonando dulces y bebidas. Familias enteras que sólo salían a luz en las grandes festividades estaban allí desde las dos de la tarde, viendo pasar procesiones y más procesiones; mantos de Virgen, de aplastante suntuosidad, que arrancaban gritos de admiración por sus metros de terciopelo; Redentores coronados de oro, con vestimenta de brocado; todo un mundo de imágenes absurdas, en las que contrastaban los rostros trágicos, sanguinolentos o lloriqueantes, con las ropas de un lujo teatral cargadas de riquezas.

Los extranjeros, atraídos por lo extraño de esta ceremonia cristiana, alegre como una fiesta del paganismo, en la que no había otro gesto de dolor y tristeza que el de las imágenes, oían los nombres de éstas de boca de los sevillanos sentados junto a ellos.

Desfilaban los «pasos» del Sagrado Decreto, del Santo Cristo del Silencio, de Nuestra Señora de la Amargura, de Jesús con la cruz al hombro, Nuestra Señora del Valle, Nuestro Padre Jesús de las Tres Caídas, Nuestra Señora de las Lágrimas, el Señor de la Buena Muerte y Nuestra Señora de las Tres Necesidades; y este desfile de imágenes iba acompañado de «nazarenos» negros y blancos, rojos, verdes, azules y violeta, todos enmascarados, guardando bajo las puntiagudas caperuzas su personalidad misteriosa, de la que sólo se revelaban los ojos al través de los orificios del antifaz.

Avanzaban las pesadas plataformas lentamente, con gran trabajo, por la estrechez de la calle. Cuando salían de esta angostura, llegando a la plaza de San Francisco, frente a los palcos levantados en el palacio del Ayuntamiento, los «pasos» daban media vuelta hasta quedar de frente las imágenes, y saludaban con una genuflexión de sus portadores a los extranjeros ilustres y personas reales venidos para presenciar la fiesta.

Junto a los «pasos» marchaban mozos con cántaros de agua. Apenas se detenía el catafalco, alzábase una punta de las faldas de terciopelo que ocultaban su interior, y aparecían veinte o treinta hombres sudorosos, purpúreos por la fatiga, medio desnudos, con pañuelos ceñidos a las cabezas y un aire de salvajes fatigados. Eran los «gallegos», los conductores forzudos, a los que se confundía, fuese cual fuese su origen, en esta denominación geográfica, como si los hijos del país no se creyesen aptos para ningún trabajo constante y fatigoso. Bebían ávidamente el agua, y si había próxima una taberna, se insubordinaban contra el director del «paso» reclamando vino. Obligados a permanecer en este encierro muchas horas, comían agachados y satisfacían otras necesidades. Muchas veces, al alejarse el santo «paso» tras larga detención, la muchedumbre reía viendo lo que quedaba al descubierto sobre el limpio adoquinado, residuos que obligaban a correr con espuertas a los dependientes municipales.

Este desfile de suntuosidad abrumadora, corriente de movibles patíbulos con rostros cadavéricos y vestiduras deslumbrantes, prolongábase toda la noche, frívolo, alegre y teatral. En vano lanzaban los cobres sus gemidos de muerte, llorando la más ruidosa de las injusticias, la muerte infamante de un Dios. La Naturaleza no se conmovía, uniéndose a este dolor tradicional. El río seguía susurrando bajo los puentes, extendiendo su sábana luminosa entre los silenciosos campos; los naranjos, incensarios de la noche, abrían sus mil bocas blancas, esparciendo en el ambiente un olor de carne voluptuosa; las palmeras mecían sus surtidores de plumas sobre las almenas morunas del Alcázar; la Giralda, fantasma azul, remontábase devorando estrellas, ocultando un pedazo de cielo tras su esbelta mole; y la luna, ebria de perfumes nocturnos, parecía sonreír a la tierra hinchada de savia primaveral, a los surcos luminosos de la ciudad, en cuyo fondo rojizo agitábase un hormiguero satisfecho de vivir, que bebía y cantaba, encontrando pretexto para interminable fiesta en un remota muerte.

Jesús había muerto: por él las mujeres se vestían de negro y los hombres se disfrazaban con túnicas puntiagudas que les daban aspecto de extraños insectos; los cobres lo proclamaban con sus quejidos teatrales; los templos lo decían con su obscuro silencio y los velos lóbregos de sus puertas... Y el río seguía suspirando con idílico susurro, como si invitase a sentarse en sus orillas a las parejas solitarias; y las palmeras mecían sus capiteles sobre las almenas con un vaivén de indiferencia; y los naranjos exhalaban su perfume de tentación, como si sólo reconociesen la majestad del amor, que crea la vida y la deleita; y la luna sonreía impávida; y la torre, azulada por la noche, perdíase en el misterio de las alturas, pensando tal vez, con la simpleza de alma de las cosas inanimadas, que las ideas de los hombres cambian con los siglos, y los que a ella la sacaron de la nada creían en otras cosas.

Se agitó la muchedumbre en la calle de las Sierpes con alegre curiosidad. Los «pasos» de la Macarena, formando ahora compacta procesión, avanzaban acompañados de una banda de música. Redoblaban con furia los tambores, rugían las trompetas, gritaba el bullicioso tropel de los «macarenos», y la gente subíase en las sillas para ver mejor el ruidoso y lento desfile.

Inundose el centro de la calle de mozos despechugados que blandían sus palos dando vivas a la Virgen. Las mujeres, despeinadas y míseramente vestidas, agitaban sus brazos al verse en el centro de Sevilla, en la calle de las Sierpes, por donde sólo pasaban de tarde en tarde, desfilando bajo las miradas curiosas de lo mejor de la ciudad.

Su pobreza ansiaba vengarse en esta noche extraordinaria, y todos ellos vociferaban dirigiéndose a los cafés llenos de gente acomodada, a los clubs donde se reunían los señoritos:

—¡Aquí están los macarenos! ¡Que vengan toos a ver lo mejó der mundo! ¡Viva la Virgen!

Algunas hembras tiraban del marido, cabizbajo y con las piernas dobladas después de tres horas de procesión. ¡A casa!... Pero el vacilante «macareno» resistíase con voz que olía a vino.

—Ejame, mujé. Antes quiero echale una coplita a la Morena.

Y luego de toser y llevarse la mano a la garganta, fijos los ojos en la imagen, rompía a cantar con una voz sorda que sólo él podía oír, pues se perdía con la confusa baraúnda de músicas, gritos, trompetas y aclamaciones. Una invasión de locura conmovía la estrecha calle, como si acabase de asaltarla una horda ebria. Cantaban a la vez cien voces, cada una con distinto ritmo y entonación. Mozos pálidos y sudorosos, como si fuesen a morir, avanzaban hasta el «paso», con el sombrero perdido, el chaleco desabrochado, apoyados blandamente en los hombros de los camaradas, y entonaban una «saeta» con voz de agonizante. A la entrada de la calle, en las aceras de La Campana, quedaban tendidos de bruces varios «macarenos», como si fuesen los muertos de esta gloriosa expedición.

A la puerta de un café, el *Nacional* contemplaba con toda su familia el paso de la cofradía. «¡Superstisión y atraso!... » Pero él seguía la costumbre, viniendo todos los años a presenciar la invasión de la calle de las Sierpes por los ruidosos «macarenos».

Inmediatamente reconoció a Gallardo, por su esbelta estatura y el garbo torero con que llevaba la vestimenta inquisitorial.

—Juaniyo, que se etenga er «paso». Hay en er café unas señoras forasteras que quieren ve bien a la Macarena.

Quedó inmóvil la sagrada plataforma, rompió a tocar la banda de música una marcha garbosa, de las que alegran al público en la plaza de Toros, e inmediatamente los ocultos portadores del «paso» comenzaron a levantar a un tiempo una pierna, luego la otra, ejecutando un baile que hacía moverse el catafalco con violenta ondulación, empujando a la gente contra las paredes. La Virgen, con toda su carga de joyas, flores, farolas, y hasta con el pesado palio, bailaba al son de la música. Era este un espectáculo que había sido objeto de ensayos, y del que se mostraban orgullosos los «macarenos». Los buenos mozos del barrio, agarrados a ambos lados del «paso», lo sostenían, siguiendo su violento vaivén, al mismo tiempo que gritaban, enardecidos por este alarde de fuerza y habilidad:

—¡Que venga a ve esto toa Seviya!... ¡Esto es lo güeno! ¡Esto sólo lo hacen los «macarenos»!...

Y cuando calló la música y cesaron las ondulaciones, quedando inmóvil el «paso», resonó una aclamación atronadora, impía y obscena, proferida con la ingenuidad del entusiasmo. Daban vivas a la Santísima Macarena, la santa, la única, la que se hacía esto y aquello con todas las Vírgenes conocidas y por conocer.

La cofradía siguió su marcha triunfal, dejando rezagados en todas las tabernas y caídos en todas las calles. El sol, al salir, la sorprendió muy lejos de la parroquia, en el extremo opuesto de Sevilla, haciendo centellear con sus primeros rayos la armadura de joyas de la imagen y alumbrando los rostros lívidos de la escolta popular y de los «nazarenos», que se habían despojado del antifaz. La imagen y sus acompañantes, sorprendidos por el amanecer, parecían una tropa disoluta volviendo de una orgía.

Cerca del Mercado quedaron los dos «pasos» abandonados en medio de la calle, mientras toda la procesión «tomaba la mañana» en las tabernas inmediatas, sustituyendo el vino de la tierra con grandes copas de aguardiente de Cazalla y Rute. Las blancas haldas de los encapuchados eran ya faldas sucias, en las que se marcaban huellas nauseabundas. Ninguno conservaba enteros los guantes. Un «nazareno», con el cirio apagado y una mano en el capuchón, se arqueaba ruidosamente frente a una esquina para dar expansión a su estómago revuelto.

Del brillante ejército judío no quedaban más que míseras reliquias, como si volviese de una derrota. El capitán andaba con triste vaivén, caídas las mustias plumas sobre el rostro lívido, sin otra preocupación que defender la vestimenta gloriosa de roces y manotones. ¡Respeto al uniforme!...

Gallardo abandonó la procesión poco después de salir el sol. Había hecho bastante acompañando a la Virgen toda la noche, y seguramente que ella se lo tomaría en cuenta.

Además, esta última parte de la fiesta, hasta que la Macarena entraba en San Gil, cerca ya de mediodía, era la más penosa. Las gentes que se levantaban de dormir, frescas y tranquilas, burlábanse de los encapuchados, ridículos a la luz del sol, arrastrando la embriaguez y las suciedades de la noche. No era prudente que viesen a un espada con aquella tropa de borrachos aguardándoles a la puerta de las tabernas.

La señora Angustias le esperaba en el patio de la casa, y ayudó al «nazareno» a despojarse de sus vestiduras. Debía descansar, luego de cumplidos sus deberes con la Virgen. El domingo de Pascua tenía corrida: la primera después de su desgracia. ¡Maldito oficio! Con él era imposible el descanso, y las pobres mujeres, tras un período de tranquilidad, veían renacer sus angustias y temores.

El sábado y la mañana del domingo los pasó el espada recibiendo visitas de entusiastas aficionados de fuera de Sevilla que habían venido para las fiestas de Semana Santa y de la Feria. Todos sonreían confiando en sus futuras hazañas.

—¡Vamos a ver cómo queas! La afición tiene los ojos puestos en ti. ¿Qué tal van esas fuerzas?

Gallardo no desconfiaba de su vigor. Los meses de permanencia en el campo le habían robustecido. Estaba ahora tan fuerte como antes de la cogida. Lo único que le hacía recordar este accidente, cuando cazaba en el cortijo, era cierta debilidad en la pierna herida. Pero esto sólo lo notaba después de largas marchas.

—Haré too lo que sepa—murmuraba Gallardo con falsa modestia—. Yo creo que no quearé mal der too.

El apoderado intervenía, con la brava ceguera de su fe:

—Quearás como las propias rosas... como un ángel. ¡Si tú te metes los toros en el bolsillo!...

Luego, los entusiastas de Gallardo, olvidando por un momento la corrida, comentaban una noticia que acababa de circular por la ciudad.

En un monte de la provincia de Córdoba, la Guardia civil había encontrado un cadáver descompuesto, con la cabeza desfigurada, casi deshecha por una descarga a boca de jarro. Imposible reconocerle, pero sus ropas, la carabina, todo hacía creer que era el *Plumitas*.

Gallardo escuchaba silencioso. No había visto al bandido después de su cogida, pero guardaba de él un buen recuerdo. Sus cortijeros le habían dicho que mientras él estaba en peligro se presentó dos veces en *La Rinconada* para preguntar por su salud. Luego, viviendo en el cortijo con su familia, varias veces pastores y jornaleros le hablaron misteriosamente del *Plumitas*, que al encontrarlos en un camino y saber que eran de *La Rinconada* les daba memorias para el señor Juan.

¡Pobre hombre! Gallardo le compadecía, recordando sus predicciones. No le había matado la Guardia civil. Le habían asesinado durante su sueño. Había perecido a manos de los suyos, de un «aficionado», de uno de los que venían detrás empujando, con el ansia de ganarse el cartel.

El domingo, su marcha a la plaza fue más penosa que otras veces. Carmen hacía esfuerzos por mostrarse tranquila, y hasta estuvo presente en el acto de vestir *Garabato* al maestro. Sonreía, con una sonrisa dolorosa; fingíase alegre, creyendo notar en su marido una preocupación igual, que también intentaba disimular con forzado regocijo. La señora Angustias andaba por cerca de la habitación, queriendo contemplar una vez más a su Juanillo, como si fuese a perderle.

Cuando salió Gallardo al patio, con la montera puesta y la capa al hombro, la madre le echó los brazos al cuello derramando lágrimas. No dijo una palabra, pero los ruidosos suspiros parecían revelar sus pensamientos. ¡Torear por primera vez después de su desgracia en la misma plaza donde había sido cogido!... Sus supersticiones de mujer popular rebelábanse ante esta imprudencia. ¡Ay, cuándo se retiraría del maldito oficio! ¿No tenía aún bastante dinero?

Pero el cuñado intervino, con su autoridad de grave consejero de la familia. Vamos, mamita, que la cosa no era para tanto. Una corrida como todas. Lo que convenía era dejar en paz a Juan, no quitarle la serenidad con éstos lloriqueos a la hora de ir a la plaza.

Carmen fue más valerosa. No lloró; acompañó a su marido hasta la puerta; quería animarlo. Además, desde que había renacido su amor a impulsos de la desgracia, y ella y Juan vivían tranquilamente, queriéndose mucho, no creía que un nuevo accidente viniese a turbar su dicha. Aquella cogida era obra de Dios, que muchas veces saca el bien del mal, y había querido unirlos por medio de un accidente doloroso. Juan torearía como otras veces y volvería a casa sano y salvo.

—¡Que tengas buena suerte!

Y contempló con ojos amorosos el carruaje que se alejaba seguido de un grupo de pilluelos, embelesados en la contemplación envidiosa de los oropeles de los lidiadores. Al quedar sola, la pobre mujer subió a su cuarto, encendiendo luces ante una imagen de la Virgen de la Esperanza.

El *Nacional* iba en el coche, cejijunto y sombrío, al lado de su maestro. Aquel domingo era de elecciones, pero sus compañeros de cuadrilla no habían llegado a enterarse de ello. La gente sólo hablaba de la muerte del *Plumitas* y de la corrida de toros.

El banderillero había permanecido hasta pasado mediodía con los compañeros de comité «trabajando por la idea». ¡Maldita corrida, que venía a interrumpir sus funciones de buen ciudadano, impidiendo que llevase a las urnas a unos cuantos amigos que se quedaban sin votar si él no iba por ellos! Sólo «los de la idea» acudían a los lugares donde se verificaba la votación: la ciudad parecía ignorar la existencia de las elecciones. Había en las calles grandes grupos discutiendo con apasionamiento; pero sólo hablaban de toros. ¡Qué gentes!… El *Nacional* recordaba indignado las trampas y violencias de los enemigos al amparo de esta soledad. Don Joselito, que había protestado con toda su elocuencia tribunicia, estaba en la cárcel junto con otros amigos. El banderillero, que deseaba compartir su martirio, se había visto obligado a abandonarlos para vestir el traje de luces e ir en busca de su maestro. ¿Y este atropello a los ciudadanos iba a quedar impune? ¿Y el pueblo no se levantaría?

Al pasar el coche por las inmediaciones de La Campana, vieron los toreros una gran masa de gente popular con los garrotes en alto, vociferando en actitud sediciosa. Los agentes de policía, sable en mano, cargaban contra ellos, recibiendo palos y devolviendo mandobles.

El *Nacional* se levantó del asiento, queriendo echarse abajo del carruaje. ¡Ah, por fin! ¡Llegaba el momento!… —¡La revolusión! ¡Ya se armó la gorda!

Pero el maestro, entre risueño y enfadado, lo devolvió a su asiento con un empellón.

—No seas panoli, Sebastián. Tú sólo ve revolusiones y musurañas en toas partes.

Los de la cuadrilla reían adivinando la verdad. Era el noble pueblo, que, indignado al no encontrar billetes para la corrida en el despacho de La Campana, ansiaba asaltarlo e incendiarlo, siendo repelido por la policía. El *Nacional* bajó tristemente la cabeza.

—¡Reacsión y atraso! ¡Farta de sabé leé y escribí!

Llegaron a la plaza. Una ruidosa ovación, un estrépito interminable de palmadas acogió la presencia de las cuadrillas en el ruedo. Todos los aplausos eran para Gallardo. El público saludaba su primera aparición en la arena luego de la tremenda cogida que tanto había dado que hablar en toda la Península.

Cuando llegó el momento para Gallardo de matar su primer toro, volvió a repetirse la explosión de entusiasmo. Las mujeres, de mantilla blanca, le seguían desde los palcos con sus gemelos; en los tendidos de sol aplaudían y aclamaban lo mismo que en los de sombra. Hasta los enemigos sentíanse arrastrados por este impulso simpático. ¡Pobre muchacho! ¡Había sufrido tanto!... La plaza era suya por entero. Nunca había visto Gallardo un público entregado a él tan completamente.

Se quitó la montera ante la presidencia para brindar. ¡Olé! ¡olé! Nadie oyó una palabra, pero todos se entusiasmaron. Debía haber dicho cosas muy buenas. Y el aplauso le acompañó cuando se dirigía hacia el toro, cesando con un silencio de expectación al verle próximo a la fiera.

Extendió la muleta, quedando plantado ante el animal, pero a alguna distancia, no como otras veces, en las que enardecía al público tendiendo el trapo rojo casi en el hocico. Notose en el silencio de la plaza un movimiento de extrañeza, pero nadie dijo nada. Varias veces golpeó Gallardo el suelo con un pie para incitar a la bestia, y ésta, por fin, acometió blandamente, pasando apenas bajo la muleta, pues el torero se apresuró a apartarse con visible precipitación. Muchos se miraron en los tendidos. ¿Qué era aquello?...

El espada vio a su lado al *Nacional* y algunos pasos más allá a otro peón de la cuadrilla, pero no gritó «¡Fuera too er mundo!»

En el graderío elevábase un rumor, producto de vehementes conversaciones. Los amigos del espada creían oportuno explicarse en nombre de su ídolo.

—Está entoavía resentío. No debía torear. ¡Esa pierna!... ¿No lo ven ustés?

Los capotes de los dos peones ayudaban al espada en sus pases. La fiera agitábase con aturdimiento entre las rojas telas, y apenas acometía a la muleta sentía el capotazo de otro torero atrayéndola lejos del espada.

Gallardo, como si desease salir pronto de esta situación, se cuadró con el estoque alto, arrojándose sobre el toro.

Un murmullo de estupefacción acogió el golpe. La espada quedó clavada en menos de un tercio, cimbreándose, próxima a saltar del cuello. Gallardo se había apartado de los cuernos, sin hundir el estoque hasta el puño como otras veces.

—¡Pero está bien puesta!—gritaban los entusiastas señalando la espada, y aplaudían estrepitosamente para suplir con el ruido la falta de número.

Los inteligentes sonreían con lástima. Aquel muchacho iba a perder lo único que tenía notable: el valor, el atrevimiento. Le habían visto encoger el brazo instintivamente en el momento de llegar al toro con el estoque; le habían visto ladear la cara con ese movimiento de pavor que impulsa a los hombres a la ceguera para ocultarse el peligro.

Rodó el estoque por el suelo, y Gallardo, tomando otro, volvió sobre el toro, acompañado de sus peones. El capote del *Nacional* estaba pronto a desplegarse junto a él para distraer a la bestia. Además, los berridos del banderillero aturdían a la fiera y la hacían revolverse cuando se aproximaba mucho a Gallardo.

Otra estocada del mismo género, quedando descubierta la hoja de acero en más de una mitad.

—No se arrima—comenzaban a protestar en los tendidos—. Les ha tomao asco a los cuernos.

Gallardo abría los brazos en cruz frente al toro, como dando a entender al público situado a sus espaldas que el animal ya tenía bastante con aquella estocada y que de un momento a otro iba a caer. Pero la bestia manteníase en pie, volviendo su cabeza a un lado y a otro.

El *Nacional*, excitándola con el trapo, la hacía correr, y aprovechaba ciertas ocasiones para golpearla el cuello con el capote rudamente, con toda la fuerza de su brazo. El público, adivinando sus intenciones, comenzó a protestar. Hacía correr al animal para que con el movimiento se clavase más el estoque. Sus pesados capotazos eran para hundir la espada. Llamábanle ladrón; aludían a su madre con feas palabras, dudando de la legitimidad de su nacimiento; agitábanse en los tendidos de sol amenazantes garrotes; comenzaron a caer sobre la arena, con propósito de herirle, naranjas y botellas; pero él soportaba, como si fuese sordo y ciego, esta rociada de insultos y proyectiles, y seguía corriendo al toro, con la satisfacción del que cumple su deber y salva a un amigo.

La fiera, de pronto, lanzó un chorro de sangre por la boca, y tranquilamente dobló las patas, quedando inmóvil, pero con la cabeza alta, próxima a levantarse y acometer. Se aproximó el puntillero, deseoso de acabar cuanto antes y sacar al maestro de su compromiso. El *Nacional* le ayudó, apoyándose en la espada con disimulo y apretándola hasta la empuñadura.

El público del sol, que vio esta maniobra, púsose de pie con airada protesta.

—¡Ladrón! ¡Asesino!...

Indignábase en nombre del pobre toro, cual si éste no hubiese de morir de todas suertes; amenazaban con el puño al *Nacional*, como si acabasen de presenciar un crimen, y el banderillero, cabizbajo, acabó por refugiarse detrás de la barrera.

Gallardo, mientras tanto, iba hacia la presidencia para saludar, y los entusiastas incondicionales le acompañaban con un aplauso tan ruidoso como poco nutrido.

—No ha teñío suerte—decían con su ardiente fe a prueba de desengaños—. Pero las estocadas, ¡qué bien marcadas!... Eso no hay quien lo discuta.

El espada fue a colocarse un instante frente al tendido donde estaban sus más fervorosos partidarios, y se apoyó en la barrera, dándoles explicaciones. El toro era malo: no había medio de hacer con él una buena faena.

Los entusiastas, con don José al frente, asentían a estas explicaciones, que eran las mismas que ellos habían inventado.

Permaneció Gallardo gran parte de la corrida en el estribo de la barrera. Buenas eran tales explicaciones para los partidarios, pero él sentía en su interior una duda cruel, una desconfianza en su persona que nunca había conocido.

Los toros le parecían más grandes, con una «vida doble» que les daba mayor resistencia para no morir. Los de antes caían bajo su estoque con una facilidad de milagro. Indudablemente le habían soltado lo peor de la ganadería, para hacerle quedar mal. Alguna intriga de los enemigos.

Otra sospecha se movía confusa en lo más obscuro y hondo de su pensamiento, pero él no quería contemplarla de cerca, no tenía interés en extraerla de su misteriosa lobreguez. Su brazo parecía más corto en el momento de tenderse con el estoque por delante. Antes llegaba con una velocidad de relámpago al cuello de la fiera; ahora era un viaje interminable, un vacío pavoroso, que no sabía cómo salvar. Sus piernas también eran otras. Parecían vivir sueltas, con propia vida, independientes del resto del cuerpo. En vano su voluntad las ordenaba permanecer quietas y firmes, como otras veces. No obedecían. Parecían tener ojos, ver el peligro, y saltaban con excesiva ligereza, sin aplomo para esperar, así que sentían las ondulaciones del aire cortado por el empuje de la fiera.

Gallardo volvía contra el público la vergüenza del fracaso, la rabia por su repentina debilidad. ¿Qué deseaban aquellas gentes? ¿Que se dejase matar para darlas gusto?... Bastantes señales de loca audacia llevaba en el cuerpo. El no necesitaba probar su coraje. Si vivía era de milagro, gracias a celestiales intervenciones, a que Dios es bueno, y a las oraciones de su madre y la pobrecita de su mujer. Había visto la cara seca de la Muerte como pocos la ven, y sabía mejor que nadie lo que vale el vivir.

—¡Si creéis que vais a tomame er pelo!—decía mentalmente mientras contemplaba a la muchedumbre.

El torearía en adelante como muchos de sus compañeros. Unos días lo haría bien, otros mal. El toreo no era mas que un oficio, y una vez llegado a los primeros lugares, lo importante era vivir, salvando los compromisos como mejor pudiese. No iba a dejarse coger por el gusto de que la gente se hiciera lenguas de su valentía.

Cuando llegó el momento de matar su segundo toro, estos pensamientos le infundieron un tranquilo valor. ¡Con él no acababa ningún animal! Haría cuanto pudiese para no ponerse al alcance de sus cuernos.

Al ir hacia la fiera tuvo el mismo gesto arrogante de sus grandes tardes: «¡Fuera too er mundo!»

La muchedumbre se agitó con un murmullo de satisfacción. Había dicho «¡Fuera todo el mundo!» Iba a hacer una de las suyas.

Pero ni llegó lo que el público esperaba, ni el *Nacional* dejó de marchar tras él, capote al brazo, adivinando con su astucia de antiguo peón habituado a las marrullerías de los matadores la falsedad teatral de esta orden.

Tendió el trapo a alguna distancia del toro y comenzó a darle pases con visible recelo, quedando en cada uno de ellos a gran distancia de la fiera y ayudado siempre por el capote de Sebastián.

Al permanecer un instante con la muleta baja, hizo el toro un movimiento como para embestir, pero no se movió. El espada, sobradamente alerta, engañose con este movimiento y dio unos cuantos pasos atrás, que fueron verdaderos saltos, huyendo del animal, que no le había acometido.

Quedó en una posición grotesca por este retroceso innecesario, y una parte del público rió entre exclamaciones de asombro. Sonaron algunos silbidos.

—¡Juy, que te coge!—gritó una voz irónica.

—¡Sarasa!—suspiró otra con entonación afeminada.

Gallardo enrojeció de cólera. ¡Esto a él! ¡Y en la plaza de Sevilla!... Sintió la corazonada audaz de sus tiempos de principiante, un deseo loco de caer ciegamente sobre el toro, y fuese lo que Dios quisiera. Pero su cuerpo se resistió a obedecerle. Su brazo parecía pensar; sus piernas veían el peligro, burlándose con su rebelión de las exigencias de la voluntad.

Además, el público, reaccionando ante el insulto, vino en su ayuda e impuso silencio. ¡Tratar así a un hombre que estaba convaleciente de una cogida grave!... ¡Esto era indigno de la plaza de Sevilla! ¡A ver si había decencia!

Gallardo se aprovechó de esta compasión simpática para salir del compromiso. Marchando de lado contra el toro, lo hirió con una estocada atravesada y traidora. Cayó el animal como una bestia de matadero, soltando un caño de sangre por la boca. Unos aplaudieron sin saber por qué aplaudían, otros silbaron, y la gran masa permaneció en silencio.

—¡Si le han soltado perros traicioneros!—clamaba el apoderado desde su asiento, a pesar de que la corrida era de la ganadería del marqués—. ¡Si eso no son toros!... Ya veremos en otra, cuando sean bichos nobles de verdad.

Al salir de la plaza, Gallardo notó el silencio del gentío. Pasaban los grupos junto a él sin un saludo, sin una aclamación de aquellas con que le acogían en las tardes felices. Ni siquiera siguió el carruaje la turba miserable que se quedaba fuera de la plaza aguardando noticias y antes de terminar la corrida estaba enterada de todos sus incidentes y de las hazañas del maestro.

Gallardo gustó por primera vez la amargura del fracaso. Hasta sus banderilleros iban ceñudos y silenciosos, como soldados en derrota. Pero al llegar a casa y sentir en el cuello los brazos de su madre, de Carmen y hasta de su hermana, así como el contacto de todos los sobrinillos, que se cogían a sus piernas, el espada sintió desvanecerse esta tristeza. «¡Mardita sea!... » Lo importante era vivir; que la familia permaneciese tranquila; ganar el dinero del público como otros toreros, sin audacias que un día u otro conducen a la muerte.

Los días siguientes sintió la necesidad de exhibirse, de hablar con los amigos en los cafés populares y en los clubs de la calle de las Sierpes. Creía que al imponer con su presencia un cortés silencio a los maldicientes evitaba los comentarios sobre su fracaso. Pasaba tardes enteras en las tertulias de los aficionados modestos que había abandonado mucho tiempo antes buscando la amistad de las gentes ricas. Después entraba en los *Cuarenta y cinco*, donde el apoderado hacía reinar sus opiniones a fuerza de gritos y manotazos, sosteniendo, como siempre, la gloria de Gallardo.

¡Famoso don José! Su entusiasmo era inconmovible, a prueba de bomba, no ocurriéndosele jamás que su matador pudiera dejar de ser como él le creía. Ni una crítica, ni una recriminación por el fracaso; antes bien, él mismo se encargaba de excusarle, añadiendo a esto el consuelo de sus buenos consejos.

—Tú estás resentío aún de tu cogida. Lo que yo digo: «Ya le verán ustés, cuando esté bueno del todo, y me darán noticias... » Haz como otras veces. Te vas al toro derechamente, con ese coraje que Dios te ha dao, y ¡zas! estocada hasta la cruz... y te lo metes en el bolsillo.

Gallardo aprobaba con una sonrisa enigmática... ¡Meterse los toros en el bolsillo! No deseaba otra cosa. Pero ¡ay! se habían hecho tan grandes e intratables! ¡Habían crecido tanto en el tiempo que él no pisaba la arena!...

El juego consolaba a Gallardo, haciéndole olvidar sus preocupaciones. Volvió con nueva furia a perder el dinero en la mesa verde, rodeado de aquella juventud que no reparaba en sus fracasos porque era un torero elegante.

Una noche se lo llevaron a cenar a la Venta de Eritaña. Gran juerga con unas extranjeras de vida alegre, a las que algunos de estos jóvenes conocían de París. Habían venido a Sevilla con motivo de las fiestas de Semana Santa y de la Feria, y ansiaban conocer lo más «pintoresco» de la tierra. Eran de una hermosura algo marchita, reanimada por los artificios de la elegancia. Los jóvenes ricos iban tras ellas, atraídos por el encanto de lo exótico, solicitando generosos abandonos que pocas veces eran rehusados. Deseaban conocer a un torero célebre, un espada de los más guapos, aquel Gallardo cuyo retrato habían contemplado tantas veces en estampas populares y cajas de cerillas. Luego de verle en la plaza, habían pedido a sus amigos que se lo presentasen.

La reunión fue en el gran comedor de Eritaña, un salón en pleno jardín, con decorado de arábiga vulgaridad, pobre imitación de los esplendores de la Alhambra. En este local se verificaban los banquetes políticos y las juergas: se brindaba con fogosa oratoria por la regeneración de la patria, y se mecían y ensanchaban las curvas femeniles con el vaivén del tango, al runrún de las guitarras, mientras en los rincones sonaban besos y chillidos y se rompían botellas.

Gallardo fue recibido como un semidiós por las tres mujeres, que, olvidando a sus amigos, sólo le miraban a él y se disputaban el honor de sentarse a su lado, acariciándolo con ojos de lobas en celo... Le recordaban a la otra, a la ausente, a la casi olvidada, con sus cabelleras de oro, sus trajes elegantes y un ambiente de carne perfumada y tentadora que, emanando de sus cuerpos, parecía envolverle en una espiral de embriaguez.

La presencia de sus camaradas contribuía a hacer más vivo este recuerdo. Todos eran amigos de doña Sol; algunos hasta pertenecían a su familia y él los había mirado como parientes.

Comieron y bebieron con esa voracidad salvaje de las fiestas nocturnas, a las que se va con un propósito firme de excederse en todo, buscando embriagarse cuanto antes para atrapar la alegría del aturdimiento.

En un extremo del salón rasgueaban sus guitarras unos gitanos, entonando canciones melancólicas. Una de aquellas mujeres, con entusiasmo de neófita, saltó sobre la mesa, comenzando a mover torpemente las soberbias caderas, queriendo imitar las danzas del país, haciendo alarde de los adelantos realizados en pocos días bajo la dirección de un maestro sevillano.

—¡Asaúra!... ¡Malaje!... ¡Sosa!—gritaban irónicamente los amigos, jaleándola con rítmicas palmadas.

Se burlaban de su pesadez, pero admiraban con ojos de deseo la gallardía de su cuerpo. Y ella, orgullosa de su arte, tomando por elogios entusiastas estos gritos incomprensibles, seguía moviendo las caderas y elevaba los brazos como asas de ánfora en torno de su cabeza, con la mirada en alto.

Pasada media noche, estaban todos ebrios. Las mujeres, perdido el pudor, asediaban con su admiración al espada. Este se dejaba manejar impasible por las manos que se lo disputaban, mientras las bocas le sorprendían con ardorosos contactos en las mejillas y el cuello. Estaba borracho, pero su borrachera era triste. ¡Ay, la otra!... ¡la rubia verdadera! El oro de estas cabelleras que comenzaban a deshacerse en torno de él era artificial, cubriendo un pelo grueso y fuerte, endurecido por la química. Los labios tenían un sabor de manteca perfumada. Sus redondeces daban una sensación de dureza pulida por el contacto, semejante a la de las aceras. Al través de los perfumes, su imaginación olfateaba un olor de vulgaridad original.

¡Ay, la otra! ¡la otra!...

Gallardo, sin saber cómo, se vio en los jardines, bajo el solemne silencio que parecía descender de las estrellas, entre cenadores de frondosa vegetación, siguiendo una senda tortuosa, viendo al través del follaje las ventanas del comedor iluminadas cual bocas de infierno, por las que pasaban y repasaban las sombras como demonios negros.

Una mujer oprimía su brazo tirando de él, y Gallardo se dejaba llevar, sin verla siquiera, con el pensamiento lejos, muy lejos.

Una hora después volvió al comedor. Su compañera, con los pelos alborotados y los ojos brillantes y hostiles, hablaba a las amigas. Estas reían y le señalaban con gesto despectivo a los demás hombres, que reían también... ¡Ah, España! ¡País de desilusiones, donde todo era pura leyenda, hasta el coraje de los héroes!...

Gallardo bebió más y más. Las mujeres, que antes se lo disputaban, asediándolo con sus caricias, volvíanle la espalda, cayendo en brazos de los otros hombres. Los guitarristas apenas tocaban, y ahitos de vino inclinábanse sobre sus instrumentos con placentera somnolencia.

El torero iba también a dormirse sobre una banqueta, cuando le ofreció llevarle a casa en su carruaje uno de aquellos amigos, obligado a retirarse antes de que su madre la condesa se levantara, como todos los días, para ir a la misa del alba.

El viento de la noche no disipó la embriaguez del torero. Cuando el amigo le dejó en la esquina de su calle, Gallardo anduvo con paso vacilante hacia su casa. Cerca de la puerta se detuvo, agarrándose a la pared con ambas manos y descansando la cabeza en los brazos, como si no pudiese soportar el peso de sus meditaciones.

Había olvidado completamente a sus amigos, la cena en Eritaña y las tres extranjeras pintarrajeadas que se lo habían disputado, acabando por insultarle. Algo quedaba en su memoria de la otra, ¡eso siempre!... pero indeciso y en último término. Ahora su pensamiento, por uno de esos saltos caprichosos de la embriaguez, lo ocupaban por entero las corridas de toros.

El era el primer matador del mundo, ¡olé! Así lo afirmaban su apoderado y los amigos, y así era la verdad. Ya verían los adversarios cosa buena cuando él volviese a la plaza. Lo del otro día era un simple descuido: la mala suerte, que le había jugado una de las suyas.

Orgulloso de la fuerza omnipotente que en aquel instante le comunicaba la embriaguez, veía a todos los toros, andaluces y castellanos, como débiles cabras que podía abatir con sólo un golpe de su mano.

Lo del otro día no era nada. «¡Líquido!»... como decía el *Nacional*. «Al mejor *cantaor* se le escapa un gallo.»

Y este aforismo, aprendido de la boca de venerables patriarcas del toreo en tardes de desgracia, le comunicó un deseo irresistible de cantar, poblando con su voz el silencio de la calle solitaria.

Con la cabeza siempre apoyada en los brazos comenzó a canturrear una estrofa de su invención, que era una alabanza disparatada a sus méritos: «Yo soy Juaniyo Gallardo... con más c... oraje que Dió.» Y no pudiendo improvisar más en su honor, repetía y repetía las mismas palabras con voz ronca y monótona, que alteraba el silencio y hacía ladrar a un perro invisible en el fondo de la calle.

Era la herencia paternal que renacía en él: la manía cantante que acompañaba al señor Juan el remendón en sus borracheras semanales.

Se abrió la puerta de la casa y avanzó *Garabato* la cabeza, medio dormido aún, para ver al beodo, cuya voz había creído reconocer.

—¡Ah! ¿eres tú?—dijo el espada—. Aspérate, que voy a sortá la última.

Y todavía repitió varias veces la incompleta canción en honor de su valentía, hasta que al fin se decidió a entrar en la casa.

No sentía deseos de acostarse. Adivinando su estado retardaba el momento de subir a la habitación, donde le aguardaba
Carmen, tal vez despierta.

—Ve a dormir, *Garabato*. Yo tengo que hasé muchas cosas.

No sabía cuáles eran, pero le atraía su despacho, con todo aquel decorado de arrogantes retratos, moñas arrancadas a los toros y carteles que pregonaban su fama.

Cuando se inflamaron los globos de luz eléctrica y se alejó el criado, Gallardo quedó en el centro del despacho, vacilante sobre sus piernas, paseando por las paredes una mirada de admiración, como si contemplase por primera vez este museo de gloria.

—Mu bien... ¡pero que mu bien!—murmuraba—. Ese güen mozo soy yo... y ese otro también... ¡y toos!... ¡Y aún hay quien dise de mí!... ¡Mardita sea!... Yo soy el primé hombre der mundo. Don José lo dise, y dise la verdá.

Arrojó su sombrero sobre el diván, como si se despojase de una corona de gloria que abrumaba su frente, y tambaleándose fue a apoyar las manos en el escritorio, quedando con la mirada fija en la enorme cabeza de toro que adornaba la pared del fondo del despacho.

—¡Hola! ¡Güenas noches, mozo güeno!... ¿Qué pintas tú aquí?... ¡Muuú! ¡muuú!

Lo saludaba con mugidos, imitando infantilmente el bramar de los toros en la dehesa y en la plaza. No lo reconocía; no podía acordarse de por qué estaba allí la peluda cabeza con sus cuernos amenazadores. Poco a poco fue haciendo memoria.

—Te conosco, gachó... Me acuerdo de lo que me hiciste rabiá aquella tarde. La gente silbaba, me tiraban boteyas... hasta le fartaron a mi probe mare, ¡y tú tan contento!... ¡Cómo te divertirías, ¿he? sinvergüensón!...

Su mirada de ebrio creyó ver temblar con estremecimiento de risa el brillo del hocico barnizado y la luz de los ojos de cristal. Hasta se imaginó que el cornúpeto movía el testuz, asintiendo a esta pregunta con una ondulación de su cuello colgante.

El borracho, hasta entonces sonriente y bonachón, sintió nacer su cólera con el recuerdo de aquella tarde de desgracia. ¿Y aún se reía aquel mal bicho?... Estos toros de perversa intención, marrulleros y reflexivos, que parecían burlarse del lidiador, eran los que tenían la culpa de que un hombre de bien fuese insultado y se viera en ridículo. ¡Ay, cómo los odiaba Gallardo! ¡Qué mirada de odio la suya al fijarla en los ojos de cristal de la cornuda cabeza!...

—¿Aún te ríes, hijo de perra? ¡Mardito seas, guasón! ¡Mardita la vaca que te parió y el ladrón de tu amo que te dio hierba en la dehesa! ¡Ojalá esté en presidio!... ¿Aún te ríes? ¿aún me haces muecas?

A impulsos de su rabia, tendió el busto sobre la mesa, avanzando los brazos y abriendo los cajones. Después se irguió, levantando una mano hacia el cornudo testuz.

¡Pum! ¡pum!... Dos tiros de revólver.

Saltó un globo de vidrio en menudos fragmentos de la cuenca de un ojo, y en la frente de la bestia se abrió un agujero redondo y negro entre pelos chamuscados.

Capítulo 8

En plena primavera la temperatura dio un salto atrás, con la extremada violencia del clima de Madrid, inconstante y loco.

Hacía frío. El cielo gris derramaba violentas lluvias, acompañadas algunas veces de copos de nieve. La gente, vestida ya con trajes ligeros, abría armarios y cofres para sacar capas y gabanes. La lluvia ennegrecía y deformaba los blancos sombreros primaverales.

Hacía dos semanas que no se daban funciones en la Plaza de Toros. La corrida del domingo aplazábase para un día de la semana en que hiciese buen tiempo. El empresario, los empleados de la plaza y los innumerables aficionados, a los que esta suspensión forzosa traía de mal humor, espiaban el firmamento con la ansiedad del labriego que teme por sus cosechas. Una clara en el cielo o la aparición de unas estrellas a media noche, cuando salían ellos de los cafés, les devolvían la alegría.

—Va a levantarse el tiempo... Pasado mañana corrida.

Pero las nubes volvían a juntarse, persistía la cerrazón gris, con su constante lloro, e indignábase la gente de la afición contra la temperatura, que parecía haber declarado guerra a la fiesta nacional... ¡País desgraciado! Hasta las corridas de toros iban siendo imposibles en él.

Gallardo llevaba dos semanas de forzoso descanso. Su cuadrilla quejábase de la inacción. En cualquier otro punto de España habrían sufrido resignados los toreros esta demora. La estancia en el hotel la pagaba el espada en todas partes menos en Madrid. Era una mala costumbre establecida hacía tiempo por los maestros vecinos de la capital. Se suponía que todos los toreros debían tener en la corte domicilio propio. Y los pobres peones y picadores, que habitaban una casucha de huéspedes tenida por la viuda de un banderillero, apretaban su existencia con toda clase de economías, fumando poco y quedándose a la puerta de los cafés. Pensaban en sus familias con una avaricia de hombres que a cambio de su sangre sólo recibían un puñado de duros. Cuando vinieran a darse las dos corridas, ya se habrían comido el producto de ellas.

El espada mostrábase igualmente malhumorado en la soledad de su hotel, pero no a causa del tiempo, sino de su mala suerte.

Había toreado la primera corrida en Madrid con resultado deplorable. El público era otro para él. Aún le quedaban partidarios de fe inquebrantable que se aferraban a su defensa; pero estos entusiastas, ruidosos y agresivos un año antes, mostraban ahora cierta tristeza, y cuando hallaban ocasión de aplaudirle lo hacían con timidez. En cambio, los enemigos y la gran masa del público, que desea peligros y muertes, ¡qué injustos en sus apreciaciones! ¡qué audaces para insultarle!... Lo que toleraban a otros matadores, estaba vedado para él.

Le habían visto audaz, lanzándose ciegamente en el peligro, y así le querían para siempre, hasta que la muerte cortase su carrera. Había sido un suicida con suerte en los primeros tiempos, cuando necesitaba crearse un nombre, y la gente no transigía ahora con su prudencia. El insulto acompañaba siempre a sus intentos de conservación. Apenas tendía la muleta ante el toro a cierta distancia, estallaba la protesta. ¡No se arrimaba! ¡tenía miedo! Y bastaba que diese un paso atrás, para que el populacho saludase esta precaución con insultos soeces.

La noticia de lo ocurrido en Sevilla en la corrida de Pascua parecía haber circulado por toda España. Los enemigos se vengaban de largos años de envidia. Los compañeros profesionales, a los que había empujado muchas veces al peligro por exigencias de la emulación, propagaban con hipócritas expresiones de lástima la decadencia de Gallardo. ¡Se acabó el valor! La última cogida le había hecho demasiado prudente. Y los públicos, impresionados por estas noticias, fijaban sus ojos en el torero apenas salía a la plaza, con una predisposición a encontrar malo todo cuanto hiciese, así como antes le aplaudían hasta en sus defectos.

La veleidad característica de las muchedumbres ayudaba a este cambio de opinión. La gente estaba fatigada de admirar el valor de Gallardo, y gozaba ahora apreciando su miedo o su prudencia, como si esto la hiciese a ella más valerosa.

Nunca creía el público que estaba bastante cerca del toro. «¡Hay que arrimarse más!» Y cuando él, dominando con un esfuerzo de voluntad su organismo, que tendía a rehuir el peligro, conseguía matar un toro como en otros tiempos, la ovación no era igualmente ruidosa. Parecía haberse roto la corriente de entusiasmo que le unía antes con el público. Sus escasos triunfos servían para que la gente le abrumase con lecciones y consejos. «¡Así se mata! ¡Así debes hacer siempre, maulón!»

Los partidarios fieles reconocían sus fracasos, pero los excusaban hablando de las hazañas realizadas por Gallardo en las tardes de buena fortuna.

—Se descuida algo—decían—. Está cansado. ¡Pero cuando él quiere!...

—¡Ay! Gallardo quería siempre. ¿Por qué no hacerlo bien, ganando el aplauso del público?... Pero sus éxitos, que los aficionados creían un capricho de la voluntad, eran obra del azar o de un conjunto de circunstancias; la corazonada audaz de los buenos tiempos, que sólo la sentía ahora muy de tarde en tarde.

En varias plazas de provincia había oído ya silbidos. Las gentes del sol le insultaban con bramar de cuernos y toques de cencerro cuando se demoraba en dar muerte a los toros, clavándoles medias estocadas que no llegaban a hacer doblar las patas a la fiera.

En Madrid, el público «le aguardaba de uña», como él decía. Apenas le vieron los espectadores de la primera corrida pasar de muleta a un toro y entrar a matar, estalló el escándalo. ¡Les habían cambiado al «niño» de Sevilla! Aquel no era Gallardo: era otro. Encogía el brazo, volvía la cara, corría con una viveza de ardilla, poniéndose fuera del alcance del toro, sin serenidad para aguardarle a pie firme. Notábase en él una deplorable disminución de valor y de fuerzas.

La corrida fue un fracaso para Gallardo, y en las tertulias de los aficionados se habló mucho de este suceso. Los viejos, que encontraban malo todo lo presente, comentaron la flojedad de los toreros modernos. Presentábanse con un atrevimiento loco, y apenas sentían en la carne el contacto del cuerno... ¡se acabaron los hombres!

Gallardo, obligado al descanso por el mal tiempo, aguardaba impaciente la segunda corrida, con el propósito de realizar grandes hazañas. Le dolía mucho la herida abierta en su amor propio por las burlas de los enemigos. Si volvía a provincias con la mala fama de un fracaso en Madrid, era hombre perdido. El dominaría su nerviosidad, vencería aquella preocupación que le hacía huir el cuerpo y ver los toros más grandes y temibles. Considerábase con fuerzas para realizar el mismo trabajo de otros tiempos. Un poco de flojera en el brazo y en la pierna, pero esto pasaría.

Su apoderado le habló de una contrata ventajosísima para ciertas plazas de América. No; él no pasaba ahora los mares. Necesitaba demostrar en España que era el espada de siempre. Luego ya pensaría en la conveniencia de hacer este viaje.

Con el ansia del hombre popular que siente quebrantarse su prestigio, Gallardo exhibíase pródigamente en los lugares frecuentados por las gentes de la afición. Entraba en el Café Inglés, donde se reunen los partidarios de los toreros andaluces, y con su presencia evitaba que el implacable comentario siguiera cebándose en su nombre. El mismo, sonriente y modesto, iniciaba la conversación, con una humildad que desarmaba a los más intransigentes.

—Es sierto que no estuve bien, lo reconosco... Pero ya verán ustés en la prósima corría, así que aclare el tiempo... Se hará lo que se puea.

En ciertos cafés de la Puerta del Sol, donde se reunían otros aficionados de clase más modesta, no se atrevía a entrar. Eran los enemigos del toreo andaluz, los madrileños netos, amargados por la injusticia de que todos los matadores fuesen de Córdoba y Sevilla, sin que la capital tuviera un representante glorioso. El recuerdo de *Frascuelo*, al que consideraban hijo de Madrid, perduraba en estas tertulias con una veneración de santo milagroso. Los había de ellos que en muchos años no habían ido a la plaza, desde que se retiró el «negro». ¿Para qué? Contentábanse con leer las reseñas de los periódicos, convencidos de que no había toros, ni siquiera toreros, desde la muerte de *Frascuelo*. Niños andaluces nada más; bailarines que hacían monadas con la capa y el cuerpo, sin saber lo que era «recibir» un toro.

De vez en cuando circulaba entre ellos un soplo de esperanza. Madrid iba a tener un gran matador. Acababan de descubrir a un novillero, hijo de las afueras, que, después de cubrirse de gloria en las plazas de Vallecas y Tetuán, trabajaba los domingos en la plaza grande en corridas baratas.

Su nombre se hacía popular. En las barberías de los barrios bajos hablaban de él con entusiasmo, profetizándole los mayores triunfos. El héroe andaba de taberna en taberna bebiendo copas y engrosando el núcleo de partidarios. Los aficionados pobres que no asistían a las grandes corridas por ser cara la entrada, y esperaban al anochecer la salida de *El Enano* para comentar el mérito de unos lances no vistos, agrupábanse en torno del futuro maestro, protegiéndolo con la sabiduría de su experiencia.

—Nosotros—decían con orgullo—conocemos a las «estrellas» del toreo antes que los ricos.

Pero transcurría el tiempo sin que las profecías se cumpliesen. El héroe caía víctima de una cornada mortal, sin otro responso de gloria que cuatro líneas en los periódicos, o se «achicaba» tras una cogida, quedando convertido en uno de tantos paseantes que exhiben la coleta en la Puerta del Sol aguardando imaginarias contratas. Entonces los aficionados volvían los ojos a otros principiantes, esperando con una fe hebraica la llegada del matador gloria de Madrid.

Gallardo no osaba aproximarse a esta demagogia tauromáquica, que le había odiado siempre y celebraba su decadencia. Los más de ellos no iban a verle en el redondel, ni admiraban a ningún torero del presente. Esperaban su Mesías para decidirse a volver a la plaza.

Cuando vagaba al anochecer por el centro de Madrid, dejábase abordar en la Puerta del Sol y la acera de la calle de Sevilla por los vagabundos del toreo que forman corrillos en estos puntos, hablando de sus hazañas junto a los cómicos sin contrata y murmurando de los maestros con una rabia de desheredados.

Eran mozos que le saludaban llamándole «maestro» o «señó Juan», muchos con aire famélico, preparando con tortuosas razones la petición de unas pesetas, pero bien vestidos, limpios, flamantes, adoptando actitudes gallardas, como si estuviesen ahítos de los placeres de la existencia, y luciendo una escandalosa latonería de sortijas y cadenas falsas.

Algunos eran muchachos honrados que pretendían abrirse paso en la tauromaquia para sostener a sus familias con algo más que el jornal de un obrero. Otros, menos escrupulosos, tenían fieles amigas que trabajaban en ocupaciones indeclarables, satisfechas de sacrificar el cuerpo para la manutención y adecentamiento de un buen mozo que, a creer en sus palabras, acabaría por ser una celebridad.

Sin más equipo que lo puesto, pavoneábanse de la mañana a la noche en el centro de Madrid, hablando de contratas que no habían querido admitir y espiándose unos a otros para saber quién tenía dinero y podía convidar a los camaradas. Cuando alguno, por un recuerdo caprichoso de la suerte, conseguía una corrida de novillos en un lugar de la provincia, tenía antes que redimir el traje de luces, cautivo en una casa de préstamos. Eran vestimentas venerables que habían pertenecido a varios héroes, con los dorados opacos y cobrizos; oro de velón, según decían los inteligentes. La seda abundaba en remiendos, gloriosos recuerdos de cornadas en las que quedaban al aire faldones y vergüenzas, y estaba manchada de amarillentos rodales, viles vestigios de las expansiones del miedo.

Entre este populacho de la tauromaquia, amargado por el fracaso y mantenido en la obscuridad por la torpeza o el miedo, existían grandes hombres rodeados de general respeto. Uno que huía ante los toros era temido por la facilidad con que tiraba de navaja. Otro había estado en presidio por matar a un hombre de un puñetazo. El famoso *Tragasombreros* gozaba los honores de la celebridad luego que una tarde, en una taberna de Vallecas, se comió un fieltro cordobés frito en pedazos, con vino a discreción para hacer pasar los bocados.

Algunos de suaves maneras, siempre bien vestidos y recién afeitados, se apegaban a Gallardo, acompañándole en sus paseos, con la esperanza de que los invitase a comer.

—A mí me va bien, maestro—decía uno de buen rostro—. Se torea poco, los tiempos están malos, pero tengo a mi padrino… el marqués: ya lo conose usté.

Y mientras Gallardo sonreía de un modo enigmático, el torerillo rebuscaba en sus bolsillos.

—Me apresia mucho... ¡Mie usté qué pitillera me ha traío de París!...

Y mostraba con orgullo la metálica cigarrera, en cuya tapa lucían sus desnudeces unos angelitos esmaltados sobre una dedicatoria casi amorosa.

Otros buenos mozos, de aire arrogante, que parecían proclamar en sus ojos atrevidos el orgullo de su virilidad, entretenían alegremente al espada con el relato de sus aventuras.

En las mañanas de sol iban de cacería a la Castellana, a la hora en que las institutrices de casa grande sacan a pasear a los niños. Eran *misses* inglesas, *frauleins* alemanas, que acababan de llegar a Madrid con la cabeza repleta de concepciones fantásticas sobre este país de leyenda, y al ver a un buen mozo de cara afeitada y ancho fieltro, le creían inmediatamente torero... ¡Un novio torero!

—Son unas gachís sosas como el pan sin sá, ¿sabe usté, maestro? La pata grande, el pelo de cáñamo; pero se traen sus cosas, ¡vaya si se las traen!... Y como apenas camelan lo que uno las dise, too es reír y enseñar los piños, que son mu blancos, y abrir los ojasos... No hablan cristiano, pero entienden cuando se les hase la seña del parné; y como uno es un cabayero y grasia a Dió quea siempre bien, dan pa tabaco y pa otras cosas, y se va viviendo. Yo yevo ahora tres entre manos.

Y el que así hablaba enorgullecíase de su guapeza incansable, que iba devorando los ahorros de las institutrices.

Otros dedicábanse a las extranjeras de los *music-halls*, bailarinas y cupletistas que llegaban a España con el ansia de conocer desde el primer día las dulzuras de «un novio *togego*». Eran francesas vivarachas, de naricilla empinada y corsé plano, que en su espiritual delgadez apenas si podían ofrecer algo tangible entre la rizada col de su faldamenta perfumada y susurrante; alemanas de carnes macizas, pesadas, imponentes y rubias como walkyrias; italianas de pelo negro y aceitoso, con la tez de morena verdosidad y la mirada trágica.

Los torerillos reían recordando sus primeras entrevistas a solas con estas devotas entusiastas. La extranjera temía siempre ser engañada, como si la desconcertase ver que el héroe legendario resultaba un hombre como los demás. ¿Realmente era *togego*?... Y le buscaba la coleta, sonriendo satisfecha de su astucia cuando sentía entre las manos el peludo apéndice, que equivalía a un testimonio de identificación.

—Usté no sabe lo que son esas hembras, maestro. Se pasan la noche besa que te besa, con la coleta en la boca, como si uno no tuviese na de mejor... ¡Y unos caprichos! Pa darles gusto tie uno que saltá de la cama a los medios de la habitasión y explicarles cómo se torea, poniendo acostá una silla, dándola capotasos con una sábana y clavando banderillas con los deos... ¡la mar! Y aluego, como son unas gachís que van por er mundo sacándole los reaños a too cristiano que se aserca a ellas, empiesan las petisiones en su media lengua, que ni Dios las entiende. «Novio *togego*, ¿me regalarías una capa de las tuyas, toda bordá de oro, pa lucirla cuando salga a bailar?» Ya ve usté, maestro, las tragaeras de esas niñas. ¡Como si las capas se comprasen lo mismo que compra uno un periódico! ¡Como si las tuviese uno a ocenas!...

Prometía la capa el torerillo con generosa arrogancia. Los toreros todos son ricos. Y mientras llegaba el vistoso regalo, iba estrechándose la intimidad; y el «novio» hacía empréstitos a su amiga; y si no tenía dinero, la empeñaba una joya; y a impulsos de la confianza, iba guardándose lo que encontraba al alcance de su mano, y cuando ella pretendía salir del ensueño amoroso, protestando de tales libertades, el buen mozo demostraba la vehemencia de su pasión y volvía por sus prestigios de héroe legendario dándola una paliza.

Gallardo se regocijaba con este relato, especialmente al llegar al último punto.

—¡Así!... ¡haces bien!—decía con una alegría salvaje—. ¡Duro con esas gachís! Tú las conoses. Así te querrán más. Lo peó que le pué pasar a un cristiano es achicarse con ciertas mujeres. El hombre debe haserse respetá.

Admiraba ingenuamente la falta de escrúpulos de estos mozos, que vivían de poner a contribución las ilusiones de las extranjeras de paso, y se compadecía a él mismo recordando sus debilidades con cierta mujer.

A estas distracciones que le ofrecía el trato con algunos torerillos uníase la pegajosidad de cierto entusiasta que le perseguía con sus súplicas. Era un tabernero de las Ventas, gallego, de recia musculatura, corto de pescuezo y rubicundo de color, que había hecho una pequeña fortuna en su tienda, donde bailaban los domingos criadas y soldados.

No tenía más que un hijo, y este muchacho, pequeño de cuerpo y de contextura débil, estaba destinado por su padre a ser una de las grandes figuras de la tauromaquia. El tabernero, gran entusiasta de Gallardo y de todos los espadas de fama, lo había decidido así.

—El chico vale—decía—. Ya sabe usted, señor Juan, que yo entiendo algo de estas cosas. Me tiene a mí, que llevo gastado un porción de dinero por darle carrera, pero necesita un padrino si ha de ir adelante, y nadie mejor que usted. ¡Si usted quisiera dirigir una novillada en la que matase el chico!... Iría la mar de gente: yo correría con todos los gastos.

Esta facilidad para «correr con los gastos», ayudando al chico en su carrera, había ocasionado grandes pérdidas al tabernero. Pero seguía adelante, sintiéndose alentado por el espíritu comercial, que le hacía sobrellevar los fracasos con la esperanza de enormes ganancias cuando su hijo fuese un matador de cartel.

El pobre muchacho, que en sus primeros años había manifestado aficiones al toreo, como la mayoría de los chicuelos de su clase, veíase ahora prisionero del entusiasmo del padre. Este había creído seriamente en su vocación, descubriendo cada día nuevas facultades en él. Su apocamiento de ánimo era tomado como pereza; su miedo, como falta de vergüenza torera. Una nube de parásitos, aficionados sin profesión, toreros obscuros que no guardaban de su pasado otro recuerdo que la coleta, agitábase en torno del tabernero, bebiendo gratuitamente y solicitando pequeños préstamos a cambio de sus consejos. Todos juntos formaban con el padre una asamblea deliberante, sin otro objeto que dar a conocer al público la «estrella» del toreo perdida en la obscuridad de las Ventas.

El tabernero, prescindiendo de consultar a su hijo, organizaba corridas en las plazas de Tetuán y Vallecas, siempre «corriendo con los gastos». Estas plazas de las afueras estaban abiertas a todos los que sentían el deseo de ser corneados o pateados por un toro a la vista de unos cuantos centenares de espectadores. Pero los golpes no eran gratuitos. Para rodar por la arena, con los calzones rotos, manchado de sangre y de boñiga, había que pagar el valor de los asientos de la plaza, encargándose el mismo diestro o su representante de colocar los billetes.

El padre entusiasta llenaba la plaza de amigos, repartiendo las entradas entre los compañeros del gremio y gentes pobres de la «afición». Además, pagaba espléndidamente a los que formaban cuadrilla con su hijo, peones y banderilleros reclutados entre la gente de coleta que vagabundea por la Puerta del Sol, los cuales toreaban en traje de calle, mientras el espada mostrábase deslumbrante con su vestido de lidia. ¡Todo por la carrera del chico!

—¡Tiene un traje de luces nuevo, que se lo ha hecho el mejor sastre, el que viste a Gallardo y a otros matadores! Siete mil reales me cuesta. ¡Me parece que con esto cualquiera se luce!... Me tiene además a mí, que soy capaz de gastarme hasta la última peseta para que haga carrera. ¡Si muchos tuviesen un padre como yo!...

Quedábase el tabernero entre barreras durante la corrida, animando al espada con su presencia y con los ademanes de un grueso garrote que no le abandonaba nunca. Cuando el muchacho descansaba junto a la valla, veía aparecer como un fantasma de terror la cara mofletuda y roja de su padre y la cabeza del grueso palo.

—¿Para eso me gasto yo el dinero? ¿Para qué estés ahí dándote aire como una señorita? ¡Ten vergüenza torera, ladrón! Sal a los medios y lúcete. ¡Ay, si yo tuviese tus años y no estuviese tan pesao!...

Cuando el muchacho quedaba ante el novillo empuñando muleta y estoque, con la cara pálida y las piernas temblorosas, el padre iba siguiéndole en sus evoluciones por detrás de la barrera. Estaba siempre ante sus ojos, como un maestro amenazador, pronto a corregir el más leve descuido en la lección.

Lo que más temía el pobre diestro, encerrado en su traje de seda roja con grandes golpes de oro, era el regreso a casa en las tardes que su padre fruncía el ceño, mostrándose descontento.

Entraba en la taberna tapándose con el rico y deslumbrante capote los fragmentos de camisa que se le escapaban por las roturas del calzón, doliéndole aún los huesos a causa de los revolcones que le había dado el novillo. La madre, mujer fuerte y mal encarada, corría a él con los brazos abiertos, conmovida por la emocionante espera durante toda la tarde.

—¡Aquí tienes a este morral!—bramaba el tabernero—. Ha estao hecho un maleta. ¡Y para esto me gasto yo el dinero!...

Levantábase iracundo el temible garrote, y el hombre vestido de seda y oro, el que había asesinado poco antes a dos pequeñas fieras, intentaba huir, ocultando la cara tras un brazo, mientras la madre se interponía entre los dos.

—Pero ¿no ves que viene herido?

—¡Herido!—exclamaba el padre con amargura, lamentando que no fuese cierto—. Eso es para los toreros de verdá. Echale unos puntos a la taleguilla y veas de lavarla... ¡A saber cómo la habrá puesto este ladrón!

Pero a los pocos días, el tabernero recobraba su confianza. Una mala tarde cualquiera la tiene. Matadores famosos había visto él quedar en público tan mal como su chico. ¡Adelante con la carrera! Y organizaba corridas en las plazas de Toledo y Guadalajara, apareciendo como empresarios amigos suyos, pero «corriendo él con los gastos» como siempre.

Su novillada en la plaza grande de Madrid fue, según el tabernero, de las más famosas que se habían visto. El espada, por una casualidad, mató medianamente dos novillos, y el público, que en su mayor parte había entrado gratis, aplaudió al niño del tabernero.

A la salida apareció el padre capitaneando una ruidosa tropa de golfos. Acababa de recoger a todos los que vagaban por los alrededores de la plaza y a los que se habían colado en ella aprovechando la falta de vigilancia en las puertas. El tabernero era hombre formal en sus tratos. Cincuenta céntimos por cabeza, pero con la obligación de gritar todos, hasta ponerse roncos, «¡viva el *Manitas*!», y llevar en hombros al glorioso novillero apenas saliese del redondel.

El *Manitas*, trémulo aún por los recientes peligros, se vio rodeado, empujado, levantado en alto por la ruidosa pillería, y así marchó llevado en triunfo desde la plaza a las Ventas, por el final de la calle de Alcalá, seguido de las miradas curiosas de la gente de los tranvías que cortaban irrespetuosamente la gloriosa manifestación. El padre marchaba satisfecho, con el garrote bajo el brazo, fingiéndose ajeno a este entusiasmo; pero cuando amainaba el griterío, corría a la cabeza del grupo, olvidando toda prudencia, con la rabia de un comerciante a quien no le dan el género que le corresponde por su dinero. El mismo daba la señal: «¡Viva el *Manitas*!» Y la ovación reanimábase con fuertes bramidos.

Habían pasado muchos meses, y el tabernero conmovíase aún recordando el suceso.

—Me lo trajeron a casa en hombros, señor Juan, lo mismo que a usted lo han llevado muchas veces, aunque sea mala la comparación. Ya ve usted si valdrá el chico... Sólo le falta un arrimo: que usted le eche una mano.

Y Gallardo, para librarse del tabernero, le contestaba con vagas promesas. Tal vez aceptase lo de dirigir la novillada. Ya se decidiría más adelante: quedaba mucho tiempo hasta el invierno.

Una tarde, al anochecer, el espada, entrando en la calle de Alcalá por la Puerta del Sol, dio un paso atrás a impulsos de la sorpresa. Una señora rubia bajaba de un carruaje a la puerta del Hotel de París... ¡Doña Sol! Un hombre que parecía extranjero le daba la mano, ayudándola a descender, y luego de hablar algunas palabras se alejó, mientras ella penetraba en el hotel.

Era doña Sol. El torero no dudaba de su identidad. Tampoco dudaba del carácter de las relaciones que debían unirla con aquel extranjero, luego de ver sus miradas y la sonrisa con que se despidieron. Así le miraba a él, así le sonreía en la época feliz, cuando cabalgaban juntos en las desiertas campiñas iluminadas de suave carmín por el sol moribundo. «¡Mardita sea!... »

Pasó malhumorado la noche con unos amigos, luego durmió mal, viendo reproducidas muchas escenas del pasado. Cuando se levantó entraba por los balcones la luz opaca y lívida de un día triste. Llovía, yendo acompañada el agua de copos de nieve. Todo era negro: el cielo, las paredes de enfrente, un alero goteante que alcanzaba a ver, el pavimento fangoso de la calle, los techos de los coches brillantes como espejos, las cúpulas movibles de los paraguas.

Las once. ¡Si fuese a ver a doña Sol! ¿Por qué no? La noche anterior había desechado este pensamiento con cierta cólera. Era «rebajarse». Había huido de él sin explicación alguna, y luego, al saberle en peligro de muerte, apenas se había interesado por su salud. Un simple telegrama en los primeros momentos, y luego nada: ni una mala carta de unas cuantas líneas, ella que con tanta facilidad escribía a los amigos. No, no iría a verla. El era muy hombre...

Pero a la mañana siguiente su voluntad parecía ablandada durante el sueño. «¿Por qué no?», volvió a preguntarse. Necesitaba verla otra vez. Era para él la primera mujer entre todas las que había conocido; le atraía con una fuerza distinta al afecto sentido por las otras. «La tengo ley», se dijo el torero, reconociendo su debilidad... ¡Ay! ¡cómo había sentido la violenta separación!...

La cogida atroz en la plaza de Sevilla cortó, con la rudeza del dolor físico, su despecho amoroso. La enfermedad y luego su tierna aproximación a Carmen durante la convalecencia le habían hecho resignarse con su desgracia. ¿Pero olvidar?... Eso nunca. Había hecho esfuerzos por no acordarse del pasado; pero la más insignificante circunstancia, el paso por un camino en el que había galopado junto a la hermosa amazona, el encuentro en la calle con una inglesa rubia, el trato con aquellos señoritos de Sevilla que eran sus parientes, todo resucitaba la imagen de doña Sol. ¡Ay, esta mujer!... No encontraría otra como ella. Al perderla, creía Gallardo haber retrocedido en su existencia. Ya no era el mismo. Creía estar algunos peldaños más abajo en la consideración social. Hasta atribuía a este abandono los fracasos en su arte. Cuando la tenía a ella, era más valiente. Al irse la *gachí* rubia, había comenzado la mala suerte para el torero. Si ella volviese, seguramente que renacerían los tiempos de gloria. Su ánimo, sostenido unas veces y agobiado otras por los espejismos de la superstición, creía esto firmemente.

Tal vez su deseo de verla fuese una corazonada feliz, igual a las que tantas veces le habían salvado en el redondel. ¿Por qué no?... El tenía en su persona una gran confianza. Los fáciles triunfos con mujeres deslumbradas por el éxito le hacían creer en el encanto irresistible de su persona. Podía ser que doña Sol, al verle tras larga ausencia... ¡quién sabe!... La primera vez que se encontraron a solas así fue.

Y Gallardo, seguro de su buena estrella, con la tranquilidad arrogante de un hombre de fortuna que forzosamente ha de despertar el deseo allí donde fije sus ojos, marchó al Hotel de

París, situado a corta distancia del suyo.

Tuvo que esperar más de media hora en un diván, bajo la mirada curiosa de los empleados y los huéspedes, que volvieron la cara al oír su nombre.

Un criado le invitó a entrar en el ascensor, conduciéndolo a un saloncillo del primer piso, al través de cuyos balcones veíase la Puerta del Sol, obscura, con los techos de las casas negros, las aceras invisibles bajo las encontradas corrientes de los paraguas, y la plaza de luciente asfalto surcada por coches veloces, a los que parecía fustigar la lluvia, o por tranvías que se cruzaban en todas direcciones con un incesante campaneo que avisaba a los transeúntes, sordos bajo el abrigo de las cúpulas de tela.

Se abrió una puertecita disimulada en el papel de la pared, y apareció doña Sol entre susurros de seda, con un intenso perfume de carne fresca y rubia, en todo el esplendor del verano de su existencia.

Gallardo la devoraba con los ojos, abarcándola por entero con la exactitud de un buen conocedor que no olvida detalles. ¡Lo mismo que en Sevilla!... No; más hermosa tal vez, con la tentación de una larga ausencia.

Se presentaba en elegante abandono, vistiendo una túnica exótica y con extrañas joyas, lo mismo que la vio él por vez primera en su casa de Sevilla. Los pies iban metidos en unas babuchas cubiertas de gruesos dorados, que, al sentarse ella, cruzando las piernas, quedaban como sueltas, próximas a escaparse de las finas extremidades. Le tendió la mano, sonriendo con amable frialdad.

—¿Cómo está usted, Gallardo?... Sabía que estaba en Madrid. Le he visto.

¡Usted!... Ya no usaba su tuteo de gran señora, al que correspondía él con un tratamiento respetuoso de amante de clase inferior. Este «usted», que parecía igualarlos, desesperó al espada. Quería ser a modo de un siervo elevado por el amor hasta los brazos de la gran señora, y se veía tratado con la fría y cortés consideración que inspira un amigo vulgar.

Ella explicó cómo había visto a Gallardo, asistiendo a la única corrida que éste llevaba dada en Madrid. Había ido a los toros con un extranjero ansioso de conocer las cosas de España, un amigo que la acompañaba en su viaje, pero vivía en otro hotel.

Gallardo contestó a esto con un movimiento afirmativo de cabeza. Conocía a aquel extranjero; le había visto con ella.

Quedaron los dos en largo silencio, sin saber qué decirse. Doña Sol fue la primera en romper esta pausa.

Encontraba al espada de buen aspecto, acordábase vagamente de una gran cogida que había sufrido: tenía casi la certidumbre de haber telegrafiado a Sevilla pidiendo noticias. ¡Con aquella vida que llevaba, de cambio de países y nuevas amistades, tenía en tal confusión sus recuerdos!... Pero le veía ahora como siempre, y en la corrida le había parecido arrogante y fuerte, aunque un poco desgraciado. Ella no entendía mucho de toros.

—¿No fue nada aquella cogida?...

Gallardo se irritó por el acento de indiferencia con que hacía su pregunta aquella mujer. ¡Y él, cuando se consideraba entre la vida y la muerte, sólo había pensado en ella!... Con una hosquedad de despecho, habló de su cogida y de la convalecencia, que había durado todo el invierno...

Ella le escuchaba con fingido interés, mientras sus ojos revelaban indiferencia. Nada le importaban las desgracias de aquel luchador... Eran accidentes de su oficio, que sólo a él podían interesarle.

Gallardo, al hablar de su convalecencia en el cortijo, sintió que por una similitud de recuerdos venía a su memoria la imagen de un hombre que habían visto juntos doña Sol y él.

—¿Y *Plumitas*? ¿Se acuerda usté de aquel pobre?... Le mataron. No sé si lo sabrá usté.

También se acordaba doña Sol vagamente de esto. Lo había leído tal vez en los periódicos de París, que hablaron mucho del bandido, como un tipo interesante de la España pintoresca.

—Un pobre hombre—dijo doña Sol con indiferencia—. Apenas me acuerdo de él como de un campesino zafio y sin interés. De lejos se ven las cosas en su verdadero valor. Lo que sí recuerdo es el día en que almorzó con nosotros en el cortijo.

Gallardo   hacía   también   memoria   de   este   suceso. ¡Pobre *Plumitas*! ¡Con qué emoción se guardó una flor ofrecida por doña Sol!... Porque ella había dado una flor al bandido al despedirse de él... ¿No se acordaba?... .

Los ojos de doña Sol mostraron un sincero asombro.

—¿Está usted seguro?—preguntó—. ¿Es cierto eso? Le juro que no me acuerdo de nada... ¡Ay, aquella tierra de sol! ¡La embriaguez de lo pintoresco! ¡Las tonterías que una hace!...

Sus exclamaciones revelaban cierto arrepentimiento. Luego rompió a reír.

—Y es fácil que aquel pobre gañán guardase la flor hasta el último momento, ¿verdad, Gallardo? No me diga usted que no. A él no le habrían regalado una flor en toda su vida... Y es posible también que sobre su cadáver encontrasen esa flor seca, como un recuerdo misterioso que nadie ha podido explicarse... ¿No sabe usted algo de esto, Gallardo? ¿No dijeron nada los periódicos?... Cállese, no diga que no; no desvanezca mis ilusiones. Así debió ser: quiero que así sea. ¡Pobre *Plumitas*! ¡Qué interesante! ¡Y yo que había olvidado lo de la flor!... Se lo contaré a mi amigo, que piensa escribir sobre las cosas de España.

El recuerdo de este amigo, que en pocos minutos surgía por segunda vez en la conversación, entristeció al torero. Quedó mirando fijamente a la hermosa dama con sus ojos africanos, de una melancolía lacrimosa, que parecían implorar compasión.

—¡Doña Zol!... ¡Doña Zol!—murmuró con acento desesperado, como si la reconviniera por su crueldad.

—¿Qué hay, amigo mío?—preguntó ella sonriendo—. ¿Qué le ocurre a usted?

Permaneció Gallardo en silencio y bajó la cabeza, intimidado por el reflejo irónico de aquellos ojos claros, temblones con su polvillo de oro. Luego se irguió como el que adopta una resolución.

—¿Dónde ha estao usté en too este tiempo, doña Zol?...

—Por el mundo—contestó ella con sencillez—. Yo soy ave de paso. En un sinnúmero de ciudades que usted no conoce ni de nombre.

—¿Y ese extranjero que la acompaña ahora es... es... ?

—Es un amigo—dijo ella fríamente—. Un amigo que ha tenido la bondad de acompañarme, aprovechando la ocasión para conocer España; un hombre que vale mucho y lleva un nombre ilustre. De aquí nos iremos a Andalucía, cuando acabe él de ver los museos. ¿Qué más desea usted saber?...

En esta pregunta, hecha con altivez, se notaba una voluntad imperiosa de mantener al torero a cierta distancia, de establecer entre los dos las diferencias sociales. Gallardo quedó desconcertado.

—¡Doña Zol!—gimió con ingenuidad—. Lo que usté ha hecho conmigo no tié perdón de Dió. Usté ha sío mala conmigo, mu mala... ¿Por qué huyó sin decir una palabra?

Y se le humedecían los ojos, cerrando los puños con desesperación.

—No se ponga usted así, Gallardo. Lo que yo hice fue un gran bien para usted... ¿No me conoce aún bastante? ¿No se cansó de aquella temporada?... Si yo fuese hombre, huiría de mujeres de mi carácter. El infeliz que se enamore de mí es como si se suicidase.

—Pero ¿por qué se fue usté?—insistió Gallardo.

—Me fui porque me aburría. ¿Hablo claro?... Y cuando una persona se aburre, creo que tiene derecho a escapar, en busca de nuevas diversiones. Yo me aburro a morir en todas partes: téngame lástima.

—¡Pero yo la quiero a usté con toa mi arma!—exclamó el torero con una expresión dramática e ingenua que hubiese hecho reír en otro hombre.

—¡La quiero a usté con toa mi arma!—repitió doña Sol, remedando su acento y su ademán—. ¿Y qué hay con eso?... ¡Ay, estos hombres egoístas, que se ven aplaudidos por las gentes y se figuran que todo ha sido creado para ellos!... «Te quiero con toda mi alma, y esto basta para que tengas que amarme también... » Pues no, señor. Yo no le quiero a usted, Gallardo. Es usted un amigo, y nada más.

Lo otro, lo de Sevilla, fue un ensueño, un capricho loco, del que apenas me acuerdo, y que usted debe olvidar.

El torero se levantó, aproximándose a la dama con las manos tendidas. En su rudeza no sabía qué decir, adivinando que sus palabras torpes eran ineficaces para convencer a aquella hembra. Confiaba a la acción, con una vehemencia de impulsivo, sus deseos y esperanzas, intentando apoderarse de la mujer, atraerla a él, suprimiendo con el contacto la frialdad que los separaba.

—¡Doña Zol!—suplicaba tendiendo sus manos.

Pero ella, con un simple revés de su ágil diestra, apartó los brazos del torero. Un fulgor de orgullo y de cólera pasó por sus ojos, y echó el busto adelante agresivamente, como si acabase de sufrir un insulto.

—¡Quieto, Gallardo!... Si sigue usted así, no será mi amigo y lo pondré en la puerta.

El torero pasó de la acción al desaliento, quedando en una actitud humilde y avergonzada. Así transcurrió un largo rato, hasta que doña Sol acabó por apiadarse de Gallardo.

—No sea usted niño—dijo—. ¿A qué acordarse de lo que ya no es posible? ¿Por qué pensar en mí?... Usted tiene a su mujer, que, según me han dicho, es hermosa y sencilla; una buena compañera. Y si no ella, otras. Figúrese si habrá mozas guapas allá en Sevilla, de las de mantón y flores en la cabeza, de aquellas que tanto me gustaban antes, que mirarán como una felicidad ser amadas por el *Gallardo*... Lo mío se acabó. A usted le duele en su orgullito de hombre famoso acostumbrado a los éxitos, pero así es; se acabó: amigo y nada más. Yo soy otra cosa. Yo me aburro y no vuelvo nunca sobre mis pasos. Las ilusiones sólo duran en mí una corta temporada, y pasan sin dejar rastro. Soy digna de lástima, créame usted.

Miraba al torero con ojos de conmiseración, adivinándose en ellos una curiosidad lastimera, como si le viese de pronto con todos sus defectos y rudezas.

—Yo pienso cosas que usted no comprendería—continuó—. Me parece usted otro. El Gallardo de Sevilla era diferente al de aquí. ¿Que es usted el mismo?... No lo dudo; pero para mí es otro... ¿Cómo explicarle esto?... En Londres conocí yo a un rajá... ¿Sabe usted lo que es un rajá?

Gallardo movió negativamente la cabeza, sonrojándose de su ignorancia.

—Es un príncipe de la India.

La antigua embajadora recordaba al magnate indostánico, su cara cobriza sombreada por un bigote negro, su turbante blanco, enorme, con un brillante grueso y deslumbrador sobre la frente y el resto del cuerpo envuelto en albas vestiduras, sutiles y múltiples velos, semejantes a los pétalos de una flor.

—Era hermoso, era joven, me adoraba con sus ojos misteriosos de animal de la selva, y yo, sin embargo, lo encontraba ridículo y me burlaba de él cada vez que balbuceaba en inglés uno de sus cumplimientos orientales... Temblaba de frío, le hacían toser las brumas, movíase como un pájaro bajo la lluvia, agitando sus velos lo mismo que si fuesen alas mojadas... Cuando me hablaba de amor, mirándome con sus ojos húmedos de gacela, me daban ganas de comprarle un gabán y una gorra para que no temblase más. Y sin embargo, reconozco que era hermoso y que podía haber hecho la felicidad por unos cuantos meses de una mujer ansiosa de algo extraordinario. Era cuestión de ambiente, de escena... Usted, Gallardo, no sabe lo que es eso.

Y doña Sol quedaba pensativa recordando al pobre rajá, siempre tembloroso de frío, con sus vestiduras ridículas, bajo la luz brumosa de Londres. Le veía con la imaginación allá en su país, transfigurado por la majestad del poder y la luz del sol.

Su tez cobriza, con los reflejos verdosos de la vegetación tropical, tomaba un tono de bronce artístico. Le veía montado en su elefante de parada, de largas gualdrapas de oro que barrían el suelo, escoltado por belicosos jinetes y esclavos portadores de braserillos con perfumes; el grueso turbante coronado de blancas plumas con piedras preciosas; el pecho cubierto de placas de brillantes; la cintura ceñida por una faja de esmeraldas, de la que pendía una cimitarra de oro; y en torno de él bayaderas de pintados ojos y duros senos, tigres domesticados, bosques de lanzas; y en último término pagodas de múltiples techos superpuestos, con campanillas que exhalaban misteriosas sinfonías al más leve soplo de la brisa, palacios de fresco misterio, espesuras verdes, en cuya penumbra saltaban y rampaban animales feroces y multicolores... ¡Ay, el ambiente! Viendo así al pobre rajá, soberbio como un dios, bajo un cielo seco de intenso azul, y entre los esplendores de un sol ardiente, no se le hubiera ocurrido regalarle un gabán. Era casi seguro que ella misma habría ido hacia sus brazos, entregándose como una sierva de amor.

—Usted me recuerda al rajá, amigo Gallardo. Allá en Sevilla, con su traje de campo y la garrocha al hombro, estaba usted muy bien. Era un complemento del paisaje. ¡Pero aquí!... Madrid se ha europeizado mucho: es una ciudad como las demás. Ya no hay trajes populares. Los pañolones de Manila apenas se ven fuera de los escenarios. No se ofenda usted, Gallardo; pero, no sé por qué, me recuerda usted al indio.

Miraba al través de los cristales el cielo lluvioso y triste, la plaza mojada, los copos sueltos de nieve, la muchedumbre que transcurría a paso acelerado bajo los paraguas chorreantes. Luego volvía su vista al espada, fijándose con extrañeza en el mechón de pelo tendido sobre el cráneo, en su peinado y su sombrero, en todos los detalles reveladores de la profesión, que contrastaban con su traje elegante y moderno.

El torero estaba, para doña Sol, fuera de «su marco». ¡Ay, aquel Madrid lluvioso y triste! Su amigo, que venía con la ilusión de una España de eterno cielo azul, estaba desalentado. Ella misma, al ver en la acera inmediata al hotel los grupos de torerillos de apostura gallarda, pensaba inevitablemente en los animales exóticos llevados desde países solares a los jardines zoológicos de luz gris y cielo lluvioso. Allá en Andalucía era Gallardo el héroe, producto espontáneo de un país de ganaderías. Aquí le parecía un cómico, con su cara afeitada y sus ademanes de *cabotin* acostumbrado al homenaje público: un cómico que en vez de dialogar con sus iguales despertaba el escalofrío trágico luchando con fieras.

¡Ay, el espejismo seductor de los países de sol! ¡La embriaguez engañosa de la luz y los colores!... ¡Y ella había podido sentir un amor de unos cuantos meses por aquel mozo rudo y grosero, y había celebrado como rasgos ingeniosos las torpezas de su ignorancia, y hasta le exigía que no abandonase sus costumbres, que oliera a toro y a caballo, que no borrase con perfumes la atmósfera de fiera animalidad que envolvía a su persona!... ¡Ay, el ambiente! ¡A qué locuras impulsa!...

Recordaba el peligro en que se había visto de perecer destrozada bajo los cuernos de un toro. Luego, su almuerzo con un bandolero, al que había escuchado estupefacta de admiración, acabando por darle una flor. ¡Qué tonterías! ¡Y qué lejos lo veía ahora todo!

De este pasado, que le hacía sentir el arrepentimiento del ridículo, sólo quedaba aquel mocetón inmóvil ante ella, con ojos suplicantes y un empeño infantil de resucitar tales tiempos... ¡Pobre hombre! ¡Como si las locuras pudieran repetirse cuando se piensa en frío y falta la ilusión, ceguera encantadora de la vida!...

—Todo se acabó—dijo la dama—. Hay que olvidar lo pasado, ya que cuando lo vemos por segunda vez no se presenta con los mismos colores. ¡Qué diera yo por tener los ojos de antes!... Al volver a España la encuentro otra. Usted también es diferente de como le conocí. Hasta me pareció el otro día, viéndole en la plaza, que era menos atrevido... que la gente se entusiasmaba menos.

Dijo esto sencillamente, sin malicia; pero Gallardo creyó adivinar en su voz cierta burla, y bajó la cabeza, al mismo tiempo que se coloreaban sus mejillas.

«¡Mardita sea!» Las preocupaciones profesionales resurgieron en su pensamiento. Todo lo malo que le ocurría era porque no se «arrimaba» ahora a los toros. Ya se lo decía ella claramente. Le veía «como si fuese otro». Si volviese a ser el Gallardo de los antiguos tiempos, tal vez le recibiría mejor. Las hembras sólo aman a los valientes.

Y el torero se engañaba con estas ilusiones, tomando lo que era un capricho muerto para siempre por momentáneo desvío que él podía vencer en fuerza de proezas.

Doña Sol se levantó. La visita resultaba larga, y el torero no parecía dispuesto a marcharse, contento de permanecer cerca de ella, confiando vagamente en una combinación del azar que los aproximase.

Gallardo tuvo que imitarla. Ella excusó su resolución con la necesidad de salir. Esperaba a su amigo: tenían que ir juntos al Museo del Prado.

Luego le invitó a almorzar para otro día. Un almuerzo de confianza en sus habitaciones. Vendría el amigo. Indudablemente sería de su gusto ver de cerca a un torero. Apenas hablaba castellano, pero le placería conocer a Gallardo.

El espada apretó su mano, contestando con palabras incoherentes, y salió de la habitación. La ira enturbiaba su vista: le zumbaban los oídos.

¡Así le despedía, fríamente, como a un amigo importuno! ¡Y aquella mujer era la misma de Sevilla!... ¡Y le convidaba a almorzar con su amigo, para que éste se recrease examinándolo de cerca como un bicho raro!...

¡Maldita sea! El era muy hombre... Se acabó. No volvería a verla.

Capítulo 9

En aquellos días recibió Gallardo varias cartas de don José y de Carmen.

El apoderado pretendía infundir ánimos a su matador, aconsejándole, como siempre, que se fuese recto al toro... «¡Zas! estocada y te lo metes en el bolsillo»; pero al través de su entusiasmo notábase cierto desaliento, como si empezara a cuartearse su fe y dudase ya de si Gallardo era «el primer hombre del mundo».

Tenía noticias del descontento y la hostilidad con que le acogían los públicos. La última corrida en Madrid había acabado de descorazonar a don José. No; Gallardo no era como otros espadas que siguen adelante al través de las silbas del público, dándose por satisfechos con ganar dinero. Su matador tenía vergüenza torera, y sólo podía mostrarse en el redondel para ser acogido con grandes entusiasmos. Quedar medianamente equivalía a una derrota. La gente estaba habituada a admirarle por su valor temerario, y todo lo que no fuese perseverar en tales audacias representaba un fracaso.

Don José pretendía saber lo que le ocurría a su espada. ¿Falta de valor?... Eso nunca. Antes se dejaría matar que reconocer este defecto en su héroe. Era que se sentía cansado, que aún no estaba repuesto de su cogida. «Y para esto—aconsejaba en todas sus cartas—es mejor que te retires y descanses una temporada. Después volverás a torear, siendo el de siempre...» El se ofrecía para arreglarlo todo. Un certificado de los médicos bastaba para acreditar su inutilidad momentánea, y el apoderado se pondría de acuerdo con los empresarios de las plazas para resolver las contratas pendientes, enviando un matador de los que empiezan, el cual sustituiría a Gallardo por una modesta cantidad.

Aún ganarían dinero con este arreglo.

Carmen era más vehemente en sus peticiones, no usando de los eufemismos del apoderado. Debía retirarse en seguida; debía «cortarse la coleta», como decían los de su oficio, yendo a pasar la vida tranquilamente en *La Rinconada* o en la casa de Sevilla con los de su familia, que eran los únicos que le querían de veras. No podía sosegar; tenía ahora más miedo que en los primeros años de casamiento, cuando las corridas eran para ella como pedazos de existencia que le arrancaban la inquietud y la temerosa espera. Le decía el corazón, con ese instinto femenil pocas veces erróneo en sus temores, que iba a ocurrir algo grave. Apenas dormía; pensaba con miedo en las horas de la noche cortadas por sangrientas visiones.

Luego, la esposa de Gallardo se revolvía furiosa contra el público en sus cartas. Una muchedumbre de ingratos, que ya no se acordaban de lo que el torero había hecho en otras ocasiones, cuando se sentía más fuerte. Gentes de mala alma, que deseaban para su diversión verle muerto, como si ella no existiese, como si no tuviera madre. «Juan, la mamita y yo te lo pedimos. Retírate. ¿A qué seguir toreando? Tenemos bastante para vivir, y a mí me duele que te insulte esa gentuza que vale menos que tú... ¿Y si te ocurriese otra desgracia? ¡Jesús! Yo creo que me volvería loca.»

Gallardo quedábase preocupado luego de leer estas cartas. ¡Retirarse!... ¡Qué disparate! ¡Cosas de mujeres! Eso podía decirse fácilmente, a impulsos del cariño, pero era imposible realizarlo. ¡Cortarse la coleta a los treinta años! ¡Cómo reirían los enemigos! El «no tenía derecho» a retirarse mientras estuviesen enteros sus miembros y pudiera torear. Jamás se había visto este absurdo. El dinero no lo era todo. ¿Y la gloria? ¿Y la vergüenza profesional? ¿Qué dirían de él los miles y miles de partidarios entusiastas que le admiraban? ¿Qué contestarían a los enemigos cuando les echasen en cara que Gallardo se había retirado por miedo?...

Además, el matador deteníase a considerar si su fortuna le permitía esta solución. El era rico y nó lo era. Su posición social no se había consolidado. Lo que él poseía era obra de los primeros años de matrimonio, cuando una de sus mayores alegrías consistía en ahorrar y sorprender a Carmen y la mamita con la noticia de nuevas adquisiciones. Luego había seguido ganando dinero, tal vez en mayor cantidad, pero se desparramaba y desaparecía por infinitos agujeros abiertos en su nueva existencia. Jugaba mucho, llevaba una vida fastuosa. Algunas fincas añadidas al extenso dominio de *La Rinconada*, para redondearlo, habían sido compradas con dinero adelantado por don José y otros amigos. El juego le había hecho pedir préstamos a varios aficionados de provincias. Era rico, pero si se retiraba, perdiendo con esto el soberbio ingreso de las corridas—unos años doscientas mil pesetas, otros trescientas mil—, tendría que circunscribirse, luego de pagar sus deudas, a vivir como un señor del campo, del cultivo de *La Rinconada*, haciendo economías y vigilando por sí mismo los trabajos, pues hasta entonces el cortijo, abandonado en manos mercenarias, apenas daba producto.

Esta existencia obscura de cultivador de la tierra, obligado a la economía y en lucha interminable con la escasez, asustaba a Gallardo, hombre arrogante y decorativo, acostumbrado al aplauso público y a la abundancia de dinero. La riqueza era algo elástico que había crecido conforme avanzaba él en su carrera, pero sin adaptarse jamás con el límite de sus necesidades. En otros tiempos se hubiera considerado riquísimo con una pequeña parte de lo que poseía actualmente... Ahora era casi un pobre si renunciaba al toreo. Tendría que suprimir los cigarros de la Habana, que repartía pródigamente, y los vinos andaluces de precios caros; tendría que contener su generosidad de gran señor, y no gritar más «¡Todo está pagado!» en cafés y tabernas, ímpetu generoso de hombre acostumbrado a desafiar la muerte, que le hacía convertir su vida en un derroche loco; tendría que licenciar la tropa de parásitos y aduladores que pululaban en torno de él haciéndole reír con sus peticiones lloriqueantes; y cuando una hembra guapa de la clase popular viniese a él—si es que llegaba alguna viéndole retirado—, ya no lograría hacerla palidecer de emoción poniéndola en las orejas unos zarcillos de oro y perlas, ni se divertiría manchando de vino el rico pañuelo chinesco para sorprenderla después con otro mejor. Así había vivido y así necesitaba seguir. El era el torero a la antigua, tal como se representan las gentes al matador de toros, rumboso, arrogante, aturdiéndose en escandalosos derroches, pronto a socorrer a los desgraciados con limosnas principescas, siempre que éstos consiguieran conmover su rudo sentimentalismo.

Gallardo burlábase de muchos de sus compañeros, toreros de nuevo género, vulgares agremiados de la industria de matar toros, que viajaban de plaza en plaza, cual comisionistas de comercio, y eran arregladitos y minuciosos en todos sus dispendios. Algunos de ellos, que casi eran unos niños, llevaban en el bolsillo el cuaderno de ingresos y gastos, apuntando hasta los cinco céntimos de un vaso de agua en una estación. Sólo se trataban con gentes ricas para aceptar sus obsequios, sin ocurrírseles jamás convidar a nadie. Otros hervían en sus casas grandes pucheros de café al iniciarse la temporada de viajes, y llevaban con ellos el negro líquido en botellas, que hacían recalentar, para evitarse este gasto en los hoteles. Los individuos de ciertas cuadrillas pasaban hambre, rezongando en público de la avaricia de los maestros.

Gallardo no estaba arrepentido de su vida fastuosa. ¿Y querían que renunciase a ella?...

Además, pensaba en las necesidades de su propia casa, donde todos estaban acostumbrados a la existencia fácil, amplia y desenfadada de las familias que no cuentan el dinero ni se preocupan de su ingreso, viéndole chorrear incansable como una fuente. A más de su madre y su mujer, habíase echado sobre sí una nueva familia, su hermana, el hablador de su cuñado, que no trabajaba, como si su parentesco con un hombre célebre le diese derecho a la vagancia, y toda la tropa de sobrinillos, que crecían, siendo cada vez más costosos. ¡Y tendría que llamar a un orden de estrechez y parsimonia a toda aquella gente, acostumbrada a vivir a su costa con un descuido alegre y manirroto!... ¡Y todos, hasta el pobre *Garabato*, tendrían que irse al cortijo, tostándose al sol y embruteciéndose como paletos! ¡Y la pobre mamita ya no podría alegrar sus últimos días con santas generosidades, repartiendo dinero entre las mujeres pobres del barrio y encogiéndose como niña vergonzosa cuando el hijo fingíase colérico al ver que nada le quedaba de los cien duros entregados dos semanas antes!... ¡Y Carmen, que era económica, se apresuraría a limitar los gastos, sacrificándose la primera, privando su existencia de muchas frivolidades que la embellecían!...

«¡Mardita sea!...» Todo esto representaba la degradación de la familia, la tristeza de los suyos. Gallardo avergonzábase de que tal cosa pudiera suceder. Era un crimen privarles de lo que tenían, luego de haberlos acostumbrado al bienestar. ¿Y qué era lo que debía hacer para evitarlo?... Simplemente «arrimarse» a los toros: seguir toreando como en otros tiempos... ¡El se «arrimaría»!

Contestaba a las cartas de su apoderado y de Carmen con breves epístolas de letra trabajosa que revelaban su firme voluntad. ¿Retirarse? ¡Nunca!

Estaba resuelto a ser el de siempre, se lo juraba a don José. Seguiría sus consejos. «¡Zas! estocada, y el bicho en el bolsillo.» Se le ensanchaba el ánimo, y en esta amplitud sentíase capaz de guardar todos los toros, por grandes que fuesen.

Con la mujer mostrábase alegre, aunque un tanto resentido en su amor propio porque ella parecía dudar de sus fuerzas. Ya recibiría noticias de la corrida próxima. Iba a asombrar al público, para que éste se avergonzase de sus injusticias. Si los toros eran buenos, quedaría como el propio Roger de Flor... aquel personaje que siempre tenía en boca el mamarracho de su cuñado.

¡Los toros buenos! Esta era la preocupación de Gallardo. Antes cifraba una de sus vanidades en no ocuparse de ellos, y jamás iba a verlos en la plaza antes de la corrida.

—Yo mato too lo que me echen—decía con arrogancia.

Y conocía por primera vez a los toros al verlos salir al redondel.

Ahora quería examinarlos de cerca, escogerlos, preparando el éxito con un estudio detenido de sus condiciones.

Habíase aclarado el tiempo, lucía el sol; al día siguiente iba a darse la segunda corrida.

Gallardo, por la tarde, se fue solo a la plaza. El circo de ladrillo rojo, con sus ventanales arábigos, destacábase aislado sobre un fondo de lomas verdeantes. En último término de este paisaje amplio y monótono blanqueaba sobre el declive de una loma algo semejante a un rebaño lejano. Era un cementerio.

Al ver al torero en las inmediaciones de la plaza se aproximaron a él algunos individuos astrosos, parásitos del circo, vagabundos que dormían de limosna en las cuadras, sustentándose con la caridad de los aficionados y las sobras de los que comían en las tabernas inmediatas. Algunos de ellos habían llegado de Andalucía tras una conducción de toros, quedándose para siempre en los alrededores de la plaza.

Repartió Gallardo algunas monedas entre estos mendigos que le seguían gorra en mano, y entró en el circo por la puerta de Caballerizas.

En el corral vio un grupo de aficionados presenciando las pruebas de los picadores. *Potaje*, con grandes espuelas vaqueras, preparábase a montar empuñando una garrocha. Los encargados de las cuadras escoltaban al contratista de caballos, hombre obeso, con gran fieltro andaluz, tardo en las palabras, y que respondía calmosamente a la atropellada e injuriosa charla de los picadores.

Los «monos sabios», con los brazos arremangados, tiraban de los míseros jacos para que los probasen los jinetes. Llevaban varios días de montar y amaestrar a estos caballos tristes, que aún guardaban en sus flancos las rojas huellas de los espolazos. Los sacaban a trotar por los desmontes inmediatos a la plaza, haciéndoles adquirir una energía ficticia bajo el hierro de sus talones, obligándolos a dar vueltas para que se habituasen a la carrera en el redondel. Volvían a la plaza con los costados tintos en sangre, y antes de entrar en las caballerizas recibían el bautismo de unos cuantos cubos de agua. Junto al pilón inmediato a aquéllas, el agua encharcada entre los guijarros era de un rojo obscuro, como vino desparramado.

Iban saliendo casi a rastras de las cuadras los caballos destinados a la corrida del día siguiente, para que los examinasen los picadores, dándolos por buenos.

Avanzaban los macilentos restos de la miseria caballar, delatando en su paso trémulo y sus ijares atormentados la vejez melancólica, las enfermedades y la ingratitud humana, olvidadiza del pasado. Había jacos de inaudita delgadez, esqueletos de agudas aristas salientes que parecían próximas a rasgar la envoltura de piel de largos y flácidos pelos. Otros agitábanse arrogantes, piafando de energía, con las patas fuertes, el pelo reluciente y el ojo vivo: animales de hermosa estampa que era incomprensible figurasen entre unos desechos destinados a la muerte; bestias magníficas que parecían recién desenganchadas de un carruaje de lujo. Estos eran los más temibles: caballos incurables, atacados de vértigos y otros accidentes, que de pronto venían al suelo, arrojando al jinete por las orejas. Y tras estos ejemplares de la miseria y la enfermedad, sonaban las tristes herraduras de los inválidos del trabajo: caballos de tahonas y de fábricas, machos de labranza, jacos de coche de alquiler, todos soñolientos por el hábito de arrastrar años y años el arado o la carreta; parias infelices que iban a ser explotados hasta el último instante, dando diversión a los hombres con sus pataleos y saltos al sentir en el abdomen los cuernos del toro.

Era un desfile de ojos bondadosos empañados y amarillentos; de pescuezos flácidos a los cuales se agarraban sanguinarias las moscas hinchadas y verdosas; de caras huesudas por cuyo pelaje trepaban insectos; de flancos angulosos con mechones retorcidos como si fuesen lanas; de pechos angostos agitados por relinchos cavernosos; de patas débiles que parecían próximas a troncharse a cada paso, cubiertas de largo pelo hasta los cascos, como si llevasen pantalones. Sus estómagos, poco habituados al pienso fuerte con que pretendían reanimar sus fuerzas, iban sembrando el pavimento de residuos humeantes y mal cocidos por una digestión anormal. Para montar esta miserable caballada, trémula de locura o próxima a desplomarse de miseria, necesitábase tanto valor como para hacer frente al toro. Echábanles sobre los lomos la gran silla moruna de alto arzón y asiento amarillo, con estribos vaqueros, y había bestia que al recibir este peso estaba próxima a doblar las patas.

Potaje mostrábase altanero en sus discusiones con el contratista de caballos, hablando en nombre propio y en el de los camaradas, haciendo reír hasta a los «monos sabios» con sus gitanescas maldiciones. Que le dejasen a él los otros picadores entendérselas con los de las caballerizas. Nadie conocía mejor la manera de hacer marchar a estas gentes.

Avanzaba un criado hacia él tirando de un jaco cabizbajo, con el pelo largo y el costillar en doloroso relieve.

—¿Qué traes ahí?—decía *Potaje* encarándose con el contratista—. Eso no e de resibo. Eso e una alimaña que no hay quien la monte. ¡Pa tu mare!...

El contratista, cachazudo, contestaba con grave calma. Si *Potaje* no se atrevía a montarlo, era porque los piqueros de ahora tenían miedo a todo. Con un caballo así, bueno y dócil, el señor *Calderón*, el *Trigo* u otro jinete de los buenos tiempos hubiese sido capaz de torear dos tardes seguidas sin dar una caída y sin que el animal recibiese un arañazo. ¡Pero ahora!... Ahora sólo había mucho miedo y muy poca vergüenza.

Se insultaban el picador y el contratista con amistosa tranquilidad, como si entre ellos las mayores injurias perdiesen importancia por la fuerza de la costumbre.

—Tú lo que eres—contestaba *Potaje*—un frescales, más ladrón que José María el *Tempraniyo*. Anda y que suba en ese penco la pelá de tu agüela, que montaba en la escoba toos los sábaos al dar las doce.

Reían los presentes, y el contratista se limitaba a encoger los hombros.

—Pero ¿qué tié este cabayo?—decía tranquilamente—. ¡Arrepárale, mala alma! Mejor es que otros que tién muermo, o les dan vértigos, y que has sacao tú a la plaza, apeándote por las orejas antes de que te arrimases al toro. Más sano es que una manzana. Como que ha estao veintiocho años en una fábrica de gaseosas, cumpliendo como una presona desente, sin que nadie le pusiera farta. ¡Y vienes tú ahora, voceras, a meterte con él, poniéndole peros y fartándole como si fuese un mal cristiano!...

—¡Que no lo quiero, vaya!... ¡Que te quees con él!

El contratista se acercaba lentamente a *Potaje*, y con la tranquilidad de un hombre experto en estas transacciones, le hablaba al oído. El picador, fingiendo enfado, acabó por acercarse al jaco. ¡Por él que no quedase! No quería que le tuviesen por hombre intratable, capaz de perjudicar a un camarada.

Poniendo un pie en el estribo, dejó caer sobre el pobre jaco la pesadumbre de su cuerpo. Luego, colocándose la garrocha bajo el brazo, la apoyó en un gran poste empotrado en la pared, picando varias veces con gran esfuerzo, como si tuviera al extremo de la lanza un toro corpulento. El pobre jaco temblaba y doblaba las patas con estos encontronazos.

—No se regüerve mal… —dijo *Potaje* con tono conciliador—. El penco es mejó que yo creía. Tié güena boca, güenas piernas… Te saliste con la tuya. Que lo aparten.

Y el picador se apeaba, dispuesto a aceptar todo lo que le presentase el contratista luego de su aparte misterioso.

Gallardo se separó del grupo de aficionados que presenciaban sonrientes esta operación. Un portero de la plaza iba con él hacia donde estaban los toros. Atravesó una puertecilla, saliendo a los corrales. Una valla de mampostería que llegaba a la altura del cuello de un hombre limitaba el corral por tres de sus lados. Esta valla estaba afirmada por gruesos postes unidos al balconcillo superior. A trechos abríanse unas salidas tan angostas que sólo podía pasar por ellas un hombre de lado. En el amplio corral había ocho toros, unos acostados sobre las patas, otros de pie y con la cabeza baja, husmeando el montón de hierba que tenían delante.

El torero marchó a lo largo de estas galerías examinando a las reses. De vez en cuando salíase fuera de las vallas, asomando el cuerpo por las estrechas saeteras. Agitaba los brazos, dando alaridos salvajes de reto que sacaban a los toros de su inmovilidad. Unos saltaban nerviosos, acometiendo con la cabeza baja contra aquel hombre que venía a turbar la paz de su encierro. Otros se ponían firmes sobre las patas, aguardando con la cabeza alta y el gesto fosco a que el atrevido osase acercarse a ellos.

Gallardo, que volvía a ocultarse rápidamente tras las vallas, examinaba el aspecto y carácter de las fieras, sin llegar a decidir cuáles eran las dos que debía escoger.

El mayoral de la plaza estaba junto a él: un hombrón atlético, con polainas y espuelas, vestido de grueso paño y con sombrero de campo sostenido por un barboquejo. Apodábanle el *Lobato*, y era un rudo jinete que pasaba en pleno campo la mayor parte del año, entrando en Madrid como un salvaje, sin curiosidad por ver sus calles ni querer pasar más allá de los alrededores de la plaza.

Para él, la capital de España era un circo con desmontes y terrenos yermos a su alrededor, y más allá un caserío misterioso que jamás había sentido deseos de conocer. El establecimiento más importante de Madrid era, según él, la taberna de *Gallina*, situada junto a la plaza, grato lugar de delicias, palacio encantador donde cenaba y comía a costas del empresario antes de volverse a la dehesa montado en su jaca, con la manta obscura en el borrén, las alforjas en la grupa y la pica al hombro. Entraba en la taberna gozándose en atemorizar a los criados con sus amistosos saludos: terribles apretones que hacían crujir los huesos y arrancaban gritos de dolor. Sonreía satisfecho de su fuerza y de que le llamasen «bruto», y se sentaba ante la pitanza, un plato del tamaño de una palangana lleno de carne y patatas, a más de un jarro de vino.

Guardaba los toros adquiridos por el empresario, unas veces en la dehesa de la Muñoza, otras, cuando el calor era excesivo, en las praderas de la sierra de Guadarrama. Los traía al encierro dos días antes de la corrida, a media noche, atravesando el arroyo Abroñigal, por las afueras de Madrid, con acompañamiento de jinetes y vaqueros. Desesperábase cuando el mal tiempo impedía la fiesta y el ganado quedaba en la plaza, no pudiendo volver él inmediatamente a las tranquilas soledades donde pastaban los otros toros.

Lento de palabra, torpe de pensamiento, este centauro que olía a cuero y a pasto seco expresábase con calor al hablar de su vida pastoril apacentando fieras. Parecíale estrecho el cielo de Madrid y con menos astros. Describía con un laconismo pintoresco las noches en la dehesa, con sus toros dormidos bajo la difusa luz de las estrellas y el denso silencio rasgado por los ruidos misteriosos de las espesuras. Las culebras del monte cantaban con una voz extraña en este silencio. Cantaban, sí señor. No había quien se lo discutiese al *Lobato*; lo había oído mil veces, y dudar de esto era llamarle embustero, exponiéndose a sentir el peso de sus manazas. Y así como cantaban los reptiles, hablaban los toros; sólo que él no había llegado a penetrar todos los misterios de su idioma. Eran a modo de cristianos, aunque andaban a cuatro patas y tenían cuernos. Había que verlos despertar cuando surgía la aurora. Saltaban gozosos como niños; jugueteaban acometiéndose de mentirijillas y cruzando sus cuernos; intentaban montarse unos a otros, con una alegría ruidosa, como si saludasen la presencia del sol, que es la gloria de Dios. Luego hablaba de sus lentas excursiones por la sierra de Guadarrama, siguiendo el curso de los riachuelos que bajan de las cumbres la nieve líquida, de una transparencia de cristal, alimento de los ríos; de los prados con su hierba llena de florecillas; del aleteo de los pájaros que venían a posarse entre los cuernos de los toros adormecidos; de los lobos que aullaban durante la noche, siempre lejos, muy lejos, como asustados por la procesión de fieras que llegaban tras el cencerro de los cabestros a disputarles su parte de bravía soledad... ¡Que no le hablasen de Madrid, donde se ahoga la gente! El sólo encontraba aceptable en este bosque infinito de casas el vino de *Gallina* y sus sabrosos guisos.

Habló el *Lobato* al espada, ayudándole con sus indicaciones a escoger las dos reses. El mayoral no mostraba asombro ni respeto ante estos nombres famosos tan admirados por las gentes. El pastor de toros casi despreciaba al torero. ¡Matar a unos animales tan nobles con toda clase de engaños! El valiente era él, que vivía entre ellos, pasando ante sus cuernos en la soledad, sin otra defensa que su brazo, y sin aplauso alguno.

Al salir Gallardo del corral, otro hombre se unió al grupo, saludando con gran respeto al maestro. Era un viejo encargado de la limpieza de la plaza. Llevaba muchos años en este empleo y había conocido a todos los toreros famosos de su tiempo. Iba vestido pobremente, pero muchas veces lucía en sus dedos sortijas femeniles, y para sonarse sacaba de las profundidades de su blusa un pañuelito de batista, pequeño, con ricas blondas y gran cifra, que aún exhalaba débil perfume.

Se encargaba durante la semana él solo de barrer el inmenso circo, graderíos y palcos, sin quejarse de lo abrumador de este trabajo. Cuando el empresario, descontento de él, quería castigarle, abría la puerta a la pillería que vagaba por los alrededores de la plaza, y el pobre hombre desesperábase y prometía enmienda, para que esta irrupción de extraños no se encargase de su trabajo.

Cuando más, admitía como auxiliares a media docena de golfos, aprendices de torero, que le eran fieles a cambio de que en los días de fiesta les permitiese ver la corrida desde el «palco de los perros», una puerta con reja situada junto a los toriles, por donde se sacaba a los lidiadores heridos. Los ayudantes de la limpieza, agarrados a los hierros, presenciaban la corrida, rebullendo y peleándose como monos en jaula para ocupar la primera fila.

El viejo los distribuía hábilmente durante la semana al proceder a la limpieza de la plaza. Los chicuelos trabajaban en los tendidos de sol, los del público sucio y pobre, que deja como rastro de su paso un estercolero de cortezas de naranja, papeles y puntas de cigarro.

—¡Ojo con el tabaco!—ordenaba a su tropa—. El que se me quede una colilla de puro no ve el domingo la corrida.

Limpiaba pacientemente la sombra, como un buscador de tesoros, agachándose en el misterio de los palcos para guardar en sus bolsillos los hallazgos: abanicos de señora, sortijas, pañuelos de mano, monedas caídas, adornos de trajes femeniles, todo lo que dejaba tras su paso una invasión de catorce mil personas. Amontonaba los residuos de los fumadores, picando las colillas y vendiéndolas como tabaco desmenuzado luego de exponerlas al sol. Los hallazgos de valor eran para una prendera, que compraba estos despojos del público olvidadizo o turbado por la emoción.

Gallardo contestó a los saludos melosos del viejo dándole un cigarro, y se despidió del *Lobato*. Quedaba convenido con el mayoral que éste enchiqueraría para él los dos toros escogidos. Los otros espadas no protestarían. Eran muchachos de buena suerte, en plena audacia juvenil, que mataban lo que les ponían delante.

Al salir otra vez al patio, donde continuaba la prueba de caballos, Gallardo vio separarse del grupo de espectadores a un hombre alto, enjuto y de tez cobriza, vestido como un torero. Por debajo de su fieltro negro asomaban unos tufos de pelo entrecano, y en torno de la boca marcábanse algunas arrugas.

—¡*Pescadero!* ¿cómo estás?—dijo Gallardo estrechando su diestra con sincera efusión.

Era un antiguo espada que había tenido en su juventud horas de gloria, pero de cuyo nombre se acordaban muy pocos. Otros matadores, llegando después, habían obscurecido su pobre fama, y el *Pescadero*, luego de torear en América y sufrir varias cogidas, se había retirado con un pequeño capital de ahorros. Gallardo le sabía dueño de una taberna en las inmediaciones del circo, donde vegetaba lejos del trato de aficionados y toreros. No esperaba verle en la plaza, pero el *Pescadero* dijo con expresión melancólica:

—¿Qué quiés? La afisión. Vengo poco a las corrías, pero aún me tiran las cosas del ofisio, y paso como vecino a ve estas cosas. Ahora no soy mas que tabernero.

Gallardo, contemplando su aspecto triste, recordaba al *Pescadero* que había conocido en su niñez, uno de los héroes más admirados por él, arrogante, favorecido por las mujeres, luciendo en La Campana, cuando iba a Sevilla, su calañés de terciopelo, la chaquetilla color de vino y la faja de seda multicolor, apoyado en un bastón de marfil con puño de oro. ¡Y así
se vería él, vulgar y olvidado, si se retiraba del toreo!... Hablaron largo rato de las cosas de su arte. El *Pescadero*, como todos los viejos amargados por la mala suerte, era pesimista. Se acabaron los buenos toreros. Ya no se veían gentes de corazón. Sólo mataban toros «de verdad» Gallardo y alguno que otro. Hasta las bestias parecían de menos poder. Y tras estas lamentaciones, insistió para que su amigo le acompañase a su casa. Ya que se habían encontrado, y el matador no tenía que hacer, debía visitar su establecimiento.

Accedió Gallardo, y en una de las calles sin terminar inmediatas a la plaza, entró en una taberna igual a todas, con la fachada pintada de rojo, vidrieras con visillos del mismo color, y un escaparate en el que se exhibían, sobre platos polvorientos, chuletas empanadas, pájaros fritos y frascos de hortalizas en vinagre. Dentro de la tienda un mostrador de cinc, toneles y botellas, mesas redondas con taburetes de madera, y en los muros numerosas estampas de colores representando toreros célebres y los lances más salientes de la lidia.

—Tomaremos unos «chatos» de Montilla—dijo el *Pescadero* llamando a un joven que estaba tras el mostrador y sonreía al ver a Gallardo.

Este se fijó en su cara y en una manga de su chaqueta, completamente vacía, que se arrollaba en el costado derecho.

—Yo creo que te conozco—dijo el matador.

—Ya lo creo que le conoces—interrumpió el *Pescadero*—. Es el *Pipi*.

El apodo hizo que Gallardo recordase inmediatamente su historia. Un muchacho valeroso, que clavaba magistralmente las banderillas, y al que también había bautizado un grupo de aficionados como «el torero del porvenir». Un día, en la plaza de Madrid, recibió una cornada en un brazo, y habían tenido que amputárselo, quedando inútil para la lidia.

—Lo he recogido, Juan—continuó el *Pescadero*—. Yo no tengo familia; mi compañera se murió, y me hago la cuenta de que tengo un hijo... ¡Miserias! Pero si al hombre, ensima de sus desgrasias, le quitas el güen corazón, ¿pa qué sirve?... No creas que estamos en la abundancia el *Pipi* y yo. Vivimos como poemos; pero lo que yo tenga es de él, y vamos tirando grasias a los antiguos amigos que arguna vez vienen de merienda o a jugar al *mus*, y sobre too grasias a la escuela.

Gallardo sonrió. Había oído hablar de la escuela de tauromaquia establecida por el *Pescadero* cerca de su taberna.

—¡Qué quiés, hijo!—dijo éste, como excusándose—. Hay que ayudarse, y la escuela consume más que toos los parroquianos de la taberna. Viene mu buena gente: señoritos que quién aprender pa lucirse en las becerrás; extranjeros que se entusiasman en las corrías y les entra la chiflaúra de hacerse toreros a la vejez. Ahora tengo uno dando lición. Viene toas las tardes. Vas a ve.

Y atravesando la calle, dirigiéronse a un solar cerrado por alta valla. Sobre los tablones unidos que servían de puerta destacábase un gran rótulo escrito con alquitrán: «Escuela de Tauromaquia».

Entraron. Lo primero que llamó la atención de Gallardo fue el toro: un animal de madera y juncos montado sobre ruedas, con cola de estopa, la cabeza de paja trenzada, una placa de corcho en el lugar del cuello y un par de cuernos auténticos y enormes, que infundían espanto a los alumnos.

Un mozo despechugado, con gorrilla y dos pinceles de pelo sobre las orejas, era el que comunicaba su inteligencia a la fiera, empujándola cuando los «estudiantes» se ponían enfrente con el capote en la mano.

En mitad del solar, un señor viejo y rechoncho, de ancha corpulencia, la tez arrebolada y el bigote blanco y recio, manteníase en mangas de camisa empuñando unas banderillas. Junto a la valla, recostada en una silla y apoyados los brazos en otra, había una señora casi de la misma edad y no menos voluminosa, con un sombrero cargado de flores. Su cara rubicunda, con manchas amarillas de salvado, ensanchábase de entusiasmo cada vez que su compañero ejecutaba una buena suerte. Agitábanse las rosas del sombrero y los falsos bucles de la cabellera, de un rubio escandaloso, con el impulso de sus risas. Aplaudía, abriendo al mismo tiempo las piernas, que tiraban de la falda, dejando al descubierto una parte de sus abultados y marchitos encantos.

El *Pescadero*, desde la puerta, explicó a Gallardo el origen de estas gentes. Debían ser franceses o de cualquier otro país: él no estaba cierto de quién eran ni le importaba; un matrimonio que iba por el mundo y parecía haber vivido en todas partes. El había tenido mil oficios, a juzgar por sus relatos: minero en Africa, colono en lejanas islas, cazador de caballos con lazo en las soledades de América. Ahora quería torear para ganar dinero lo mismo que los españoles, y asistía todas las tardes a la escuela con la firme voluntad de un niño testarudo, pagando generosamente sus lecciones.

—Figúrate tú: ¡torero con esa facha!... ¡Y a los cincuenta años bien sonaos!

Al ver entrar a los dos hombres, el alumno bajó sus brazos armados de banderillas y la señora se arregló la falda y el florido sombrero. ¡Oh, *cher maître*!...

—Buenas tardes, *mosiú*; felices, *madame*—dijo el maestro llevándose la mano al sombrero—. A ve, *mosiú*, cómo va esa lición. Ya sabe lo que le he dicho. Quieto en su terreno, cita usté ar bicho, le deja vení, y cuando lo tiene ar lao, quiebra usté y le pone los palos en el morrillo. Usté no tié que preocuparse de na: el toro lo hará too por usté. Atensión... ¿Estamos?

Y apartándose el maestro se encaró con el terrible toro, o más bien, con el granuja que estaba detrás, puestas las manos en el cuarto trasero para empujarle.

—¡Eeeeh!... ¡Entra, *Morito*!

Fue un berrido espantoso el del *Pescadero* para que entrase el toro, excitando con estos gritos y con furiosas patadas en la tierra sus entrañas de aire y de junco y su testuz de paja. Y *Morito* acometió como una fiera, con gran estrépito de ruedas, cabeceante a causa de las desigualdades del terreno, y llevando a la cola aquel paje que le empujaba para hacerle menos fatigoso el camino. Jamás toro de ganadería famosa pudo compararse en inteligencia con este *Morito*, bestia inmortal banderilleada y estoqueada miles de veces, sin sufrir otras heridas que las insignificantes que le curaba el carpintero. Parecía tan sabio como los hombres. Al llegar junto al alumno, cambió de dirección para no tocarle con los cuernos, alejándose con los palos clavados en su cuello de corcho.

Una ovación saludó esta hazaña, quedando el banderillero firme en su sitio, arreglándose los tirantes del pantalón y los puños de la camisa. Su mujer, con la vehemencia del entusiasmo, se echó atrás, riendo al mismo tiempo que aplaudía, y otra vez la falda, a impulsos de ocultas exuberancias, volvió a dejar al descubierto los encantos inferiores.

—¡De maestro, *mosiú*!—gritó el *Pescadero*—. Ese par es de primera.

Y el extranjero, conmovido por el aplauso del profesor, respondió con modestia, golpeándose el pecho:

—Mí hay lo más importante. Corrasón, mocho corrasón.

Luego, para festejar su hazaña, se dirigió al paje de *Morito*, que parecía relamerse adivinando la orden. Que trajesen un frasco de vino. Tres había vacíos en el suelo, cerca de la dama, cada vez más purpúrea y más movediza de ropas, acogiendo con grandes risotadas las hazañas toreras de su compañero.

Al saber que el que llegaba con el maestro era el famoso Gallardo y reconocer su rostro, tantas veces admirado por ella en periódicos y cajas de cerillas, la extranjera perdió el color y sus ojos se enternecieron. ¡Oh, *cher maître*!... Le sonreía, se frotaba contra él, deseando caer en sus brazos con todo el peso de su voluminosa y flácida humanidad.

Chocaron los vasos del vino por la gloria del nuevo torero. Hasta *Morito* tomó parte en la fiesta, bebiendo en su nombre el granuja que le servía de aya.

—Antes de dos meses, *mosiú*—dijo el *Pescadero* con su gravedad andaluza—, está usté clavando banderillas en la plaza de Madrí como el mismísimo Dió, y se yeva usté toas las parmas, y too er dinero, y toas las mujeres... con permiso de su señora.

Y la señora, sin dejar de mirar a Gallardo con ojos tiernos, conmovíase de gozo y una risa estrepitosa agitaba las ondas de grasa de su cuerpo.

Continuó su lección el extranjero, con una tenacidad de hombre enérgico. No había que desaprovechar el tiempo. Quería verse cuanto antes en la plaza de Madrid, conquistando todas aquellas cosas que le prometía el maestro. Su rubicunda compañera, viendo que los dos toreros se marchaban, volvió a sentarse, con el frasco de vino confiado a su custodia.

El *Pescadero* acompañó a Gallardo hasta el final de la calle.

—Adió, Juan—dijo con gravedad—. Puede que nos veamos mañana en la plaza. Ya ves en qué he venío a parar. Tener que comé de estos embustes y payasás.

Gallardo se alejó preocupado. ¡Ay! ¡Aquel hombre, que él había visto tirar el dinero en sus buenos tiempos con una arrogancia de príncipe, seguro de su porvenir!... Había perdido los ahorros en malas especulaciones. La vida del torero no era para aprender el manejo de una fortuna. ¿Y aún le proponían que se retirase de la profesión? ¡Nunca! Había que arrimarse a los toros.

Durante toda la noche, este propósito pareció flotar sobre la laguna negra de su sueño. ¡Había que arrimarse! Y a la mañana siguiente, la resolución firmísima persistió en su pensamiento. Se arrimaría, asombrando al público con sus audacias.

Era tal su ánimo, que marchó a la plaza sin las inquietudes supersticiosas de otras veces. Sentía la certeza del triunfo, la corazonada de las tardes gloriosas.

La corrida fue accidentada desde su principio. El primer toro «salió pegando» con gran acometividad para las gentes de a caballo. En un instante echó al suelo a los tres picadores que le esperaban lanza en ristre, y de los jacos dos quedaron moribundos, arrojando por el perforado pecho chorros de sangre obscura. El otro corrió, loco de dolor y de sorpresa, de un lado a otro de la plaza, con el vientre abierto y la silla suelta, mostrando por entre los estribos sus entrañas azuladas y rojizas, semejantes a enormes embutidos. Arrastraban las tripas por el suelo, y al pisárselas él mismo con sus patas traseras, tiraba de ellas, desarrollándolas como una madeja confusa que se desenmaraña. El toro, atraído por esta carrera, marchó tras él, y metiendo la poderosa cabeza bajo su vientre lo levantó en los cuernos, arrojándolo al suelo y ensañándose en su mísero armazón quebrantado y agujereado. Al abandonarle la fiera, moribundo y pataleante, un «mono sabio» se aproximó para rematarlo, hundiéndole el hierro de la puntilla en lo alto del cráneo. El mísero jaco sintió una rabia de cordero en los estremecimientos de su agonía, y mordió la mano del hombre. Este dio un grito, agitó la diestra ensangrentada y apretó el puñal, hasta que el caballo cesó de patalear, quedando con las extremidades rígidas. Otros empleados de la plaza corrían de un lado a otro con grandes espuertas de arena, arrojándola a montones sobre los charcos de sangre y los cadáveres de los caballos.

El público estaba de pie, gesticulando y vociferando. Sentíase entusiasmado por la fiereza de la bestia y protestaba de que en el redondel no quedase ni un picador, gritando a coro: «¡Caballos! ¡caballos!»

Todos estaban convencidos de que iban a salir inmediatamente, pero les indignaba que transcurriesen unos minutos sin nuevas carnicerías. El toro permanecía aislado en el centro del redondel, soberbio y mugidor, levantando los cuernos sucios de sangre, ondeándole las cintas de la divisa sobre su cuello surcado de rasgones azules y rojos. Salieron nuevos jinetes, y otra vez se repitió el repugnante espectáculo. Apenas se aproximaba el picador con la garrocha por delante, ladeando el jaco para que el ojo vendado no le permitiese ver a la fiera, era instantáneo el choque y la caída. Rompíanse las picas con un chasquido de madera seca, saltaba el caballo enganchado en los poderosos cuernos, brotaban sangre, excrementos y piltrafas de este choque mortal, y rodaba por la arena el picador como un monigote de piernas amarillas, cubriéndole inmediatamente las capas de los peones.

Un caballo, al ser herido en el vientre, esparció en torno de él, vaciando sus entrañas, una lluvia nauseabunda de excremento verdoso, que vino a manchar los trajes de los toreros cercanos.

El público celebraba con risas y exclamaciones las ruidosas caídas de los jinetes. Sonaba la arena sordamente con el choque de los cuerpos rudos y sus piernas forradas de hierro. Unos caían de espaldas, como talegos repletos, y su cabeza, al encontrar las tablas de la valla, producía un eco lúgubre.

—Ese no se levanta—gritaban en el público—. Debe tener abierto el melón.

Y sin embargo, se levantaba, extendía los brazos, rascábase el cráneo, recobraba el recio castoreño, perdido en la caída, y volvía a montar en el mismo caballo, que los «monos sabios» incorporaban a fuerza de empellones y varazos. El vistoso jinete hacía trotar al jaco, que arrastraba por la arena sus entrañas, cada vez más largas y pesadas con la agitación del movimiento. El picador, sobre esta debilidad agónica, dirigíase al encuentro de la fiera.

—¡Vaya por ustés!—gritaba arrojando su sombrero a un grupo de amigos.

Y apenas se colocaba ante el toro, clavándole su pica en el cuello, hombre y caballo iban por lo alto, partiéndose el grupo en dos piezas con la violencia del choque y rodando cada una por su lado. Otras veces, antes de que acometiese el toro, los «monos sabios» y parte del público avisaban al jinete. «Apéate.» Pero antes de que pudiera hacerlo, con la torpeza de sus piernas rígidas, el caballo se desplomaba, muerto instantáneamente, y el picador caía expelido por las orejas, chocando su testa sordamente contra la arena.

Los cuernos del toro no llegaban nunca a enganchar a los jinetes; pero ciertos picadores, al quedar en el suelo, permanecían exánimes, y un grupo de servidores de la plaza tenía que cargar con su cuerpo, llevándolo a la enfermería para que le curasen una fractura de hueso o lo reanimaran de su conmoción, que tenía el aspecto de la muerte.

Gallardo, ansioso de atraerse la simpatía del público, iba de un lado a otro, y consiguió un gran aplauso tirando de la cola al toro para librar a un picador que estaba en el suelo, próximo a ser enganchado.

Mientras banderilleaban, Gallardo, apoyado en la valla, paseaba su vista por los palcos. Debía estar en ellos doña Sol. Al fin la vio, pero sin mantilla blanca, sin nada que recordase a aquella señora de Sevilla semejante a una maja de Goya. Parecía, con su cabellera rubia y su sombrero original y elegante, una extranjera de las que contemplan por primera vez una corrida de toros. A su lado estaba el amigo, aquel hombre del que hablaba ella con cierta admiración y al que mostraba las cosas interesantes del país. ¡Ay, doña Sol! Pronto iba a ver quién era el buen mozo al que había abandonado. Tendría que aplaudirle en presencia del extranjero aborrecido; se entusiasmaría, aun contra su voluntad, arrastrada por el contagio del público.

Cuando llegó para Gallardo el momento de matar su toro, que era el segundo, el público le acogió benévolamente, como si olvidase su enfado de la corrida anterior. Las dos semanas de suspensión por la lluvia parecían haber infundido a la muchedumbre una gran tolerancia. Deseaba encontrarlo todo bueno en una corrida tan esperada. Además, la bravura de los toros y la gran mortandad de caballos había puesto al público de buen humor.

Marchó Gallardo hacia la fiera, descubierta la cabeza luego del brindis, con la muleta por delante y moviendo la espada como un bastón. Detrás de él, aunque a una distancia prudente, iban el *Nacional* y otro torero. Algunas voces protestaron desde el tendido. ¡Cuántos acólitos!... Parecían un clero parroquial marchando a un entierro.

—¡Fuera too er mundo!—gritó Gallardo.

Y los dos peones se detuvieron porque lo decía de veras, con un acento que no daba lugar a dudas.

Siguió adelante hasta llegar cerca de la fiera, y allí desplegó la muleta, dando aún algunos pasos más, como en sus buenos tiempos, hasta colocar el trapo junto al babeante hocico. Un pase; ¡olé!... Un murmullo de satisfacción corrió por los tendidos. El niño de Sevilla volvía por su nombre; tenía vergüenza torera. Iba a hacer alguna de las suyas, como en los mejores tiempos. Y sus pases de muleta fueron acompañados de ruidosas exclamaciones de entusiasmo, mientras en el graderío se reanimaban los partidarios, increpando a los enemigos. ¿Qué les parecía aquello? Gallardo se descuidaba algunas veces, lo reconocían... ¡pero la tarde que él quería!

Aquella tarde era de las buenas. Cuando vio al toro con las patas inmóviles, el mismo público le impulsó con sus consejos. «¡Ahora! ¡Tírate!»

Y Gallardo se arrojó sobre la bestia con el estoque por delante, saliendo de la amenaza de los cuernos rápidamente.

Sonó un aplauso, pero fue muy breve, siguiéndole un murmullo amenazador, en el que se iniciaron estridentes silbidos. Los entusiastas dejaban de mirar al toro para volverse indignados contra el resto del público. ¡Qué injusticia! ¡Qué falta de conocimiento! Había entrado muy bien a matar...

Pero los enemigos señalaban al toro sin desistir de sus protestas, y toda la plaza se unía a ellos con una explosión ensordecedora de silbidos.

La espada había penetrado torcida, atravesando al toro y asomando su punta por uno de los costados, junto a una pata delantera.

Todos gesticulaban y braceaban con aspavientos de indignación. ¡Qué escándalo! ¡Aquello no lo hacía ni un mal novillero!...

El animal, con la empuñadura de la espada en el cuello y la punta asomando por el arranque de un brazo, empezó a cojear, agitando su enorme masa con el vaivén de un paso desigual. Esto pareció conmover a todos con generosa indignación. ¡Pobre toro! Tan bueno, tan noble... Algunos echaban el cuerpo adelante, rugiendo de furia, como si fuesen a arrojarse de cabeza en el redondel. ¡Ladrón! ¡Hijo de tal!... ¡Martirizar así a un bicho que valía más que él!... Y todos gritaban con vehemente ternura por el dolor de la bestia, como si no hubiesen pagado para presenciar su muerte.

Gallardo, estupefacto ante su obra, inclinaba la cabeza bajo el chaparrón de insultos y amenazas. «¡Mardita sea la suerte!... » Había entrado a matar lo mismo que en sus buenos tiempos, dominando la impresión nerviosa que le hacía volver la cara como si no pudiese soportar la vista de la fiera que se le venía encima. Pero el deseo de evitar el peligro, de salirse cuanto antes de entre los cuernos, le había hecho rematar la suerte con aquella estocada torpe y escandalosa.

En los tendidos agitábase la gente con el hervor de numerosas disputas. «No lo entiende. Vuelve la cara. Está hecho un maleta.» Y los partidarios de Gallardo excusaban a su ídolo con no menos vehemencia. «Eso le ocurre a cualquiera. Es una desgracia. Lo importante es entrar a matar con guapeza, como él lo hace.»

El toro, después de correr cojeando con dolorosos vaivenes, que hacían bramar al gentío de indignación, quedó inmóvil, para no prolongar más su martirio.

Gallardo tomó otra espada y fue a colocarse ante él.

El público adivinó su trabajo. Iba a descabellar al toro: lo único que podía hacer después de su crimen.

Apoyó la punta del estoque entre los dos cuernos, mientras con la otra mano agitaba la muleta, para que la bestia, atraída por el trapo, humillase la cabeza hasta el suelo. Apretó la espada, y el toro, al sentirse herido, agitó el testuz, repeliendo el arma.

—¡Una!—gritó la muchedumbre con burlesca unanimidad.

Volvió el matador a repetir su juego, y otra vez clavó el estoque, haciendo estremecerse a la fiera.

—¡Dos!—cantaron en los tendidos burlescamente.

Repitió el intento de descabello, sin más resultado que un mugido de la fiera, dolorida por este martirio.

—¡Tres!...

Pero a este coro irónico de parte del público uniéronse silbidos y gritos de protesta. Pero ¿cuándo iba a acabar aquel maleta?...

Al fin acertó a tocar con la punta de su estoque el arranque de la médula espinal, centro de vida, y el toro cayó instantáneamente, quedando de lado y con las patas rígidas.

El espada se limpió el sudor y emprendió la vuelta hacia la presidencia con paso lento, respirando jadeante. Por fin veíase libre de aquel animal. Había creído no acabar nunca. El público le acogía a su paso con sarcasmo o con un silencio desdeñoso. Nadie aplaudía. Saludó al presidente en medio de la indiferencia general y fue a refugiarse tras la barrera, como un escolar avergonzado de sus faltas. Mientras *Garabato* le ofrecía un vaso de agua, el matador miró a los palcos, encontrándose con los ojos de doña Sol, que le habían seguido hasta su retiro. ¡Qué pensaría de él aquella mujer! ¡Cómo reiría en compañía de su amigo, viéndole insultado por el público!... ¡Qué maldita idea la de aquella señora de venir a la corrida!...

Permaneció entre barreras, evitándose toda fatiga hasta que soltasen el otro toro que había de matar. Le dolía la pierna herida por lo mucho que había corrido. Ya no era el mismo: lo reconocía. Resultaban inútiles sus arrogancias y su propósito de «arrimarse». Ni sus piernas eran ligeras y seguras como en otros tiempos, ni su brazo derecho tenía aquella audacia que le hacía tenderse sin miedo, deseoso de llegar cuanto antes al cuello del toro. Ahora se encogía, desobedeciendo su voluntad, con el instinto torpe de ciertos animales que se contraen y ocultan la cara, creyendo evitar de este modo el peligro.

Sus antiguas supersticiones aparecieron de pronto aterradoras y obsesionantes.

«Tengo mala pata—pensaba Gallardo—. Me da er corazón que el quinto toro me coge... ¡Me coge, no hay remedio!»

Sin embargo, cuando salió a la plaza el quinto toro, lo primero que encontró fue el capote de Gallardo. ¡Qué animal! Parecía distinto al que él había escogido en los corrales la tarde anterior. Seguramente habían cambiado el orden en la suelta de los toros. El temor seguía cantando en los oídos del torero: «¡Mala pata!... Me coge; hoy salgo del reondel con los pies pa alante... »

A pesar de esto, siguió toreando a la fiera y apartándola de los picadores en peligro. Al principio, sus lances pasaron en silencio. Luego, el público, ablandándose, le aplaudió débilmente.

Cuando llegó el momento de la muerte y Gallardo se plantó ante la fiera, todos parecieron adivinar la ofuscación de su pensamiento. Movíase desconcertado; bastaba que el toro agitase su cabeza, para que, tomando este gesto por un avance, echase los pies atrás, retrocediendo a grandes saltos, mientras el público saludaba estos conatos de fuga con un coro de burlas.

—¡Juy! ¡juy!... ¡Que te coge!

De pronto, como si desease terminar de cualquier modo, se arrojó sobre la bestia con el estoque, pero oblicuamente, para salir cuanto antes del peligro. Una explosión de silbidos y voces. La espada sólo se había clavado unos centímetros, y después de cimbrearse en el cuello de la fiera, fue expelida por ésta a gran distancia.

Gallardo volvió a coger el estoque y se aproximó al toro. Fue a cuadrarse para entrar a matar, y la fiera le acometió en el mismo instante. Quiso huir, pero sus piernas ya no tenían la agilidad de otros tiempos. Fue alcanzado y rodó a impulsos del encontronazo. Acudieron en su auxilio, y Gallardo se levantó cubierto de tierra, con un gran rasguño en el dorso del calzón, por el que se escapaba la ropa blanca interior, una zapatilla menos y perdida la moña que adornaba su coleta.

Aquel mozo arrogante, que tanto había admirado al público con su elegancia, mostrábase lastimero y ridículo con su faldón al aire, descompuesto el pelo y la coleta caída y deshecha como un rabo triste.

Tendiéronse en torno de él misericordiosamente varios capotes para ayudarle y protegerle. Hasta los otros espadas, con generoso compañerismo, le preparaban el toro para que acabase con él rápidamente. Pero Gallardo parecía ciego y sordo; sólo veía al animal para echarse atrás a la más leve de sus acometidas, como si el reciente revolcón le hubiese enloquecido de miedo. No entendía lo que le decían los camaradas, y con el rostro intensamente pálido, frunciendo las cejas como para concentrar su atención, balbuceaba sin saber lo que decía:

—¡Fuera too er mundo! ¡Ejarme solo!

Mientras tanto, en su pensamiento seguía cantando el terror: «¡Hoy mueres! ¡Hoy es tu última cogida!»

El público adivinaba los pensamientos del espada en sus desacompasados movimientos.

—¡Le tiene asco al toro! ¡Le ha tomado miedo!...

Y hasta los más fervorosos partidarios de Gallardo callaban avergonzados, no pudiendo explicarse este suceso nunca visto.

La gente parecía gozarse en su terror, con la valentía intransigente del que se halla en lugar seguro. Otros, pensando en su dinero, gritaban contra este hombre que se dejaba arrastrar del instinto de conservación, defraudándolos en su placer. ¡Un robo!

Gentes soeces insultaban al espada con palabras de duda sobre su sexo. El odio hacía emerger y flotar, al través de muchos años de admiración, ciertos recuerdos de la infancia del torero olvidados hasta de él mismo. Hacían memoria de su vida nocturna con la pillería de la Alameda de Hércules. Se reían de sus calzones rotos y de las blancas ropas que se escapaban por el rasgón.

—¡Qué se te ve!—gritaban voces atipladas, con acento femenil.

Gallardo, protegido por las capas de los compañeros, aprovechaba todas las distracciones del toro para herirlo con su espada, sordo a la rechifla del público. Eran estocadas que apenas parecía sentir el animal. Su terror a ser cogido si alargaba el brazo le hacía quedarse lejos, hiriéndolo solamente con la punta de la espada.

Unos estoques se desprendían apenas hundidos en la carne; otros quedaban fijos en el hueso, pero descubiertos en su mayor parte, cimbreándose con los movimientos de la fiera. Iba ésta con la cabeza baja, siguiendo el contorno de la valla, mugiendo como de fastidio por el tormento inútil. Seguíala el espada con la muleta en la mano, deseoso de acabar y temeroso de exponerse, y tras él toda la tropa de ayudantes moviendo sus capotes, como si quisieran convencer al animal con el flameo de los trapos para que doblara las piernas y se acostase. El paso del toro por cerca de la barrera, con su hocico babeante y el cuello erizado de espadas, provocaba una explosión de burlas e insultos.

—¡Es la Dolorosa!—decían.

Otros comparaban al animal con un acerico lleno de alfileres.

—¡Ladrón! ¡Mal torero!

Algunos, más soeces, persistían en sus injurias al sexo de Gallardo, cambiándole de nombre.

—¡Juanita! ¡No te pierdas!

Había transcurrido mucho tiempo, y una parte del público, deseando descargar su furia contra alguien más que el torero, se volvió hacia el palco presidencial... ¡Señor presidente! ¿Hasta cuándo iba a durar este escándalo?

El presidente hizo un gesto que acalló las protestas y dio una orden. Se vio correr a un alguacilillo, con su teja emplumada y el ferreruelo flotante, por detrás de la barrera, hasta llegar cerca de donde estaba el toro. Allí, dirigiéndose a Gallardo, avanzó una mano cerrada con el índice en alto. El público aplaudió. Era el primer aviso. Si antes del tercero no había matado el toro, éste sería devuelto al corral, quedando el espada bajo el peso de la mayor deshonra.

Gallardo, como si despertase de su sonambulismo, aterrado por esta amenaza, puso horizontal el estoque y se arrojó sobre el toro. Una estocada más, que no penetró gran cosa en el cuerpo de la fiera.

El espada dejaba pender sus brazos con desaliento. ¡Pero aquel bicho era inmortal!... Las estocadas no le causaban mella. Parecía que no iba a caer nunca.

La inutilidad del último golpe enfureció al público. Todos se ponían de pie. Los silbidos eran ensordecedores, obligando a las mujeres a taparse los oídos. Muchos braceaban, echando el cuerpo adelante, como si quisieran arrojarse a la plaza. Caían en la arena naranjas, mendrugos de pan, cojines de asiento, como veloces proyectiles destinados al matador. De los tendidos de sol salían voces estentóreas, rugidos semejantes a los de una sirena de vapor, que parecía imposible fuesen producto de una garganta humana. Sonaba de vez en cuando un escandaloso cencerro con toques de rebato. Cerca de los toriles, un nutrido coro entonaba el *gorigori* de los difuntos.

Muchos volvíanse hacia la presidencia. ¿Para cuándo el segundo aviso? Gallardo limpiábase el sudor con un pañuelo, mirando a todas partes, como extrañado de la injusticia del público, y haciendo responsable al toro de cuanto ocurría. En estos momentos se fijó en el palco de doña Sol. Esta volvía la espalda para no ver el redondel: tal vez le tenía lástima, tal vez estaba avergonzada de sus condescendencias en el pasado.

Otra vez se arrojó a matar, y muy pocos pudieron ver lo que hacía, pues le ocultaban las capas abiertas incesantemente en torno de él... Cayó el toro, arrojando por la boca un caño de sangre.

¡Al fin!... El público se aquietó, cesando de manotear, pero continuaron los gritos y silbidos. El animal fue rematado por el puntillero; le arrancaron las espadas, quedó enganchado por el testuz al tiro de mulillas y lo sacaron a rastras del redondel, dejando una ancha faja de tierra apisonada y regueros de sangre, que los mozos borraron con golpes de rastrillo y espuertas de arena.

Gallardo se ocultó entre barreras, huyendo de la protesta injuriosa que levantaba su presencia. Allí permaneció, cansado y jadeante, con una pierna dolorida, sintiendo en medio de su desaliento la satisfacción de verse libre del peligro. No había muerto en los cuernos de la fiera... pero lo debía a su prudencia.

¡Ah, el público! ¡Muchedumbre de asesinos que ansían la muerte de un hombre, como si sólo ellos amasen la vida y tuvieran una familia!...

La salida de la plaza fue triste, al través del gentío que ocupaba los alrededores del circo, de los carruajes y automóviles, de las largas filas de tranvías.

Rodaba el coche de Gallardo con lento paso, para no atropellar a los grupos de espectadores que salían de la plaza. Estos se apartaban ante las mulas, pero al reconocer al espada parecían arrepentidos de su amabilidad.

Gallardo adivinaba en el movimiento de sus labios tremendas injurias. Pasaban junto al coche otros carruajes ocupados por hermosas mujeres con mantillas blancas. Unas volvían la cabeza, como para no ver al torero; otras le miraban con ojos de desconsoladora conmiseración.

El espada achicábase, como si quisiera pasar inadvertido; se ocultaba detrás de la corpulencia del *Nacional*, ceñudo y silencioso.

Un grupo de muchachos rompió a silbar siguiendo el carruaje. Muchos de los que estaban de pie en las aceras les imitaron, creyendo vengarse así de su pobreza, que les había obligado a permanecer toda una tarde fuera de la plaza con la esperanza de ver algo. La noticia del fracaso de Gallardo había circulado entre ellos, y le insultaban, contentos de humillar a un hombre que ganaba enormes riquezas.

Esta protesta sacó al espada de su resignado mutismo.

—¡Mardita sea!... Pero ¿por qué sirban? ¿Han estao acaso en la corría?... ¿Les ha costao el dinero?...

Una piedra dio contra una rueda del coche. La pillería vociferaba junto al estribo; pero llegaron dos guardias a caballo y deshicieron la manifestación, escoltando después por todo lo alto de la calle de Alcalá al famoso Juan Gallardo... «el primer hombre del mundo».

Capítulo 10

Acababan las cuadrillas de salir al redondel, cuando sonaron fuertes golpes en la puerta de Caballerizas.

Un empleado de la plaza se acercó a ella gritando con mal humor. No se entraba por allí; debían buscar otra puerta. Pero una voz le contestó desde fuera con insistencia, y abrió.

Entraron un hombre y una mujer: él con sombrero blanco cordobés; ella vestida de negro y con mantilla.

El hombre estrechó la mano del empleado, dejando dentro de ella algo que humanizó su fiero gesto.

—Me conose usté, ¿verdá?... —dijo el recién venido—. ¿De vera que no me conose?... Soy el cuñao de Gallardo, y esta señora es su esposa.

Carmen miraba a todos lados en el abandonado patio. A lo lejos, tras las recias paredes de ladrillo, sonaba la música y se percibía la respiración de la muchedumbre, cortada por gritos de entusiasmo y rumores de curiosidad. Las cuadrillas desfilaban ante el presidente.

—¿Dónde está?—preguntó ansiosa Carmen.

—¿Dónde ha de está, mujé?—repuso el cuñado con rudeza—. En la plasa cumpliendo con su obligasión... Es una locura haber venío; un disparate. ¡Este carácter tan flojo que tengo!

Carmen siguió mirando en torno de ella, pero con cierta indecisión, como arrepentida de haber llegado hasta allí. ¿Qué iba a hacer?...

El empleado, conmovido por el apretón de manos de Antonio y por el parentesco de aquellas dos personas con un matador de fama, mostrábase obsequioso. Si quería aguardar la señora a la terminación de la fiesta, podía descansar en la casa del conserje. Si deseaba ver la corrida, él sabría colocarlos en buen sitio aunque no llevasen billetes.

Carmen se estremeció con esta proposición. ¿Ver la corrida?... No. Había llegado hasta la plaza con un esfuerzo de su voluntad, y se arrepentía de ello. Le era imposible resistir la presencia de su marido en el redondel. Nunca le había visto toreando. Aguardaría allí hasta que no pudiese más.

—¡Vaya por Dió!—dijo con resignación el talabartero—. Nos quearemos, aunque no sé qué pintamos aquí frente a las caballerisas.

Desde el día anterior que el marido de Encarnación iba tras de su cuñada, sufriendo los sobresaltos y lágrimas de una nerviosidad excitada por el miedo.

El sábado a mediodía, Carmen le había hablado en el despacho del maestro. ¡Se marchaba a Madrid! Estaba resuelta a este viaje. No podía vivir en Sevilla. Llevaba cerca de una semana de insomnios, viendo en su imaginación escenas horrorosas. Su instinto femenil parecía avisarle un gran peligro. Necesitaba correr al lado de Juan. No sabía con qué objeto ni qué podría conseguir en el viaje, pero ansiaba verse junto a Gallardo, con ese anhelo cariñoso que cree aminorar el peligro colocándose cerca de la persona amada.

Aquello no era vivir. Se había enterado por los diarios del gran fracaso de Juan el domingo anterior en la plaza de Madrid. Conocía la soberbia profesional del torero; adivinaba que no toleraría con resignación este contratiempo. Iba a hacer locuras para reconquistar el aplauso del público. La última carta que había recibido de él se lo daba a entender vagamente.

—No, y no—dijo con energía a su cuñado—. Me voy a Madrid esta misma tarde. Si tú quiés me acompañas; si no quiés venir, me iré sola. Sobre too, ni una palabra a don José: me estorbaría el viaje... Esto no lo sabe mas que la mamita.

El talabartero aceptó. ¡Un viaje gratuito a Madrid, aunque fuese en triste compañía!... Durante el camino, Carmen daba forma a sus anhelos. Hablaría a su marido enérgicamente. ¿A qué continuar toreando? ¿No tenían bastante para vivir?... Debía retirarse, pero inmediatamente; si no, ella iba a perecer. Era preciso que esta corrida fuese la última... Aun esto le parecía demasiado. Llegaba a tiempo a Madrid para que su marido no torease por la tarde. Le decía el corazón que con su presencia iba a evitar una desgracia.

Pero el cuñado protestaba con grandes aspavientos al oír esto.

—¡Qué barbariá! ¡Lo que sois las mujeres! Se os mete una cosa en la cabesa, y eso ha de ser. ¿Es que crees tú que no hay autoriá, ni leyes, ni reglamento de plaza, y que basta que a una mujer se le ocurra abrazarse al marío y tené miedo, pa que se suspenda una corría y se quee el público con un parmo de narises?... Tú dirás lo que quieras a Juan, pero será aluego de la corría. Con la autoriá no se juega; iríamos toos a la cársel.

Y el talabartero se imaginaba las consecuencias más dramáticas si Carmen persistía en su disparatada idea de presentarse al marido, impidiéndole que torease. Los prenderían a todos. El se veía ya en la cárcel como cómplice de este acto, que en su simpleza consideraba un crimen.

Cuando llegaron a Madrid tuvo que hacer nuevos esfuerzos para impedir que su compañera corriese al hotel donde estaba su marido. ¿Qué iba a conseguir con esto?...

—Lo vas a azará con tu presensia, y aluego irá a la plaza de mal humó, sin sereniá, y si le ocurre argo, tú tendrás la curpa.

Esta reflexión amansó a Carmen, haciendo que se entregase a la dirección de su cuñado. Se dejó llevar a un hotel que éste escogió, y allí estuvo toda la mañana, tendida en un sofá de su cuarto, llorando, como si diese por cierta su desgracia. El talabartero, contento de verse en Madrid, bien instalado, indignábase contra esta desesperación, que le parecía ridícula.

—¡Vamo, hombre!... ¡Lo que sois las mujeres! Cualquiera creería que eres viuda, y tu marío está a estas horas tan campante, preparándose para la corría, güeno y sano como el propio Roger de Flor. ¡Qué tontunas!

Carmen apenas almorzó, mostrándose sorda a los elogios que tributaba su cuñado al cocinero del establecimiento. Por la tarde, su resignación volvió a desvanecerse.

El hotel estaba situado cerca de la Puerta del Sol, y llegaban hasta ella el ruido y el movimiento de la gente que iba a la corrida. No; no podía permanecer en esta habitación extraña mientras su marido arriesgaba la existencia. Necesitaba verlo. Le faltaba valor para soportar la vista del espectáculo, pero quería sentirse cerca de él: deseaba ir a la plaza. ¿Dónde estaría la plaza?... Nunca la había visto. Si no podía entrar en ella, vagaría por los alrededores. Lo importante era sentirse cerca, creyendo que esta aproximación podía influir en la suerte de Gallardo.

El talabartero protestaba. ¡Por vida de... ! Él tenía el propósito de asistir a la corrida; había salido del hotel para comprar un billete, y ahora Carmen le aguaba la fiesta con su empeño de ir a la plaza.

—Pero ¿qué vas a hacé allí, criatura? ¿Qué vas a remediá con tu presensia?... Figúrate, si Juaniyo yega a verte.

Discutieron largamente, pero la mujer oponía a todas sus razones la misma respuesta tenaz:

—No me acompañes... Iré yo sola.

Acabó el cuñado por rendirse, y en un coche de alquiler fueron a la plaza, entrando en ella por la puerta de Caballerizas. El talabartero se acordaba mucho del circo y sus dependencias luego de haber acompañado a Gallardo en uno de sus viajes a
Madrid para las corridas de primavera.

El y el empleado mostrábanse indecisos y con mal humor ante aquella mujer de ojos enrojecidos y mejillas hundidas, que seguía plantada en el patio sin saber qué hacer... Los dos hombres sentíanse atraídos por el rumor del gentío y la música que sonaba en la plaza. ¿Iban a estar allí toda la tarde, sin ver la corrida?...

El empleado tuvo una buena inspiración.

—Si la señora quiere pasar a la capilla...

Había terminado el desfile de las cuadrillas. Por la puerta que daba acceso al redondel volvían trotando algunos caballos. Eran los picadores que no estaban de tanda y se retiraban de la arena para sustituir a sus compañeros cuando les llegase el turno. Amarrados a unas anillas del muro estaban en fila seis jacos ensillados, los primeros que habían de salir al redondel para suplir las bajas. A espaldas de ellos, los picadores entretenían la espera haciendo evolucionar sus caballos. Un encargado de las cuadras, montando una yegua asustadiza y brava, la hacía galopar por el corral para fatigarla, entregándola luego a los piqueros.

Coceaban los jacos, martirizados por las moscas, tirando de las anillas como si adivinasen el cercano peligro. Trotaban los otros caballos, enardecidos por las espuelas de los jinetes.

Carmen y su cuñado tuvieron que refugiarse bajo las arcadas, y al fin la mujer del torero aceptó la invitación de pasar a la capilla. Era un lugar seguro y tranquilo, y allí podría hacer algo de provecho para su esposo.

Cuando se vio en la santa pieza, de un ambiente denso por la respiración del público que había presenciado la oración de los toreros, Carmen fijó sus ojos en la pobreza del altar. Ardían cuatro luces ante la Virgen de la Paloma, pero a ella le pareció mezquino este tributo.

Abrió su bolso para dar un duro al empleado. ¿No podía traer más cirios?... El hombre se rascó una sien. ¿Cirios? ¿cirios?... En los enseres de la plaza no creía encontrarlos. Pero de pronto se acordó de las hermanas de un matador, que traían velas siempre que toreaba éste. Las últimas apenas se habían consumido, y debían estar guardadas en algún rincón de la capilla. Tras larga rebusca las encontró. Faltaban candeleros; pero el empleado, hombre de recursos, trajo un par de botellas vacías, e introduciendo en su cuello las velas, las encendió, colocándolas junto a las otras luces.

Carmen se había arrodillado, y los dos hombres aprovecharon su inmovilidad para correr a la plaza, ansiosos de presenciar los primeros lances de la corrida.

Quedó la mujer en curiosa contemplación de la imagen borrosa, enrojecida por las luces. No conocía a esta Virgen, pero debía ser dulce y bondadosa como la de Sevilla, a la que tantas veces había suplicado. Además, era la Virgen de los toreros, la que escuchaba sus oraciones de última hora, cuando el cercano peligro daba a los hombres rudos una sinceridad piadosa. Sobre aquel suelo se había arrodillado su marido muchas veces. Y este pensamiento bastó para que se sintiera atraída por la imagen, contemplándola con religiosa confianza, cual si la conociera desde la niñez.

Moviéronse sus labios repitiendo oraciones con automática velocidad, pero su pensamiento huía del rezo, como arrastrado por los ruidos de la muchedumbre que llegaban hasta ella.

¡Ay, aquel mugido de volcán intermitente, aquel bramar de olas lejanas, cortado de vez en cuando por pausas de trágico silencio!... Carmen se imaginaba estar presenciando la corrida invisible. Adivinaba por las diversas entonaciones de los ruidos de la plaza el curso de la tragedia que se desarrollaba en su redondel. Unas veces era una explosión de gritos indignados, con acompañamiento de silbidos; otras, miles y miles de voces que proferían palabras ininteligibles. De pronto sonaba un alarido de terror, prolongado, estridente, que parecía subir hasta el cielo; una exclamación miedosa y jadeante, que hacía ver miles de cabezas tendidas y pálidas por la emoción siguiendo la veloz carrera del toro, que le iba a los alcances a un hombre... hasta que se cortaba instantáneamente el grito, restableciéndose la calma. Había pasado el peligro.

Extendíanse largos espacios de silencio, de un silencio absoluto, el silencio del vacío, en el que sonaba agrandado el zumbar de las moscas salidas de las caballerizas, como si el inmenso circo estuviera desierto, como si hubieran quedado inmóviles y sin respiración las catorce mil personas sentadas en su graderío y fuese Carmen el único ser viviente que subsistía en sus entrañas.

De pronto se animaba este silencio con un choque ruidoso e infinito, cual si todos los ladrillos de la plaza se soltasen de su trabazón, dando unos contra otros. Era un aplauso cerrado que hacía temblar el circo. En el patio inmediato a la capilla sonaban golpes de vara sobre el pellejo de los míseros caballos, reniegos, choque de herraduras y voces. «¿A quién le toca?»
Nuevos picadores eran llamados a la plaza.

A estos ruidos uniéronse otros más cercanos. Sonaron pasos en las habitaciones inmediatas, abriéronse puertas con estrépito: oíanse las voces y la respiración jadeante de varios hombres, como si marchasen abrumados por un gran peso.

—No es nada... un coscorrón. No tienes sangre. Antes de que acabe la corrida estarás picando.

Y una voz bronca, debilitada por el dolor, como si viniese de lo más profundo de los pulmones, gemía entre suspiros, con un acento que recordaba a Carmen su tierra:

—¡Virgen de la Soleá!... Creo que me he roto argo. Mire bien, dotor... ¡Ay, mis hijos!

Carmen se estremeció de espanto. Elevaba sus ojos a la Virgen, extraviados por el miedo. Su nariz parecía afilarse con la emoción entre las mejillas hundidas y pálidas. Sentíase enferma; temía desplomarse sobre el pavimento con un síncope de terror. Intentaba rezar otra vez, aislarse en su oración, para no escuchar los ruidos de fuera, transmitidos por las paredes con una sonoridad desesperante. Pero a pesar de estos propósitos, llegaba a su oído un lúgubre chapoteo de agua y las voces de ciertos hombres, que debían ser médicos y enfermeros, animando al picador.

Este se quejaba con una rudeza de jinete montaraz, queriendo ocultar al mismo tiempo, por orgullo viril, el dolor de sus huesos quebrantados.

—¡Virgen de la Soleá! ¡Mis hijos!... ¿Qué van a comé los pobres churumbeles si su pare no pué picá?...

Carmen se levantó. ¡Ay, no podía más! Iba a caer desplomada si seguía en aquel sitio obscuro estremecido por ecos de dolor. Necesitaba aire, ver el sol. Creía sentir en sus propios huesos el mismo suplicio que hacía gemir a aquel hombre desconocido.

Salió al patio. Sangre por todos lados: sangre en el suelo y en las inmediaciones de unas cubas, donde el agua mezclábase con el líquido rojo.

Retirábanse los picadores del redondel. Habían hecho la señal para la suerte de banderillas, y los jinetes llegaban sobre sus caballos manchados de sangre, con el pellejo rasgado y colgando de sus vientres el repugnante bandullo de las entrañas al aire.

Desmontábanse los jinetes, hablando con animación de los incidentes de la corrida. Carmen vio a *Potaje* apearse con toda la pesadez de su vigorosa humanidad, lanzando una retahila de maldiciones al «mono sabio» que le ayudaba torpemente en su descenso. Parecía entorpecido por sus ocultas perneras de hierro y por el dolor de varios batacazos. Llevábase una mano a la espalda para rascarse con dolorosos desperezos, pero sonreía, mostrando su amarilla dentadura de caballo.

—¿Habéis visto ustés que güeno ha estao Juan?—decía a todos los que le rodeaban—. Hoy viene güeno de veras.

Al reparar en la única mujer que estaba en el patio y reconocerla, no mostró extrañeza.

—¡Usté por aquí, señá Carmen! ¡Tanto güeno!...

Y hablaba tranquilamente, como si a él, en la somnolencia en que le tenía siempre el vino y la propia bestialidad, no pudiera asombrarle nada del mundo.

—¿Ha visto usté a Juan?... —prosiguió—. Se ha acostao en el suelo, elante del toro, en los mismos hosicos. Lo que hase ese gachó no lo hase nadie... Asómese a velo, que hoy está mu güeno.

Le llamaron desde una puerta, que era la de la enfermería. Su compañero el picador deseaba hablarle antes de que lo trasladasen al hospital.

—Adió, señá Carmen. Voy a ve qué quié ese probesito. Una caía con fratura, según disen. Ese no pica en toa la temporá.

Carmen se refugió bajo las arcadas, queriendo cerrar sus ojos para no ver el espectáculo repugnante del patio, pero al mismo tiempo sentíase atraída por el rojo mareador de la sangre.

Los «monos sabios» conducían de las riendas los caballos heridos, que arrastraban sus entrañas por el suelo, soltando al mismo tiempo por debajo de la cola una diarrea de susto.

Al verlos, un encargado de las cuadras comenzó a mover pies y manos, agitado por una fiebre de actividad.

—¡Fuerza, valientes!... —gritó dirigiéndose a los mozos de las caballerizas—. ¡Duro! ¡duro ahí!

Un mozo de cuadra, moviéndose con precaución junto al caballo, coceante de dolor, le quitaba la silla, echándole después a las piernas unos lazos de correas que las agarrotaban, uniendo las cuatro extremidades y haciendo caer al animal al suelo.

—¡Ahí, valiente!... ¡Duro! ¡duro con él!—seguía gritando el encargado de las caballerizas, sin dejar de mover manos y pies.

Y los mozos, arremangados, inclinábanse sobre el vientre abierto de la bestia, que esparcía en torno regueros de sangre y de orín, pugnando por introducir a puñados en el trágico desgarrón las pesadas entrañas que colgaban fuera de él.

Otro sostenía las riendas del caído animal y apretaba contra el suelo la triste cabeza poniendo un pie sobre ella. Contraíase el hocico con gesto de dolor; chocaban los dientes largos y amarillentos con un escalofrío de martirio, perdiéndose en el polvo los relinchos, ahogados por la presión del pie. Pugnaban las manos sangrientas de los curanderos por devolver a la abierta cavidad las flácidas entrañas; pero la respiración jadeante de la víctima las hinchaba, haciéndolas salir de su encierro y desparramándose otra vez como piltrafas empaquetadas. Una vejiga enorme inflábase entre los despojos, entorpeciendo el arreglo.

—¡La bufa, valientes!... —gritaba el director—. ¡Duro con la bufa!

Y la vejiga, con todas sus entrañas anexas, desaparecía al fin en las profundidades del vientre, mientras dos mozos, con la agilidad de la costumbre, cosían la piel.

Cuando el caballo quedaba «arreglado», con bárbara prontitud, le echaban un cubo de agua por la cabeza, libertaban sus piernas de la trabazón de las correas y le daban unos golpes de vara para que se pusiera en pie. Unos, apenas caminaban dos pasos, caían redondos, derramando un chorro de sangre por la herida zurcida con bramante. Era la muerte instantánea al recobrar las entrañas su posición. Otros manteníanse fuertes por los secretos recursos del vigor animal, y los mozos, después del «arreglo», los llevaban al «barnizaje», inundando sus patas y vientres con violentas abluciones de cubos de agua. El color blanco o castaño de los animales quedaba brillante, chorreando sus pelos un líquido de color rosa, mezcla de agua y de sangre.

Remendaban los caballos como si fuesen zapatos viejos; explotaban su debilidad hasta el último momento, prolongando su agonía y su muerte. Quedaban en el suelo pedazos de intestinos, cortados para facilitar la operación del «arreglo». Otros fragmentos de sus entrañas estaban en el redondel cubiertos de arena, hasta que muriese el toro y los mozos pudieran recoger estas piltrafas en sus espuertas. Muchas veces, el trágico vacío de los órganos perdidos remediábanlo los bárbaros curanderos con puñados de estopa introducidos en el vientre.

Lo importante era mantener en pie a estos animales unos cuantos minutos más, hasta que los picadores volviesen a salir a la plaza: el toro se encargaría de rematar su obra... Y los jacos moribundos sufrían sin protesta esta lúgubre transfiguración. Los que cojeaban eran reanimados con ruidosos golpes de vara, que les hacían temblar desde las patas a las orejas. Un caballo manso, en la desesperación de su infortunio, intentaba morder a los «monos sabios» que se aproximaban. Entre sus dientes guardaba aún colgajos de piel y pelos rojos. Al sentir el desgarrón de los cuernos en su panza, el mísero animal había mordido el cuello del toro con una furia de cordero rabioso.

Relinchaban tristemente los caballos heridos, levantando la cola con ruidoso escape de gases; un hedor de sangre y excremento vegetal esparcíase por el patio; la sangre corría entre las piedras, ennegreciéndose al secarse.

Llegaban hasta allí los ruidos de la muchedumbre invisible. Eran exclamaciones de inquietud; un «¡ay! ¡ay!» lanzado por miles de bocas, que hacía adivinar la fuga del banderillero acosado de cerca por el toro. Luego, un silencio absoluto. El hombre volvía hacia la fiera, y estallaba el ruidoso aplauso saludando un par de banderillas bien colocado. Luego sonaban las trompetas anunciando la suerte de matar, y se repetían los aplausos.

Carmen quería irse. ¡Virgen de la Esperanza! ¿Qué hacía allí?... Ignoraba el orden que iban a seguir los matadores en su trabajo. Tal vez aquel toque señalaba el momento en que su marido iba a colocarse frente a la fiera. ¡Y ella allí, a pocos pasos de distancia, y sin verle!... Quería escapar para librarse de este tormento.

Además, la angustiaba la sangre que corría por el patio, el tormento de aquellas pobres bestias. Su delicadeza de mujer sublevábase contra estas torturas, al mismo tiempo que se llevaba el pañuelo al olfato para repeler los hedores de carnicería.

Nunca había ido a los toros. Gran parte de su existencia la había pasado oyendo hablar de corridas; pero en los relatos de estas fiestas sólo veía lo externo, lo que ve todo el mundo: los lances del redondel, a la luz del sol, con brillo de sedas y bordados; la representación fastuosa, sin conocer los preparativos odiosos que se verificaban en el misterio de los bastidores. ¡Y ellos vivían de esta fiesta, con sus repugnantes martirios de animales débiles! ¡Y su fortuna había sido hecha a costa de tales espectáculos!...

Estalló un aplauso ruidoso dentro del circo. En el patio se dieron órdenes con voz imperiosa. El primer toro acababa de morir. Abriéronse en el fondo del pasadizo de la puerta de Caballerizas las vallas que comunicaban con el redondel, y llegaron con más intensidad los ruidos de la muchedumbre y los ecos de la música.

Las mulillas estaban en la plaza: una trinca para recoger los caballos muertos, otra para llevarse a rastras el cadáver del toro.

Carmen vio venir por debajo de las arcadas a su cuñado. Aún estaba trémulo de entusiasmo por lo que había visto.

—Juan... ¡colosal! Está esta tarde como nunca. No tengas mieo. ¡Si ese chico se come los toros vivos!

Luego la miró con inquietud, temeroso de que le hiciese perder una tarde tan interesante... ¿Qué decidía? ¿Se consideraba con valor para asomarse a la plaza?

—¡Yévame!—dijo ella con acento angustioso—. ¡Sácame pronto de aquí! Me siento enferma... Déjame en la primera iglesia que encontremos.

El talabartero torció el gesto. ¡Por vida de Roger! ¡Dejar una corrida tan magnífica!... Y mientras iban hacia la puerta, calculaba dónde podría abandonar a Carmen para volver cuanto antes a la plaza.

Cuando salió el segundo toro, todavía Gallardo, apoyado en la barrera, recibía felicitaciones de sus admiradores. ¡Qué coraje el de aquel chico... «cuando quería»!... La plaza entera le había aplaudido en el primer toro, olvidando sus enfados de las corridas anteriores. Al caer un picador, quedando exánime por el terrible choque, Gallardo había acudido con su capa, llevándose a la fiera al centro del redondel. Fueron unas verónicas arrogantes que acabaron por dejar a la bestia inmóvil y fatigada después de revolverse tras el engaño del trapo rojo. El torero, aprovechando la estupefacción del animal, quedó erguido a pocos pasos de su hocico, sacando el vientre como si le desafiase. Sintió «la corazonada» precursora feliz de sus grandes atrevimientos. Había que conquistar al público con un rasgo de audacia, y se arrodilló ante los cuernos con cierta precaución, pronto a levantarse al más leve intento de acometida.

El toro permaneció quieto. Avanzó una mano hasta tocar su hocico babeante, y el animal no hizo movimiento alguno. Entonces atreviose a algo que sumió al público en un silencio palpitante. Poco a poco se acostó en la arena, con el capote entre los brazos sirviéndole de almohada, y así estuvo algunos segundos, tendido bajo las narices de la fiera, que le olisqueaba con cierto miedo, como si recelase un peligro en este cuerpo que audazmente se colocaba bajo sus cuernos.

Cuando el toro, recobrando su agresiva fiereza, bajó las astas, el torero rodó hacia las patas, poniéndose de este modo fuera de su alcance, y el animal pasó sobre él, buscando vanamente en su feroz ceguera el bulto al que acometía.

Se levantó Gallardo, limpiándose el polvo, y el público, amante de las temeridades, le aplaudió con el entusiasmo de otros tiempos. No sólo celebraba su audacia. Se aplaudía a sí mismo, admiraba su propia majestad, adivinando que el atrevimiento del torero era para reconciliarse con él, para ganar de nuevo su afecto. Gallardo venía a la corrida dispuesto a las mayores audacias para conquistar aplausos.

—Se descuida—decían en los tendidos—; muchas veces es flojo; pero tiene vergüenza torera y vuelve por su nombre.

El entusiasmo del público, su alegre agitación al recordar la hazaña de Gallardo y la certera estocada con que el otro maestro había dado muerte al primer toro, trocáronse en mal humor y protestas al ver el segundo en el redondel. Era enorme y de hermosa estampa, pero corría por el centro de la plaza, mirando con extrañeza a la ruidosa muchedumbre de los tendidos, asustado de las voces y silbidos con que pretendían excitarle y huyendo de su propia sombra, como si adivinara toda clase de asechanzas. Los peones corrían tendiéndole la capa. Acometía al trapo rojo, siguiéndolo por algunos instantes, pero de pronto daba un bufido de extrañeza y volvía su cuarto trasero, huyendo en distinta dirección con violentos saltos. Su ágil movilidad para la fuga indignaba al público.

—Eso no es toro... ¡es una mona!

Los capotes de los maestros consiguieron al fin atraerlo hacia la barrera, donde esperaban los picadores, inmóviles sobre sus monturas, con la garrocha bajo el brazo. Se acercó a un jinete con la cabeza baja y fieros bufidos como si fuese a acometer. Pero antes de que el hierro se clavase en su cuello, dio un salto y huyó, pasando por entre las capas que le tendían los peones. En su fuga encontró otro picador, repitiendo el salto, el bufido y la huida. Luego tropezó con el tercer jinete, el cual, avanzando la garrocha, le picó en el cuello, aumentando con este castigo su miedo y su velocidad.

El público en masa se había puesto de pie, braceando y gritando. ¡Un toro manso! ¡Qué abominación!... Volvíanse todos hacia la presidencia bramando su protesta: «¡Señor presidente! Aquello no podía consentirse.»

De algunos tendidos comenzó a salir un coro de voces que repetían las mismas palabras con monótona entonación:

—¡Fuego!... ¡fueeego!

El presidente parecía dudar. Corría el toro, perseguido por los lidiadores, que iban tras él con la capa al brazo. Cuando alguno de éstos conseguía ponerse delante para detenerle, olfateaba la tela con el bufido de siempre y se alejaba en distinta dirección dando saltos y coces.

Aumentaba la ruidosa protesta con estas fugas. «¡Señor presidente! ¿Era que estaba ciego su señoría?... » Comenzaban a caer en el redondel botellas, naranjas y cojines de asiento en torno de la bestia fugitiva. El público la odiaba por cobarde. Una botella dio en uno de sus cuernos, y la gente aplaudió al certero tirador sin saber quién era. Parte del público tendía el cuerpo hacia adelante como si fuera a arrojarse al redondel, queriendo destrozar con sus manos a la mala bestia. ¡Qué escándalo! ¡Ver en la plaza de Madrid bueyes que sólo servían para dar carne! «¡Fuego!... ¡fueeego!»

El presidente agitó al fin un pañuelo rojo, y una salva de aplausos saludó este gesto.

Las banderillas de fuego eran un espectáculo extraordinario, algo inesperado que aumentaba el interés de la corrida. Muchos que protestaban hasta enronquecer estaban satisfechos en su interior de este incidente. Iban a ver al toro asado en vida, corriendo loco de terror por los rayos que le colgarían del cuello.

Avanzó el *Nacional* llevando pendientes de sus manos, con las puntas hacia abajo, dos gruesas banderillas que parecían enfundadas en papel negro. Fuese hacia el toro sin grandes precauciones, como si su cobardía no mereciese arte alguno, y le clavó los palos infernales entre los aplausos vengativos de la muchedumbre.

Sonó un chasquido como si se rompiese algo, y dos chorros de humo blanco comenzaron a surgir sobre el cuello del animal. Con la luz del sol no se veía el fuego, pero los pelos desaparecían chamuscados y una mancha negra extendíase sobre el pescuezo.

Corrió el toro, sorprendido del ataque, acelerando su fuga, como si con ésta pudiera librarse del tormento, hasta que de pronto comenzaron a estallar en su cuello secas detonaciones semejantes a tiros de fusil, volando en torno de sus ojos las encendidas pavesas de papel. Saltaba la bestia con la agilidad del terror, las cuatro patas en el aire al mismo tiempo, torciendo en vano la cornuda cabeza para arrancarse con la boca aquellos demonios agarrados a su pescuezo. La gente reía y aplaudía, encontrando graciosos estos saltos y contorsiones. Parecía que ejecutaba una danza de animal amaestrado con la torpe pesadez de su volumen.

—¡Cómo le pican!—exclamaba el público con risa feroz.

Cesaron de rugir y estallar las banderillas. Hervía el carbonizado pescuezo con burbujas de grasa. El toro, al no sentir la quemazón del fuego, quedó inmóvil, jadeante, con la cabeza humillada, sacando una lengua seca, de rojo obscuro.

Otro banderillero se aproximó a él, clavando un segundo par. Volvieron a surgir los chorros de humo sobre la carne chamuscada, sonaron los tiros, y el toro corrió otra vez, pugnando por aproximar la boca al pescuezo enroscando su cuerpo macizo; pero ahora los movimientos eran de menos violencia, como si su vigorosa animalidad comenzara a habituarse al martirio.

Aún le clavaron un tercer par, y su cuello quedó carbonizado, esparciendo en el redondel un hedor nauseabundo de grasa derretida, cuero quemado y pelos consumidos por el fuego.

El público siguió aplaudiendo con vengativo frenesí, como si el manso animal fuese un adversario de sus creencias e hicieran obra santa con este abrasamiento. Reían al verle trémulo sobre sus patas, agitando los flancos como los costados de un fuelle, mugiendo con chillón alarido de dolor, los ojos enrojecidos, y arrastrando su lengua por la arena, ávido de una sensación de frescura.

Gallardo aguardaba apoyado en la barrera, cerca de la presidencia, la señal para matar. *Garabato* tenía sobre el borde de la valla el estoque y la muleta preparados.

«¡Mardita sea!... » ¡Tan bien como se presentaba la corrida, y reservarle la mala suerte este toro, que él mismo había escogido por su buena estampa, y que al pisar la arena resultaba mansurrón!...

Excusábase por adelantado de lo defectuoso de su trabajo, hablando con los inteligentes que ocupaban las delanteras de barrera.

—Se hará lo que se puea, y na más—decía levantando los hombros.

Luego miraba a los palcos, fijándose en el de doña Sol. Le había aplaudido antes, cuando realizó su estupenda hazaña de acostarse ante el toro. Sus manos enguantadas chocaron con entusiasmo cuando volvía él hacia la barrera saludando al público. Al darse cuenta doña Sol de que el torero la miraba, lo saludó con un ademán afectuoso, y hasta su acompañante, aquel tío antipático, se había unido a este saludo con ruda inclinación del cuerpo, como si fuese a partirse por la cintura. Luego había sorprendido varias veces los gemelos de ella fijos con insistencia en su persona, buscándolo en su retiro entre barreras. ¡Aquella *gachí*!... Tal vez se sentía atraída de nuevo por los mozos de corazón. Gallardo pensaba visitarla al día siguiente, por si había cambiado el viento.

Sonó la señal para matar, y el espada, luego de un corto brindis, marchó hacia el toro.

Los entusiastas dábanle consejos a gritos.

—¡Despáchalo pronto! Es un buey que no merece nada.

El torero tendió su muleta ante la bestia, y ésta arremetió, pero con paso tardo, escarmentada por el tormento, con una intención manifiesta de aplastar, de herir, como si el martirio hubiese despertado su fiereza. Aquel hombre era el primero que se colocaba ante sus cuernos después del suplicio.

La muchedumbre sintió que se desvanecía su vengativa animadversión contra el toro. No se revolvía mal; atacaba. ¡Olé! Y todos saludaron con entusiasmo los pases de muleta, envolviendo en la misma aprobación al lidiador y a la fiera.

Quedó el toro inmóvil, humillando la cerviz y con la lengua pendiente. Se hizo el silencio precursor de la estocada mortal: un silencio más grande que el de la soledad absoluta, producto de muchos miles de respiraciones contenidas. Fue tan grande este silencio, que llegaron hasta los últimos bancos los menores ruidos del redondel. Todos oyeron un leve crujido de maderas chocando unas con otras. Era que Gallardo, con la punta del estoque, echaba atrás, sobre el cuello del toro, los palos chamuscados de las banderillas que asomaban entre los cuernos. Luego de este arreglo para facilitar el golpe, la muchedumbre avanzó aún más sus cabezas, adivinando la misteriosa correspondencia que acababa de establecerse entre su voluntad y la del matador. «¡Ahora!», decían todos interiormente. Iba a derribar al toro de una estocada maestra. Todos adivinaban la resolución del espada.

Se lanzó Gallardo sobre el toro, y todo el público respiró a un tiempo ruidosamente, luego de la emocionante espera. Del encontronazo entre el hombre y el animal salió éste corriendo con mugidora furia, mientras el graderío prorrumpía en silbidos y protestas. Lo de siempre. Gallardo había vuelto la cara y encogido el brazo en el momento de matar. El animal llevaba en el cuello el estoque cimbreante y suelto, y a los pocos pasos la hoja de acero saltó de la carne, rodando por la arena.

Una parte del público increpó a Gallardo. Estaba roto el encanto que lo había unido al espada al principio de la fiesta. Reaparecía la desconfianza; ensañábase la animadversión en el torero. Todos parecían haber olvidado el entusiasmo de poco antes.

Gallardo recogió la espada, y con la cabeza baja, sin ánimos para protestar del desagrado de una muchedumbre tolerante para otros e inflexible con él, marchó otra vez hacia el toro.

En su confusión, creyó ver que un torero se ponía a su lado.
Debía ser el *Nacional*.

—¡Carma, Juan! No embarullarse.

«¡Mardita sea!... » ¿Y siempre le iba a ocurrir lo mismo? ¿Era que ya no podría meter el brazo entre los cuernos, como en otros tiempos, clavando el estoque hasta la cruz? ¿Iba a pasarse el resto de su vida haciendo reír a los públicos?... ¡Un buey, al que habían tenido que dar fuego!...

Se colocó frente al animal, que parecía aguardarle con las patas inmóviles, como si desease acabar cuanto antes su largo martirio. No quiso pasarle otra vez de muleta. Se perfiló con el trapo rojo junto al suelo y la espada horizontal a la altura de sus ojos... ¡A meter el brazo!

El público púsose de pie con rápido impulso. Durante unos segundos, hombre y fiera no formaron mas que una sola masa, y así se movieron algunos pasos. Los más inteligentes agitaban ya sus manos, ansiosos de aplaudir. Se había arrojado a matar como en sus mejores tiempos. ¡Una estocada de verdad!

Pero de pronto, el hombre salió de entre los cuernos despedido como un proyectil por un cabezazo demoledor, y rodó por la arena. El toro bajó la cabeza y sus cuernos engancharon el cuerpo inerte, elevándolo un instante del suelo y dejándolo caer, para proseguir su carrera, llevando en el cuello la empuñadura de la espada, hundida hasta la cruz.

Gallardo se levantó torpemente, y la plaza entera estalló en un aplauso ensordecedor, ansiosa de reparar su injusticia. ¡Olé los hombres! ¡Bien por el niño de Sevilla! Había estao *güeno*.

Pero el torero no contestaba a estas exclamaciones de entusiasmo. Se llevó las manos al vientre, agachándose en una curvatura dolorosa, y comenzó a andar con paso vacilante y la cabeza baja. Por dos veces la levantó, mirando a la puerta de salida como si temiese no encontrarla, perdido en temblorosos zigzags, cual si estuviese ebrio.

De pronto cayó en la arena, encogido como un gusano enorme de seda y oro. Cuatro mozos de la plaza tiraron torpemente de él hasta izarlo sobre sus hombros. El *Nacional* se unió al grupo, sosteniendo la cabeza del espada, pálida, amarillenta, con los ojos vidriosos al través de las pestañas cruzadas.

El público tuvo un movimiento de sorpresa, cesando en sus aplausos. Todos volvían la vista en torno, indecisos sobre la gravedad del suceso... Pero pronto circularon noticias optimistas, que nadie sabía de dónde venían; esa opinión anónima que todos admiten, y en ciertos instantes enardece o inmoviliza a las muchedumbres... No era nada. Un varetazo en el vientre que le privaba de sentido. Nadie había visto sangre.

La muchedumbre, súbitamente tranquilizada, fue sentándose, pasando su atención del torero herido a la fiera, que aún se mantenía en pie, resistiendo a las angustias de la muerte.

El *Nacional* ayudó a colocar a su maestro en una cama de la enfermería. Cayó en ella como un talego, inánime, con los brazos pendientes fuera del lecho.

Sebastián, que tantas veces había contemplado a su espada ensangrentado y herido, sin perder por esto la serenidad, sentía ahora la angustia del miedo viéndolo inerte, con una blancura verdosa, como si estuviese muerto.

—¡Por vía e la paloma azul!—gimoteaba—. ¿Es que no hay médicos? ¿Es que no hay nadie?

El personal de la enfermería, luego de despachar al picador magullado, había corrido a su palco en la plaza.

El banderillero desesperábase, creyendo que los segundos eran horas, gritando a *Garabato* y a *Potaje*, que habían acudido tras él, sin saber ciertamente lo que les decía.

Llegaron dos médicos, y luego de cerrar la puerta para que nadie les estorbase, quedaron indecisos ante el cuerpo inánime del espada. Había que desnudarlo.

A la luz que entraba por una claraboya del techo, *Garabato* comenzó a desabrochar, descoser y rasgar las ropas del torero.

El *Nacional* apenas podía ver el cuerpo. Los médicos estaban en torno del herido, consultándose con la mirada. Debía ser un colapso que le había privado de vida aparentemente. No se veía sangre. Los rasgones de su ropa eran efecto, sin duda, del revolcón que le había dado el toro.

Entró apresuradamente el doctor Ruiz, y sus colegas le dejaron pasar a primer término, acatando su maestría. Juraba en su nerviosa precipitación, mientras iba ayudando a *Garabato* a abrir las ropas del torero.

Hubo un movimiento de asombro, de dolorosa sorpresa, en torno de la cama. El banderillero no se atrevía a preguntar. Miró por entre las cabezas de los médicos, y vio el cuerpo de Gallardo con la camisa subida sobre el pecho y los calzones caídos, dejando visibles las negruras de la virilidad. El vientre, completamente al descubierto, estaba rasgado por una abertura tortuosa de labios ensangrentados, al través de la cual asomaban unas piltrafas de fresco azul.

El doctor Ruiz movió la cabeza tristemente. A más de la herida atroz e incurable, el torero había recibido una conmoción tremenda con el cabezazo del toro. No respiraba.

—¡Dotor... dotor!—gimió el banderillero, suplicando por saber la verdad.

Y el doctor Ruiz, tras largo silencio, volvió a mover la cabeza.

—¡Se acabó, Sebastián!... Puedes buscarte otro matador.

El *Nacional* levantó sus ojos a lo alto. ¡Y así acababa un hombre como aquel, sin poder estrechar la mano de los amigos, sin decir una palabra, repentinamente, como un mísero conejo a quien golpean en la nuca!...

La desesperación le hizo salir de la enfermería. ¡Ay, él no podía ver aquello! El no era como *Potaje*, que permanecía inmóvil y ceñudo a los pies de la cama, contemplando el cadáver como si no lo viese, mientras hacía girar el castoreño entre sus dedos.

Iba a llorar como un niño. Su pecho jadeaba de angustia, mientras los ojos se le hinchaban a impulsos de las lágrimas.

En el patio tuvo que apartarse para dejar paso a los picadores que volvían al redondel.

La terrible nueva comenzaba a circular por la plaza. ¡Gallardo había muerto!... Unos dudaban de la veracidad de la noticia, otros dábanla por cierta; pero ninguno se movía del asiento. Iban a soltar el tercer toro. Aún estaba la corrida en su primera mitad, y no era cosa de renunciar a ella.

Por la puerta del redondel llegaba el rumor de la muchedumbre y el sonido de la música.

El banderillero sintió nacer en su pensamiento un odio feroz por todo lo que le rodeaba, una aversión a su oficio y al público que lo mantenía. Danzaban en su memoria las sonoras palabras con que hacía reír a las gentes, encontrando ahora en ellas una nueva expresión de justicia.

Pensó en el toro, al que arrastraban por la arena en aquel momento con el cuello carbonizado y sanguinolento, rígidas las patas y unos ojos vidriosos que miraban al espacio azul como miran los muertos.

Luego vio con la imaginación al amigo que estaba a pocos pasos de él, al otro lado de una pared de ladrillo, también inmóvil, con las extremidades rígidas, la camisa sobre el pecho, el vientre abierto y un resplandor mate y misterioso entre las pestañas cruzadas.

¡Pobre toro! ¡Pobre espada!... De pronto, el circo rumoroso lanzó un alarido saludando la continuación del espectáculo.

El *Nacional* cerró los ojos y apretó los puños. Rugía la fiera: la verdadera, la única.

FIN

Madrid.—Enero-Marzo 1908.